U0583079

中国优秀传统文化融入大学生思想政治教育研究

王　佳　鲁宽民◎著

吉林大学出版社

·长春·

图书在版编目（ＣＩＰ）数据

中国优秀传统文化融入大学生思想政治教育研究 /
王佳，鲁宽民著 . -- 长春：吉林大学出版社，2022.6

ISBN 978-7-5768-0177-4

Ⅰ . ①中… Ⅱ . ①王… ②鲁… Ⅲ . ①中华文化—关
系—高等学校—思想政治教育—研究—中国 Ⅳ . ① K203
② G641

中国版本图书馆 CIP 数据核字 (2022) 第 140090 号

书　　　名　中国优秀传统文化融入大学生思想政治教育研究
　　　　　　ZHONGGUO YOUXIU CHUANTONG WENHUA RONGRU DAXUESHENG SIXIANG ZHENGZHI JIAOYU YANJIU
作　　　者　王　佳　鲁宽民　著
策划编辑　殷丽爽
责任编辑　张宏亮
责任校对　曲　楠
装帧设计　王　斌
出版发行　吉林大学出版社
社　　　址　长春市人民大街 4059 号
邮政编码　130021
发行电话　0431-89580028/29/21
网　　　址　http:// www.jlup.com.cn
电子邮箱　jldxcbs@ sina.com
印　　　刷　天津和萱印刷有限公司
开　　　本　787mm × 1092mm　1/16
印　　　张　12.25
字　　　数　200 千字
版　　　次　2022 年 6 月　第 1 版
印　　　次　2022 年 6 月　第 1 次
书　　　号　ISBN 978-7-5768-0177-4
定　　　价　72.00 元

版权所有　翻印必究

前 言

中华民族具有悠久的历史，民族文化更是源远流长，伟大的民族文化是中华民族几千年发展历程的结晶，更是中华民族生存与发展的根基和精神支柱，体现了国家发展与人民团结的凝聚力。

党的十九大报告中明确提出，要深入挖掘中华优秀传统文化蕴含的思想观念、人文精神、道德规范，结合时代特征要求继承创新。中华优秀传统文化所蕴含的价值基因和精神追求能够超越时空的限制，为思想政治教育的理论探索和实践工作创造丰富的育人资源和良好的发展机遇。中华优秀传统文化融入大学生思想政治教育有利于增强文化自觉和树立文化自信，有利于提升思想政治教育工作的凝聚力和实效性，有利于培育大学生养成优良品格和道德素养。

全书分为五章，第一章为中国优秀传统文化，分节介绍了中国优秀传统文化概述、中国优秀传统文化的时代价值、中国优秀传统文化的传播实践和中国优秀传统文化的创新发展；第二章为大学生思想政治教育基本理论，分为三节，第一节大学生思想政治教育的内涵，第二节是大学生思想政治教育的历史实践，第三节是大学生思想政治教育的时效性及价值；第三章为中国优秀传统文化融入高校思政教育的基本问题，分为四个部分，第一部分是中国优秀传统文化融入高校思政教育的理论基础，第二部分是中国优秀传统文化融入高校思政教育的必要性和可行性，第三部分是中国优秀传统文化融入高校思政教育的历史考察，第四部分是中国优秀传统文化融入高校思政教育的时代诉求；第四章介绍了中国优秀传统文化融入高校思政教育的实践，阐述了儒家思想文化融入高校思政教育的实践、中国传统节日文化融入高校思政教育的实践、中华优秀传统家风融入高校思政教育的实践三方面；最后一部分是中国优秀传统文化融入高校思政教育的思考，从中国优秀传统文化融入高校思政教育的现状和问题及原因出发，对中国优秀传统文化融入高校思政教育提出了思考与建议，最后对新时期中国优秀传统文化融入高校思政教育进行了展望。

在撰写本书的过程中，笔者得到了许多专家学者的帮助和指导，参考了大量的学术文献，在此表示真诚的感谢。本书内容系统全面，论述条理清晰、深入浅出，但由于笔者水平有限，书中难免会有疏漏之处，希望广大同行及时指正。

作者

2021 年 10 月

目录

第一章 中国优秀传统文化

中华优秀传统文化博大精深、源远流长。文化是民族的血脉，是人民的精神家园。本章分别从中国优秀传统文化概述、中国优秀传统文化的时代价值、中国优秀传统文化的传播实践、中国优秀传统文化的创新发展四个方面绍了中国优秀传统文化。

第一节 中国优秀传统文化概述

一、中华优秀传统文化相关概念

（一）文化

人类社会产生以后，文化就伴随着人类社会的发展延续至今，人类社会中不同的活动，体现出不同种类的文化。看，可以体现出视觉文化；听，可以体现出音乐文化；吃，可以体现出饮食文化；穿，可以体现出服装文化；住房，可以体现出建筑文化；出行，可以体现出旅游文化；说话，可以体现出语言文化；运动，可以体现出体育文化。凡此种种，都是人类在自然环境和社会环境中，具有目的性做出的活动，这些就是人类文化的一部分。自然环境与社会环境也受其作用发生改变。

从词源学的视角看，"文化"是"文"与"化"的复合。"文"的原义是各色交错的纹理。《周易》中说"物相杂，故曰文"《说文解字》当中写道"文，错画也，象交文"，均属于此意。后随词义引申出更丰富的内涵。譬如，从囊括语言及文字在其列的象征符号引申到具体的礼乐制度及各类文物典籍，也从伦理中引申出彩画、装饰和人为修养之义，并根据之前的两层含义导出"美、善、品德"之义。而"化"之原义为改易、化育、生成与造化。比如，《礼记·中庸》中曾载"赞天地之化育"，指事物的形态或者性质的变化，后衍生为"教行迁善"之义。

因而"文化"意指"以文教化、以化成天下",古代中国文化其内涵在于重教化,采取文治来教化人民,从而规范其思想与行为。而西方传统所指的"Culture"与我国传统中的"文化"在词义上有一定差别。西方传统的"Culture"立足人类物质生产活动,由此引申到社会、精神领域。突出强调人与自然的关系。我国的"文化"则强调人类社会的活动,侧重精神领域。二者相比,"Culture"具有更深广的内涵。但就其含义来讲,两者有着共通的本质——强调有意识和有目的的人的活动。

"文化"的内涵与外延差异很大,要加以划分。目前学界存在"两分说""三层次说""四层次说"以及"六大子系统说"等。

在此着重以学界普遍认可的文化的"四层次说"进行论述。从文化的形态维度剖析,广义的文化存在四种层次:一为物态文化层,其作为人的物质生产活动和其产品的总和,表现为知识力量的具现化,是可感知的具有物质实体的文化事物。二为制度文化层,是社会实践中人们有意识或无意识建立的各种社会规范及其存在形式,比如法律法规、家风家规,以及受制度约束的国家、民族、宗教、文艺等组织。三为行为文化层,体现在特殊意识活动形成的固定行为,表现在民风民俗上、生活起居中,有鲜明的民族及地域特色。四是心态文化层,是排除了物质创造的意识形态,指在人类社会实践与意识活动中长期凝聚成的价值观念,比如审美观念、价值理念、思维方法等等,属文化的核心部分。

(二)中华文化

"中华文化"这一概念耳熟能详,一般而言,普遍意义上的"中华文化"与"外来文化"相对,关于这一概念的界定,诸多学者都有自己独特的见解。何乃光、姜汝真在《中华文化概要》中提出:"中华文化是中华民族在形成、发展的历史过程中所创造的民族文化的总和,包括中国古代文化、近代文化和当代文化。"[①] 同时,两位学者还在此书中提出了影响中华文化发展的三个因素:地理因素、经济因素以及语言文字因素。何晓明、曹流、乐胜奎在《中华文化与统一战线》本书中指出:"中华文化是一个多元发生且融为一体的历史过程。华夏民族,非一族所成。"[②] 这本书虽没有对"中华文化"作具体的概念界定,然而其所提出的观点对于理解"中华文化"这一概念亦有不可替代的重要作用。娄杰在《中华文化与祖国和平统一》中对中华文化的理解如下:"中华文化是中华民族共同创造的反映中

---

① 中央社会主义学院统战研究所.中华文化概要[M].北京:华文出版社,1996:2
② 何晓明,曹流,乐胜奎.中华文化与统一战线[M].北京:中国文史出版社,2005:1.

国原始氏族社会晚期迄今社会经济、政治、民族素质、民族特点的科学知识、价值观念的物化成果和精神成果的有机整体。"[1] 他认为中华文化的内涵主要包括三点：中华文化是"物质文化和精神文化的有机统一""传统文化和现代文化的有机统一""文化结构和文化功能的有机统一"[2]。娄杰的这一观点不仅有概念界定，也包含有丰富的内涵解释，同时他的解释中涉及传统文化，内涵与外延都更为贴合本书的研究主题。

（三）中华传统文化

古今中外的历史孕育了具有独特内涵的、珍贵的传统文化。我们研究的中华传统文化，是中国历史和社会中物质创造活动及其结果以外的精神领域，是狭义的文化，它专注于精神创造活动及其成果，以心态文化即"小文化"为主。从词源上讲"传统"的"传"指的是时间的延续与历时性，代指过去存在的，如今依旧可起作用的事物，是代代传承的"活"的东西；方向是纵向的。"统"则具有两层含义，首先是空间上的拓展，其次就是权威性；方向是横向的。"传统"每时每刻都影响着社会与生活，是由历史传承至今的带有自身特质的社会历史因素。它包括思想观念、道德修养、风俗习惯、制度规范以及文学艺术等，并且潜移默化地渗透于我们的政治、经济等各个领域，已通过内化形成了文化心理与文化性格。中国传统文化是中华文明演化而汇集成的一种反映民族特质和风貌的民族文化，是民族历史上的各类思想文化与观念形态的总体表征。它是在中国地域上的中华民族及其祖先创造的、世代相传的、独具民族特色的、博大精深的文化。其中包含各种观念形态和物质形态的文化，寓于中国社会历史之中，历经时代变迁成为中国传统社会的独特标识。中国传统文化已作为一种强劲的客观内驱力，助推着中华文明的进步。

（四）中华优秀传统文化

中华优秀传统文化是以华夏文化为根基，融化各民族文化，历经千年的历史沉淀，最终流传下来的优秀的、稳定的文化。在中华文化的发展传承中，中华优秀传统文化与外来文化不断碰撞磨合，对其加以批判、改造、吸收和创新，凝练出中华民族昂扬向上的精神力量，这是中华民族欣欣向荣、立足于世界之林的文化源泉。

---

① 娄杰.中华文化与祖国和平统一[M].武汉：武汉出版社，1999：1.
② 娄杰.中华文化与祖国和平统一[M].武汉：武汉出版社，1999：1.

中华优秀传统文化的内涵丰富而广泛。主要表现在以下三个方面：中华传统核心思想体系、中国传统美德体系、中华人文精神体系。中华传统核心思想体系里，包括中庸之道、阴阳五行、克己修身等优秀思想。其中，中庸之道指的是辩证看待事物之间的差异，折中调和以达到和谐人际的目的；阴阳五行包含朴素唯物主义的哲学思想，揭示事物发展的普遍规律；克己修身表现在对个人修养的高尚追求上。除此之外，中华优秀传统文化以其深厚的道德规范及理念，在现代社会中有育人功效，可为大学生思想政治教育的创新与文化的传承提供有益借鉴。譬如，中华优秀传统文化注重"天下兴亡、匹夫有责"的家国情怀，"诚实守信、崇尚正义"的道德取向，"刚健有为、自强不息"的坚强意志等，其中的育人价值不言而喻，如果有针对性地融入大学生思想政治教育中，对大学生思想政治教育大有裨益。

二、中华优秀传统文化的发展脉络

追溯过去，探究渊源，从历史的角度来考察其发展脉络。早在远古时期，生活在中华土地上的先民们用智慧和汗水点燃了具有地域特色的文化火种，伴随着不同文化间的交流与碰撞，互相学习与借鉴，在不断丰富和完善中最终汇入中华文化的主流，形成了如大江奔流般的恢宏气势和源远流长的人文历史。回顾中华文化悠远的发展历程，对于我们更深入地理解和弘扬中华优秀传统文化有着重要意义。

（一）远古中华文明孕育传统文化开端

在中国古代神话传说中，盘古开天辟地，创造了人类世界，以炎、黄两族为代表的原始氏族部落经过融合发展，成为华夏民族，炎帝和黄帝作为中原部落的两位首领，被尊为中华民族的人文始祖。这些传说经过古代学者的文字加工体现在古代典籍之中，如《史记》就从黄帝开篇叙述中华历史，"黄帝者，少典之子，姓公孙，名曰轩辕。生而神灵，弱而能言，幼而徇齐，长而敦敏，成而聪明①。"这些传说开启了中华优秀传统文化的人文开端。

从考古学的视角看，在文字产生以前的远古时期，广袤而富饶的中国大地孕育了人类的起源。从元谋人、蓝田人，到北京山顶洞人，构成了一个从猿到人的演进轨迹，中华古代文化就在这一过程中逐渐萌生并发展起来。火是在人类生产生活中极其重要的能源。恩格斯认为："就世界性的解放作用而言，摩擦生火还是

---

① 司马迁.史记[M].长沙：岳麓书社，2019：1.

超过了蒸汽机，因为摩擦生火第一次使人类支配了一种自然力，从而最终把人同动物界分开。"[1] 此时的文化也可以从对火的使用角度进行探寻。据历史考证，距今50万年的北京猿人已经掌握了火的使用，能够保存从自然界获取的火种。在仰韶文化半坡村遗址中，历史留下的痕迹诉说了当时原始先民们农作、狩猎、制陶、彩绘、音乐和舞蹈等丰富的生活内容。随着历史的演进与文化的传承，不仅陶器更加精美，还出现了如冶铜、酿酒、制玉、雕刻象牙等新技术。这些物质文化发展成果体现了人类智慧的积累和文明的进步。从思想文化角度看，远古时期也蕴含着精神文明的萌芽。在当时的生产力和人们的认识能力条件下，古代先民对大自然、祖先、图腾产生了原始质朴的崇拜。自然崇拜的对象包括自然的日、月、山、川、风、雨、雷、电等。在古文化遗址出土的陶器等物品上，经常能够发现太阳图形的纹饰，表达对自然的敬畏。祖先崇拜、图腾崇拜反映了人们对自身起源的探寻，是较为高级的具有宗教色彩的崇拜形式。出于对生命繁衍、灵魂归处的关注，祖先崇拜成为中华传统文化的重要内容。伴随这些图腾崇拜思想文化萌芽的形成，这一时期的人们还通过结绳、契木、绘图等方式记事，在诸多文物遗迹上都能找到笔画工整的刻画符号，被认为是中华文字的最早图像。总之，中国远古时期的文化从萌芽一路走来孕育出辉煌灿烂的中华文明，成为中华优秀传统文化的重要开端。

（二）古代历史演进推动传统文化繁荣兴盛

约公元前2070年，大禹建立中国历史上第一个王朝——夏。这标志着中国走出了原始社会，进入了中华传统文化产生和发展的全新时期。目前发现的商周甲骨文、金文中，以文字记载形式佐证了这一时期人民以"天""天帝"为主体的信仰，宗法礼制为代表的社会规范，以及以阴阳五行学说为代表的对自然的归纳方法与抽象思维。公元前770年，周平王东迁洛邑，东周开始，中国历史进入了大变革、大动荡的春秋战国时代。从这个具有里程碑意义的时期开始，"中国传统文化，尤其是作为其核心的思想文化的形成和发展，大体经历了中国先秦诸子百家争鸣、两汉经学兴盛、魏晋南北朝玄学流行、隋唐儒释道并立、宋明理学发展等几个历史时期。"[2]

中国古代的春秋时期，社会急剧变革，现实与理想的冲突，激发了当时知识

———————
① 马克思恩格斯选集：第3卷 [M]. 北京：人民出版社，2012：492.
② 习近平. 在纪念孔子诞辰2565周年国际学术研讨会暨国际儒学联合会第五届会员大会开幕会上的讲话 [N]. 人民日报，2014-09-25（02）.

分子的创造力，他们运用丰富多元的素材，创造了气象恢宏、影响深远的思想文化百家争鸣、繁荣鼎盛局面，产生了包括儒、墨、道、名、法、阴阳、农、纵横、杂、小说在内各有建树的百余家思想，而真正对此后的中国历史产生极为广泛而深刻影响的学派主要是倡导"仁者爱人"的儒家、以"道"为思想核心的道家、将"变法"作为思想主题的法家、主张"兼相爱、交相利"的墨家。这些对人类文明具有突破意义的思想文化虽然各具特点，但共同推进了中国古代对"天人关系"的思考，综合辩证地论述了宇宙、自然、人类间共存与发展的法则，在这一过程中诞生了丰富的价值理念、教育思想、道德伦理、政治主张等，成为中华民族思想理念发展的源头活水。

公元前 221 年，第一个君主集权的统一帝国——秦王朝建立，标志着中国历史进入了"书同文、车同轨"新的阶段。到了汉代，中华文化在中央集权的政治体制下，得到了多方位的丰富发展。思想方面，两汉经学推动了儒学的发展，自董仲舒向汉武帝建议独尊儒术以来，经过改造的儒学被定为历代统治者认可并奉行的官方哲学，儒家思想在当时的社会环境下得到了全方位的提升，一举占据了统治地位并一直延续了两千余年。汉代史学著作《史记》《汉书》等，为我们追溯历史，探寻古代思想提供了丰富的史料。在文学艺术方面，文学作为具有深刻内涵和代表性的文化表现形式，在汉代取得了突出成就。辞藻华美、气势宏阔的《吊屈原赋》《七发》《子虚赋》等汉赋佳作，语言质朴、流传甚广的《东门行》《十五从军》等乐府民歌，文采飞扬、鞭辟入里的《过秦论》《治安策》等汉代散文都是蕴含丰富、深邃传统思想的文化瑰宝。同时，汉代的艺术、科技、建筑均取得了辉煌的成就，显著提升了中华民族的文化自信。

随着汉朝的灭亡，中国历史进入了历时近 400 年的三国两晋南北朝时期。这时，政治的动荡使社会批判思潮涌现出来，人们需要重新审视人生理想与社会发展，因此，儒学的独尊地位受到动摇，而以《老子》《庄子》《周易》为主要经典，融合了儒学与道学的玄学思想应运而生。玄学思想超越了伦理道德、政治主张的范畴，以探索理想的人格、认识宇宙的本质为中心课题，崇尚清新理性的抽象思辨，对中华传统文化的思想风格产生了较大影响。同时，这个继春秋战国之后又一充满分裂与战乱的历史时期也带来了思想与文化的交融发展。魏晋南北朝是三教初次直面彼此的时期。此时的江东地区，佛教迅速发展，道教亦正经历重要改革，佛教与本土的思想不免产生冲突，同时三方又在曲折中寻找着共存的方法。各方思想经常在同一空间内产生影响，佛教如果不能妥善处理与儒道二教的关系，很可能会面对被打压的情况。此等记载有见诸史册：东晋先后由庾冰与桓玄执政，试图令沙门遵守儒家礼法致敬王者，并且裁汰僧人；在丹阳郡，奉道教的沈文季排斥僧人，欲建义符僧局责僧署籍；① 慧思南来衡山，有道士不满，便向陈宣帝诬告慧思为北齐间谍。②

隋唐时期政治稳定，国力强盛，思想开放，是中华传统文化传承演进的鼎盛时期。此时的佛教在不断传播过程中日趋本土化，产生了天台宗、法相宗、华严宗和禅宗诸多宗派，对中华传统思想文化的发展产生了重大影响，成为古代中外文化交流的重要标志之一。唐诗、散文、绘画、书法、史学等多方面的辉煌成就证明了其在思想文化方面所达到的前所未有的高度。从多元化的民族融合角度看，在唐朝大一统的局面下，南北文化合流，各民族之间的文化交流越加频繁，关系更加密切，在文化上多民族交融的特点也表现得更加突出，文学、绘画、音乐及社会生活各方面都受到少数民族文化的影响，呈现出多姿多彩的新面貌，形成了兼容并蓄、百花齐放、星汉灿烂的宏大气派和繁荣景象。

北宋建立后，结束了五代十国的分裂局面，实现了局部统一，并与辽、西夏等游牧民族形成对峙格局。在哲学思想领域，理学的形成与发展成为宋明时期的重要标志，理学积极吸收了佛教的一些观念逐渐发展壮大，扭转了隋唐儒学逊色于佛学的状况。理学具有突出的思辨特征，是一种完备的哲学体系，此外还蕴含着丰富的宗教和道德思想，伦理道德是其思想核心。推崇"天理"的绝对地位，主张"存天理、灭人欲"，强调通过"正心""诚意""修身"的道德自觉，约束个人欲求以达到理想人格的价值构建与实现。这些带有禁欲主义色彩的理念，对于中华民族重视德性养成、注重人格气节、注重历史使命，以及注重社会责任的文化性格起到极大作用。随着社会的发展与思想的演进，到了明代程朱理学受到批判与挑战，以王阳明"心学"为代表的主观唯心主义高度发展，这一学说主张"致良知""心即理"，激发了人的主观能动性，有力地冲击和突破了日渐僵化的理学思想。同时，宋代以来，少数民族的游牧文化与农耕文化在政治的激烈冲突中深刻交融。少数民族积极吸收汉文化的营养日益发展壮大，尤其是以彪悍风格著称的蒙古族统一中国，推动了以元曲为代表的文学艺术的发展，宋元时期的文学成就也成为中国文学史上最珍贵的遗产之一。

（三）封建社会没落传统文化由盛转衰

明清之际，封建君主专制下的中国社会逐渐从鼎盛走向衰落，资本主义萌芽。

---

① （梁）释慧皎，汤用彤校注：《高僧传》卷 8《释道盛传》，第 207 页。
② （唐）释道宣，郭绍林点校：《续高僧传》卷 17《释慧思传》，第 621 页。

随着社会生产力的发展，生产关系出现变化迹象，思想文化敏锐捕捉和深刻体现了社会的变革。一方面，这一时期集中出现蔚为大观的《元史》《明实录》《明史》等史学著作，《永乐大典》《康熙字典》《四库全书》等大规模官修典籍，以及李时珍的《本草纲目》、潘季驯的《河防一览》、徐光启的《农政全书》、宋应星的《天工开物》、徐霞客的《徐霞客游记》、方以智的《物理小识》等科学技术巨著，都标志着经过数千年的积淀趋于成熟的中华传统文化进入历史总结的集大成阶段，也从一个侧面展现了当时人们的文化自觉与自信。另一方面，随着历史与社会的发展，空谈心性的空疏之学在思想领域受到排斥，具有市民反思批判意识的早期启蒙思潮兴起。这一时期著名的思想家，如黄宗羲、顾炎武、王夫之等人，开始对当时的官方文化——程朱理学发起挑战，反对文字狱等思想文化专制，批判锋芒直指专制君主，为当时社会注入了经世致用的实用主义风气。文学艺术创作方面也出现了反映民间生活情趣的市民文学、书画作品等，充分反映了城市经济发展和资本主义生产方式萌芽这一社会现实。

然而，受到落后的物质生产方式和社会制度的制约，历经千年发展的传统文化最终还是伴随着封建社会极权统治的衰落一同走向下坡路。当时的统治者和大多数知识分子，沉醉于历史上辉煌的文化成就，盲目自信，拒绝开眼看世界。而此时的西方已经轰轰烈烈地进行了从根本上改变世界面貌的工业革命。最终，1840年爆发鸦片战争，在西方列强的坚船利炮之下，中国近代百年历史的大幕徐徐拉开。进入半殖民地半封建主义社会阶段的中华传统文化也随之跌入了历史低谷，开始了一段前所未有的、在衰落中探寻蜕变与新生曲折历程。这条百转千回的中华文化复兴之路，直到1921年中国共产党成立后才重新清晰、明确起来。经过28年的艰苦奋斗，党带领中国人民不仅实现了民族的解放，同时也实现了思想文化的独立自主、创新重生。在新时代，中华优秀传统文化已经成为中国特色社会主义文化发展的核心基因与沃土，必将重新绽放出举世瞩目的绚丽光彩。

追溯历史文化发展的脉络，我们能够深切认识到：中华民族的精神血脉薪火相传，具有生生不息的强大生命力；优秀的思想价值理念已经融入每个中华儿女的内心世界，成为共同的精神家园；中华文化的繁荣昌盛增强了民族文化自觉与自信，也为世界文明宝库增添了宝贵的文化财富。以明晰中华优秀传统文化穿越千年历史演进的脉络为基础，我们要更加深刻地认识我们民族自身，更加珍惜当前取得的历史性成就，更加坚定地沿着中国特色社会主义道路前行。

三、中华优秀传统文化的特征

（一）统一性与多样性

纵观中华优秀传统文化，最为广泛且最具主流影响力的非儒家文化莫属。作为中华民族的主流文化，儒家文化呈现出中华优秀传统文化和谐、统一的特性。在中华传统文化历史的沿革中，儒家文化给予中华民族丰厚的思想基础与行动指南。尽管如此，各种文化的交流与交锋在时代变迁从未停止，历经春秋战国时期"百家争鸣"，多种多样的思想纷至沓来，在文化历史的舞台上绽放光彩，使中华优秀传统文化异彩纷呈，显现出多样性的特征。其中法家、道家、墨家等对后世影响重大的思想流派得到传承，融入中华优秀传统文化之中。多种多样优秀的风俗习惯、思维方式、行为准则、价值观念使中华传统文化历经千年而仍然得以延续。儒家文化无法代表博大精深的中华优秀传统文化，儒、释、道等传统文化的简单叠加也无法概括整个中华优秀传统文化。中华优秀传统文化既存在丰富多样、不平衡发展的对立状态，又是有内在联系、相对统一发展的统一整体，是全民族不同文化思想的总和，内容博大精深，形成了巨大的思想宝库。这样的特征为大学生思想政治教育工作提供了宝贵且丰富的学习素材。

（二）连续性与变革性

作为中华传统文化的精髓，中华优秀传统文化不间断地延续至今，表现出了强大的连续性。中华优秀传统文化包含了道德文化、世俗文化、人本文化，它们兼容并蓄、源远流长，这都得益于中华传统文化的源头，也就是伏羲文化，从发源至今已达到七八千年的历史。中华优秀传统文化在整个人类的历史中保持了连贯性，成为全世界绝无仅有的、不曾中断历史进程的文化。不仅如此，中华优秀传统文化在历史进程中还在焕发新生，通过自我更新和提升表现出变革的特性。随着社会的发展和变化，中华优秀传统文化能够适应时代需要，同时丰富和提升自身内容，紧跟住历史的脚步逐步更新。从远古文明的探索阶段，到现代文明的实践过程，中华优秀传统文化在五千年的时光更迭中发展革新，随着历史的更替逐步更新和进步，顺势而变、与时俱进，适应时代与社会的大趋势。可以看出，中华优秀传统文化的连续性发展是一个蜕变的过程，中华优秀传统文化发展的前提和条件是连续性，发展的环节和契机是变革性，连续性与变革性是辩证统一的，这正符合大学生思想政治教育工作的创新和发展精神。

（三）独立性与融通性

中华优秀传统文化积淀着国和中华民族最深沉的精神追求和思想精髓，是中华民族独立于其他文明、在本国的发展历程中形成的独特体系。作为中华民族特有的文化，中华优秀传统文化同其他民族的传统文化一样，有区别于其他国家和民族的独立性。另一方面，发源于黄河、长江流域的中华优秀传统文化，在历史上与北方的游牧民族交融互通，使得中华优秀传统文化形成共融的多民族文化融合体，能够抵抗其他外来文化的冲击而不会瓦解，反而在冲突中兼容并蓄，取外来文化的精华，为中华优秀传统文化吸纳进新的内涵，焕发新的生机，表现出中华优秀传统文化强大的融通性。正因为强大的融通性，中华优秀传统文化才能够在历史的兴衰更替中吐故纳新，保持自己的文化特色。中华优秀传统文化不仅可以将优秀的外来文化为我所用，作为其主流文化的儒家文化，还能得到其他文化的认同，与外来文化产生共鸣。世界上的许多文化都受中华优秀传统文化影响，这种影响在当今全球化的发展上有目共睹。正是这样的特性，才能够为中华优秀传统文化与大学生思想政治教育的融合提供理论基础。

四、中华优秀传统文化的基本走向

中华优秀传统文化并非民族文化随着时间推移简单叠加累积的成果，而是作为一个不断演进的整体，紧密地联系着过去、现在、未来的连续性、流动性的存在。

（一）在交流融合中发展繁荣

中华优秀传统文化在中华民族的远古时期开始孕育而生，传承至今。它始终保持了海纳百川的开放胸怀，接纳融合了生活在同一片土地上的诸多少数民族文化，展现出超强的向心力与包容力。从中华民族和中华优秀传统文化的形成过程来看，夏、商、周时期无论从人口分布，还是从国家版图上都远远小于其他朝代，仅仅占据中原一隅。四周环绕着许多武力强悍、文化发展较为落后的民族部落，在这之后，中华民族不断发展壮大过程中还出现过契丹、女真、建州女真（蒙古）、满族等少数民族，但经过长时间的碰撞、交融，这些部落、民族都逐渐被中华文化的丰富内涵和强大魅力所吸引，自觉地接受中华文化的改造并主动地融入中华优秀传统文化。战国时期赵武灵王胡服骑射就是文化互鉴与融合的鲜明例证。另一方面，以汉代开始传入的佛教文化为例，佛教传入之初带有明显的外来文化特征，传入中国后，在翻译经书过程中，中国传统文化就自觉地开始了对其的本土化改造，这才使其能在隋唐时期有较大发展，并演变为以禅宗为代表的中国化佛教。由此可见中华优秀传统文化对异质文化始终保持了高度的融通性。可以说，正是以开放包容的胸怀不断将外来文化柔化、转化、融入自身的体系之中，才使中华优秀传统文化呈现出更加丰富的色彩。

此外，由于四周的天然屏障，中华传统文化在独立、稳定的发展过程中繁荣兴盛，长时期处于东亚地区的中心地位，逐渐形成了影响朝鲜半岛、日本列岛、中南半岛和东南亚各地的东亚文化圈，在地域间的文化互动中，中华优秀传统文化得到进一步丰富拓展，同时也由近及远带动了周边国家，乃至亚洲文化的发展演化。元朝时期，蒙古族跃马扬鞭、武拓天下，建立了拥有横跨欧亚大陆广大版图的帝国，在实际上开放了自汉代以来中国同西方和北方国家间的沟通，这使指南针、造纸术、印刷术、火药、历法、数学、瓷器、茶叶、丝绸、绘画、园林艺术、经史典籍、文学诗歌等中华优秀文化中积淀的最杰出的思想与科技成就更加广泛地向世界传播，为西方哲学思想、文化发展、技术创新注入了新的活力；同时，国外的思想文化、先进科技，如处于世界领先水平的阿拉伯天文学、数学等，也先后进入中国的科技文化领域，促进了中华传统文化在新一轮的博采众长中实现融合发展，出现了《授时历》《几何原本》等新的文化成果。

历史上的中华优秀传统文化，海纳百川，兼容并蓄，在交流融合中发展繁荣。

（二）在守正中创新，从低谷走向复兴

近代之前，中华民族基本形成了以儒家文化为核心，同时蕴含道家和佛家思想内容，历史悠久、兼容并包、博大精深的传统文化。但由于长时间处于世界文化领先地位，到了封建专制制度晚期，统治者和士大夫们由文化自信逐渐转变为夜郎自大，在封闭僵化的文化意识影响下，对内的文化禁锢破坏了本应充满生机的学风，对外明晚期到清代以来实行的闭关政策，使得中国的经济发展，尤其是对外贸易逐渐衰退，思想文化、科学技术缺少与世界文化的交流，在故步自封中逐步坠入低谷。经历了鸦片战争惨痛失败，中国一步步沦为半殖民地半封建社会。在这一个过程中，无数爱国仁人志士一边探索救亡图存的道路，一边反思中国何以积贫积弱至此。于是，近代以来的中国从"三千年未有之大变局"的政治剧变开始，先后经历了农民阶级反抗运动、以"富国强兵"为目标的洋务运动、谋求制度层面改革的维新变法运动乃至推翻清朝封建统治的辛亥革命，但均未能打通中国摆脱西方帝国主义侵略，独立自主走向现代化发展的道路。因此，"政治上

的剧变，酿成思想的剧变，又因思想的剧变，至酿成政治上的剧变。前波后波辗转推荡"①，1915 年，以《新青年》的诞生为标志，一场由陈独秀、李大钊等新一代知识分子发起的声势浩大、影响深远的新文化运动掀起了反对封建专制及其思想桎梏的启蒙浪潮。1919 年 5 月，在中国大地上爆发了五四运动，它"为新的革命力量、革命文化、革命斗争登上历史舞台创造了条件"②。1921 年 7 月，中国共产党成立，其不仅担负起了带领全国人民争取民族独立的革命任务，同时也肩负起了复兴中华优秀传统文化的使命。中国共产党自觉成为中华优秀传统文化的传承者、弘扬者和建设者，在领导全国进行革命、建设、改革的过程中以科学的马克思主义理论为指导，重视学习和总结历史经验，重视借鉴和运用中华优秀传统文化中的思想精华，不断推动中华优秀传统文化的当代化、现代化。进入新时代，党中央把中华优秀传统文化的传承与发展放在重要的战略位置上，加强优秀传统文化的阐释和弘扬，推动其创新发展和时代转化。在经济全球化浪潮中不断变化的世界局势中，中国倡导构建"人类命运共同体"，广泛开展"一带一路"合作，弘扬中华优秀传统文化中和衷共济、四海一家的理念，与世界各国携手抗击新冠疫情……一系列实践有力证明，中华优秀传统文化不仅可以为实现中华民族伟大复兴奋斗目标提供助力，也能为当今时代背景下世界的发展提供智慧和力量。

总之，当历经繁荣兴盛，在世界展现辉煌成就的中华优秀传统文化，在我党矢志不渝的努力传承弘扬中，在科学指导思想的指引下，经受住了历史变迁的严峻考验，走出了沧桑与低潮。可以预见，作为中华民族的精神之根与思想之魂，它将在新时代，在更加宽广的舞台上彰显出无穷的精神魅力，支撑着中华民族走向现代化，走向复兴。

五、中华优秀传统文化的主要内涵

（一）天下兴亡、匹夫有责的爱国精神

爱国主义是中国梦的基石。要想实现我们中华儿女的中国梦，就必须培养学生形成强烈的爱国精神。众所周知，我国历史上众多的仁人志士，为了祖国的统一与民族的安危，甚至牺牲了自己的性命。其中，儒家思想是我国传统文化代表性思想，强调只有不断完善自己的行为规范、提高自身修养，才能经营好自己的家庭、治理好国家，使得天下太平。无论是在古代封建社会还在近代社会，无论

---

① 梁启超. 中国近三百年学术史 [M]. 北京：东方出版社，1996：30.

② 习近平. 在纪念五四运动 100 周年大会上的讲话 [N]. 人民日报，2019-05-01（02）.

是在革命是战争年代，还是在今天这样的和平年代，都不乏一批又一批为了祖国统一和国家安危默默奉献付出甚至在关键时刻英勇献身的中华儿女。文天祥被俘后，面对元军威逼利诱，他不为所动，只留下一首《正气歌》从容殉国，他的诗震撼着我们的心灵。谭嗣同被捕后，他没有选择继续苟活，而是写了一首绝命诗后慷慨赴义。他用自己的个人性命向封建势力反抗，他视死如归、愿为祖国前途而英勇献身的爱国精神值得我们钦佩！同样，在近现代历史发展过程中，许多仁人志士为了祖国统一，同仇敌忾、抵御外敌。他们在敌人面前矢志不渝、永不低头。邱少云被敌军的燃烧弹击中，他宁愿忍受着烈火焚身的痛苦，趴在火堆里一动不动，也绝不暴露战友，最终光荣牺牲。正是这种视死如归、无私奉献的爱国精神激励着我们一代又一代中华儿女不畏艰险、在敌人面前誓死捍卫民族尊严。"爱国"不应该仅仅是一句口号，更应该是一份责任与担当。因此，培养大学生的爱国精神是高校思政教育的主要内容，从传统文化中汲取其积极思想内涵，塑造经典形象为他们树立良好榜样，从而培养他们浓烈的爱国精神和勇挑重担的精神。

（二）自强不息、刚健有为的民族精神

"天行健，君子以自强不息。地势坤，君子以厚德载物。"[①]这是对自古以来从不向困难低头的中华儿女最高度的概括。纵观中国古代传奇历史，英雄豪杰不胜枚举。"盖文王拘而演《周易》；仲尼厄而作《春秋》；屈原放逐，乃赋《离骚》；左丘失明，厥有《国语》；孙子膑脚，《兵法》修列；不韦迁蜀，世传《吕览》；韩非囚秦，《说难》《孤愤》；《诗》三百篇，大抵贤圣发愤之所为作也。"[②]这段话不仅表明了古人遭遇不幸时发愤而作，同时也表达了司马迁自身遭受宫刑之后仍写下了《史记》后的坚强意志。这种发愤图强的精神经过代代相传，早已内化为中华儿女不竭的精神动力，激励我们奋勇前行。因此，作为祖国未来栋梁的社会主义新青年，在任何时候都必须传承这种精神。在平时的教育中应潜移默化地将这种精神灌输到学生的思想中，培养他们独立自主、自强不息的健全人格，激励广大学生投身于为祖国的繁荣昌盛而奋斗终身，这样我们伟大的中华民族才能长久地屹立于世界的东方。

---

① 周易译注 [Z]. 周振甫，译注. 北京：中华书局，1991：3.
② 司马迁. 文白对照史记（下册）[M]. 吴树平，等译. 西安：三秦出版社，2004：120.

（三）天人合一、和谐共处的人文精神

当前，我国提倡要积极构建文明和谐的社会以及倡导人与自然要和谐相处，这些都与古代"天人合一"的精神有一定的相似之处。由于古代对自然认识的局限性，科学知识匮乏，因此古人对自然社会充满了敬畏，认为包括人在内的万事万物均来自"天"，人类必须完全听从、服从于"天"，不得违背"天意"。孟子与梁惠王辩论时就曾说到我们种植农作物应"不违农时"，应根据"天时"进行耕作。老子曾提出"道法自然"的观点，孟子提出的"天时地利人和"，这些都表明了古代哲学家强调人与自然应和谐相处的观点。这些都为当今保护环境、维护生态平衡、可持续发展以及建设美丽新中国提供了良好的思想基础。这些思想内涵不仅要求人类与大自然之间要和谐相处，也侧面体现出人与自身、与其他人之间也应该做到"和谐"。在古代社会，古人奉行仁爱诚信等处事原则，时刻自省慎独，严格规范自己的言谈举止，使自己成为德才兼备的"圣人"。另一方面，老子倡导要"不争"，即告诫我们不要与别人争夺一些蝇头小利，而应时刻要设身处地为别人着想。时至今日我们仍提倡"和为贵""己所不欲，勿施于人"……这些内容对当今时代的我们如何与别人保持良好的关系以及建设生态文明提供了重要的理论依据，同时也成为高校思政教育的重要内容。

（四）崇德尚仁、以人为本的人格精神

中国自古以来就很重视个人的道德修养，学者以德才兼备的"圣人"作为人生目标，并将"道德"视为区分人与禽兽的重要标志，认为"道德"是"人"成为人的基础，体现了古人对"至善""至美"的人格追求。"大学之道，在明明德。"儒家将发扬光明正大的品德作为教育目标。同时，历代君王重视道德教化，提倡以德治国。"以德服人者，中心悦而诚服""善政不如善教之得民"……这些都为我们当今社会提倡"德治"与"法治"相结合提供了重要的启示。另外，孔子提倡人们应克制自己，对待别人要礼让，此为"仁"，在此基础上提出"仁爱"为核心的学说，他倡导人们应该互助互爱，对他人和长辈应尊重友爱。后来，孟子在此基础上发展为"仁政说"，将仁的学说与政治治理相结合，实行王道，改善民生，提倡以德服人。与孟子的仁政学说相联系，儒家从人们生活实际需要出发，提出要重视民生，坚持以人为本的思想观点，不断满足人们的物质生活需要，进而对其进行礼乐教化，使民从善，进而国家政权得以稳固。管仲对齐桓公陈述霸王之业时，提出"夫霸王之所始也，以人为本。本理则国固，本乱则国危"。意思就是霸王的事业之所以有个好的开端，就是以人民为根本。这里所说的以人为

本，就是以人民为本。孟子也强调"民为贵，君为轻"。这些思想同我们当今时代所提倡的以人为本虽然有所差别，但与当今时代中国共产党的宗旨是一脉相承的。"实现人的自由而全面的发展"是马克思主义关于人的重要学说，我国在借鉴其科学理论基础上，进一步完善和发展了"以人为本"的思想。习近平总书记也多次提到，作为我国的执政党，就要坚持以人民为中心、坚持人民当家作主。这些思想对于建构当代大学生主体性、发挥其自觉性以及促进其全面健康成长都具有很强的借鉴意义。

六、中华优秀传统文化的内在特质

（一）生生不息的延续性

众所周知，中华优秀传统文化是中华民族历经悠悠数千载却始终未曾断绝的文化血脉。这种生生不息的延续力，一方面得益于处于一种半封闭状态的大陆性地域，中华优秀传统文化与外部世界相对隔离的自然环境；另一方面，具有连续性和稳定的农耕经济和农耕文化的主体地位也增加了中华文化的稳定性与包容性与向心力；此外，政治传统在调整中的接续承继也是其重要条件之一。因而，中华文化能按照自身发生发展的逻辑孕育演化至今，并以独立的姿态保持了前后承接的赓续延传，积淀了牢固的共同民族心理与伦理观念，积累了无与伦比的思想文化宝藏。

（二）经世致用的务实性

中华民族以应天时、尽地力的农耕劳作为主要生活方式，形成了立足实际、勤劳务实、安土乐天的朴素共识，积淀了审时度势、与时俱进的"实用—经验理性"，凝练了崇实尚行、经世致用、利用厚生的价值取向和"大人不华，君子务实"的人格追求。孔子曾说："富而可求也，虽执鞭之士，吾亦为之。"[①]这体现的正是中华民族深植于农耕经济厚实土壤的农本思想在长期的社会生产实践中产生的注重现世、淡化来生，不擅思辨、排斥玄虚的务实态度。这样的思维倾向使在西方文化中占有重要地位的宗教文化没能成为中华传统文化中的主导内容，尽管历史上中国本土产生了道教，也曾经传入了佛教、基督教等，但中华优秀传统文化的现实、入世取向，阻挡或淡化了宗教在传播中对民族意识的影响。而在中国封建君主统治时期，封建伦理型文化，如同严密的思想屏障，将人们的思想与宗

---

① 论语译注 [M]. 杨伯峻译注 . 北京：中华书局，2017：99.

族、土地牢牢锁在一起，而实用理性倾向，也促使农学、天文学等得到长足发展。但另一方面，这种对抽象思辨的忽视，却也阻碍了思维逻辑的发展成熟，影响了基础科学技术的进一步发展。以经世致用为导向，中华优秀传统文化具有鲜明的实践指向性。

（三）革故鼎新的创新性

革故鼎新是中华优秀传统文化延续千年而依旧充满活力且不断繁荣发展的核心基因之一。在历史更迭中，观四时运行不息，察万物生长化育，面对"逝者如斯夫，不舍昼夜"的沧桑变化，中华先民对于变通的概念有了更为深刻的理解，追求"苟日新，日日新，又日新"①的奋进精神，以及"惟新厥德"、进学不已的积极态度。这使得中华文化逐步形成了与时俱进、善于汲取时代精神的发展思维，以及勇于进行自我革新的创新精神。因此，即便在历史演进的过程中，中华文化与游牧民族文化多次发生碰撞，甚至经历了少数民族统治中原的历史时期，但中华优秀传统文化的传承与发展也未曾中断。面对印度佛教等外来文化的冲击时，中华文化也能够以海纳百川、革故鼎新的精神，主动包容接纳，融合吸收，这本质上就是自我革新精神的深刻展现。正是因为具有这种勇于变革、积极求新的创造精神，才激励了一代代中华儿女在危机中奋起求变，自强不息，推进了民族历史和文化在沧桑巨变中砥砺前行，也正是这种文化基因的传承，才使得中华文明成为人类历史上唯一赓续不断的灿烂文明，至今仍然具有无穷的魅力，为人类发展贡献智慧与力量。

（四）重人轻神的人文性

中华优秀传统文化的人文性是其突出特质之一。中华优秀传统文化关注人自身的存在，以人为中心，主张天地人合而为一，这造就了独特的中华优秀传统文化特质，使其人文精神熠熠生辉。首先，中华传统文化具有鲜明的重人轻神倾向。在中国远古时期乃至殷商时期的人们还存在着对天命鬼神的绝对崇拜和敬畏，但是进入西周之后，随着宗法道德观念的确立，人们就逐步淡化了神学观念，在周代以后的历史中，王权始终是高于神权的存在。同时，鉴于殷商灭亡的历史教训，"重民轻神"的民本思想自周代开始兴起，在传统思想中长期处于核心地位的儒学就高度关注现实中人的生存。在儒家经典中，"天道远，人道迩""敬鬼神而远

---

① 大学中庸译注 [M]. 王文锦，译注. 北京：中华书局，2019：4.

之"①"未能事人，焉能事鬼？……未知生，焉知死"②"制天命而用之"等表述，强调了人的价值、人的力量和生命的意义，展现出以人为本、重人道轻神道的人本主义思想倾向。总的来看，中华传统文化从人与人之间的关系角度出发，确立了人们的行为准则和道德规范，进而开始追求人的完善、人的理想以及人与自然的和谐，体现出了明显的人本精神。

（五）崇德尚善的伦理性

中华优秀传统文化是一种关注人伦、以伦理道德教化为重要目标的伦理型文化，具有浓厚的崇德尚善的道德色彩。贯穿整个中国历史，几乎所有的学说都对于引人向善的道德伦理有所论及，各种观点也普遍存在于我国古代经典著作当中，尤其是在经典儒家著作中体现得尤为明显。帝典曰："克明俊德。"《尚书》认为："皇天无亲，惟德是辅。民心无常，惟惠是怀。"③这说明，在古代社会，明德作为重要原则规范贯穿于社会生活的各方面，中华优秀传统文化处处渗透着伦理道德思想的影响。

第二节　中国优秀传统文化的时代价值

一、辩证看待中华优秀传统文化

（一）中华优秀传统文化与现当代文化

传统文化与现当代文化是以历史的纵向发展为基准进行划分的。但文化是流动的，而非永恒不变的，如果单纯将文化按照时间僵化地切割成"传统"与"现代"两部分，难免会陷入"文化虚无主义"与"文化复古主义"。文化虚无主义对中华传统文化所持的态度是"文化自卑"，文化复古主义对中华传统文化所持的态度是"文化自大"。这两种态度都是对中华传统文化与现当代文化的一种割裂。我们所坚持的"文化自信"，并非单纯指某一历史时期某一特定阶段的文化，而是与时代紧密相连，经由变革、创新和发展的传统文化与现当代文化的综合体。

① 论语译注 [M]. 杨伯峻，译注 . 北京：中华书局，2017：88.
② 论语译注 [M]. 杨伯峻，译注 . 北京：中华书局，2017：162.
③ 吴哲楣 . 十三经 [M]. 主编 . 北京：国际文化出版公司，1993：110.

（二）中华优秀传统文化与马克思主义

如果以历史的角度来对中华文化进行划分，鸦片战争是中国近代史的开端，1915 年陈独秀在《新青年》上的刊载文章拉开了新文化运动的序幕，也可认为是中华传统文化与现代文化的分水岭。在此之前，两千多年的封建礼教下所形成的传统文化，已不能适应时代的发展潮流。五四运动之后，马克思主义开始在中国传播，古老的中华传统文化与先进的马克思主义思想，在历史的长河中相遇。在马克思主义的指导下，古老的中华传统文化开始了与时代紧密结合的创造性转化，去其糟粕，取其精华，最终，成为现在我们所要继承和弘扬的中华优秀传统文化。

（三）中华优秀传统文化创造性转化的必要性

中华优秀传统文化是中华民族所创造出来的一种独特的民族文化。它是中华民族数千年文明的结晶，有着独特的价值内涵，其价值的实现对社会进步和人的全面发展都有着重大意义。

传统文化可以大致分为三个部分。第一部分是传统文化中带有鲜明封建社会统治阶级思想的阶级制度、道德观念，是消极、落后的，属于传统文化中的糟粕部分，这部分是我们需要剔除的。第二部分是传统文化中对国家和社会具有深远影响的，诸如热爱祖国、诚实守信、艰苦奋斗等到现在仍在影响中国社会发展的道德价值理念内容，是应当继续保留并传承的。第三部分是随着历史发展不断发生变化的思想道德文化，这部分文化主要是随着社会生活的发展而不断进行自我革新的部分，也是需要进行创造性转化的部分。像儒家思想中关于"仁""礼"的理解，古代与当代就在理解上存在着偏差，是需要根据社会发展形势进行不断革新调整的。

中华优秀传统文化能一直延续至今并不是一个自发性的过程，而是一代又一代的中国人不断传承和转化的结果。中华优秀传统文化中存在着不同成分的文化，随着时代的发展，对于不同成分的辨别，有助于中华优秀传统文化更好实现其自身时代价值，最终实现对中华优秀传统文化的继承与发展。

二、中华优秀传统文化的价值意义

（一）中华优秀传统文化在当代民族精神中的体现

中华优秀传统文化是国家与民族发展的根本，其内容影响着每一个中国人的精神世界以及思维形式。中华优秀传统文化在当代民族精神中的价值体现在以下几个方面：第一，爱国主义的民族情怀。在中华优秀传统文化传承中，爱国主义精神作为传统民族文化的组成部分，在不同历史时期的表现形式存在差异，如民族独立意识、民族忧患意识等都是爱国主义精神的真实写照。在当代社会发展的背景下，中华民族在不同时期都需要捍卫爱国主义精神，通过国家独立、尊严的强调，逐步提高人民的爱国主义精神，充分展现民族精神的当代价值。第二，民为邦本的政治理念。通过对中华优秀传统文化的分析，可知民为邦本的思想是较为重要的，例如，孙中山提出的"三民主义"，正是这一思想的真实写照。伴随当今社会的不断发展，为人民服务、人民民主以及以人为本的思想，都充分展现出"民为邦本"的政治理念，这一传统文化可以充分展现出当代的民族精神传承价值。第三，厚德载物的优秀品德。在中华优秀传统文化发展中，康健、自强都是当代民族精神中相对重要的意识体现。对于厚德载物而言，主要是利用宽厚的品德包容万物，着重突出良好品德的重要价值。在历史不断发展过程中，各个民族通过不断的大融合，在多元文化传承与发展的过程中，充分印证了这一道理。

（二）中华优秀传统文化在中国特色社会主义文化中的体现

在当今社会不断发展的背景下，多元文化思想充斥着社会各个领域，在这种环境下，思想文化的竞争成为国家发展中的核心。一般情况下，中华优秀传统文化在中国特色社会主义文化中的表现主要体现在以下几个方面：第一，对于中华优秀传统文化而言，作为社会发展中最具深度的文化软实力，不仅可以作为中华民族的独特标志，而且也可以为中华民族传统文化的传承提供保障。因此，在当今时代，对于中华优秀传统文化的强调，可以着重突出中华民族在长期发展中所形成的独特思想观念，同时也可以为中华民族提供强大的精神支撑。对于我国传统民族文化而言，其具有十分悠久的历史，内容丰富多样，例如，天人合一、舍生取义等思想，都充分印证了中华传统文化的核心内容，这些思想形式也是中华民族凝聚力提升的重要体现。而且，在中国优秀文化传承的过程中，为了更好地顺应时代的发展，将中华优秀传统文化与国家文化软实力融合，可以凸显中华优秀传统文化的特色，并为当今社会的特色化运行以及社会主义的建设发展提供保障。第二，在中华优秀传统文化传承的过程中，可以更好地坚定中国文化自信，习近平总书记提出："坚定中国特色社会主义道路自信、理论自信、制度自信，说到底是要坚持文化自信。"① 所以，在当今社会发展的背景下，应该强调文化自信，通过中国优秀传统文化的运用，实现对中华优秀传统文化理念的传承，坚定当代

---

① 习近平. 在哲学社会科学工作座谈会上的讲话 [N]. 人民日报，2016-05-19（02）.

人们的思想意识，并为文化的传承与创新提供保障。第三，在中国特色社会主义文化建设中，通过中华优秀传统文化的传承，可以充分展现社会主义核心价值观念。对于中华民族而言，在不断的发展过程中，社会主义核心价值观是传承的主要内容，例如，"富强、民主、文明、和谐"作为社会主义核心价值观的基本内容之一，在一定程度上凝聚着优秀的中华优秀传统文化，而且，这些价值观念早已深入人心，成为中华民族发展的主要推动力。又如，"爱国、敬业、诚信、友善"作为社会主义核心价值观的基本内容之一，不仅在一定程度上传承了中国优秀传统文化，而且也体现出个人层面的价值追求，所以，在当今中国特色社会主义建设及发展中，通过这些传统文化思想的运用，可以实现对公民个人价值准则的衡量，同时也可以着重体现出中华民族传统美德，为传统文化的传承及发展提供有效支持。

（三）中华优秀传统文化在生态理念中的当代价值

对于中华优秀传统文化中的生态理念而言，其作为现代生态理论中的哲学基础，在一定程度上可以反映出中华优秀传统文化中的思维特征，在该种背景下，通常将天人合一置于自然之中，并认为只有人与自然和谐发展，才可以实现共同发展的目的，这一思想充分体现出马克思辩证唯物主义的哲学观，所以，在中华优秀传统文化传承中，将人与自然的和谐共生作为客观规律，充分体现出现代生态伦理学的核心观点。一般情况下，为了实现中华优秀传统文化生态理念的价值传承，在当今社会发展的过程中，应该明确以下价值观念：第一，积极宣传传统的生态文化理念，并树立正确的生态观念。在当今社会的运行与发展中，思想作为行动的先导，通过生态文明以及人与自然和谐发展理念的确定，可以明确当今社会的发展方向，而且，这一理念也可以逐步得到全社会的积极响应。伴随网络信息技术的发展，在生态理念传承与发展的过程中，可以利用网络资源以及媒体资源等，积极宣传中华优秀传统文化中的生态理念，使整个理念的传达呈现出大众化通俗化的特点，为当今社会的可持续发展提供保障。第二，逐步加强法律监督力度，通过法律手段积极推动生态文明的建设。根据中华优秀传统文化的核心理念，在生态文明建设的过程中，应该从实际出发，首先，积极建立完善的法律规范，根据环境治理法律内容，对一些违法行为进行处罚，及时避免不良生态文明行为的出现，避免中华优秀传统文化生态理念中法律空白问题的出现。其次，对于相关的执法部门，应该稳步落实生态理念论，将公正司法以及公正执法作为基本前提，对于一些破坏生态文明的行为严格追究，情节严重的一定要追究刑事责任，从而为中华优秀传统文化的当代价值体现提供保障。最后，在中华优秀传统文化中的生态文明发展中，生态文明的建设不仅关系到社会主义建设，同时也与人类的发展命运息息相关，因此，为了更好地实现生态文明的建设，我国应该将中华优秀传统文化中的生态理念运用在发展中，逐步提高全民的生态文明意识，并积极加强国际合作，强调相互合作以及共同发展的理念，从而为社会生态文明的建设以及当今社会的发展奠定基础。

（四）中华优秀传统文化在民族伟大复兴中的体现

根据中华优秀传统文化的基本特点，作为国家发展的核心，传承中华优秀传统文化可以充分满足中华文化的发展需求。而且，中华优秀传统文化在一定程度上体现着民族精神，这种精神是实现中华民族持续发展的强大动力。因此，中华优秀传统文化在民族伟大复兴中起着十分重要的作用。首先，对于一个国家而言，在发展的过程中，不仅应该具备超强的经济实力、军事实力以及科技实力，同时也应该具备良好的文化价值理念，通过软硬实力的有效结合，才可以更好地展现出综合国力。因此，在强调文化软实力的战略价值与当代价值过程中，应创造优秀的传统文化传承体系，及时解决当前社会发展中面临的问题。其次，在历史发展的过程中，中华民族的发展创造出了优秀的物质文化，但是，伴随时代的变化以及时局的发展，不同时期所形成的传统文化存在差异，当人们处于落后的时代时并没有放弃奋发图强，在不屈不挠以及顽抗斗争的背景下团结一致，以实现中华民族的伟大复兴为己任。最后，对于中华民族的伟大复兴而言，其最核心的内容是国家富强、民族振兴以及人民幸福，我们要实现中华民族伟大复兴的中国梦，就必须大力宏扬以爱国主义为核心的中华民族精神，铸牢中华民族的精神支柱，为中国社会的现代化发展提供支持。

三、实现中华优秀传统文化时代价值的意义

（一）增强文化自信

萨缪尔·亨廷顿在《文明冲突与世界秩序的重建》一书中提出，未来世界将是以文明为博弈主体的全球冲突。文明是文化发展的最高形式。[1]

近邻日本，历史上曾多次派人来中国学习中华文化，并将其衍生为本民族文化的一部分。近代以来，日本不断对本民族传统文化进行保护与发展，将民族传

---

[1]　萨缪尔·亨廷顿.文明的冲突与世界秩序的重建[M].北京：新华出版社，2018

统文化上升为一种精神力量，在每一个日本人心中形成强烈的民族自豪感。中国和日本都讲究"和"文化，日本的"和"文化也给世界留下了深刻的印象。

习近平总书记指出："文明特别是思想文化是一个国家、一个民族的灵魂。无论哪一个国家、哪一个民族，如果不珍惜自己的思想文化，丢掉了思想文化这个灵魂，这个国家、这个民族是立不起来的。"① 因此，树立文化自信是十分必要的。

文化强则国家强。实现文化自信，就必须做好中华优秀传统文化与时代发展相结合的工作，既要传承传统历史又要立足当下，避免"文化自大"与"文化自卑"。博大精深的中华优秀传统文化是文化自信的"灵魂"，爱国情怀、奋斗精神、革新意识等千百余年所传承的文化理念，早已根植于每个中华儿女的心中，构成了中华民族特有的精神世界，并在世世代代的生活实践中，形成了独特的世界观、人生观和价值观，成为影响周边国家的中华文明。

（二）提高文化软实力

和平与发展仍是当今世界主题，世界格局多极化、全球化是不可逆的趋势。世界各国的经济、文化、政治等方面越发紧密相连，牵一发而动全身。1990 年约瑟夫·奈在《外交政策》上首先提出"软实力"概念。"软实力"是一种通过文化与意识形态的感召力而吸引他人的能力，是综合国力的重要组成部分。如今，文化软实力已经成为世界各国展现各自影响力的主战场。西方国家凭借自身优势，率先通过影视作品、书籍和文化交流等形式，积极宣传自身文化和价值观，这也成为西方意识形态传播的新途径。相对于西方国家，中国文化软实力发展起步较晚，但中国在文化软实力的建设发展中一直加快追赶步伐。中华优秀传统文化作为中华民族千百年来的文化血脉和精神力量，曾对世界的发展起到重大的推动作用。新时代，继续传承中华优秀传统文化，有助于提高中华文明的影响力，增强中国文化软实力。向世界各国传达中国思想，发出中国声音，占领世界舆论高地，从而打破西方各国所谓的"中国威胁论"，树立中国形象。

（三）提升国际影响力

无论是萨缪尔·亨廷顿提出的文明冲突理论，还是约瑟夫·奈提出的"软实力"的概念，无一不彰显西方国家对于文化和意识形态领域上的野心。披着文化外衣的意识形态斗争，成为世界各国实力比拼的新战场。

互联网的高速发展，使得信息的传播速度越来越快。西方某些国家正是利用

---

① 习近平.习近平谈治国理政：第一卷 [M].北京：外文出版社，2014.

这一点，大肆打着文化交流、言论自由的口号，企图通过网络来进行新一轮的"颜色革命"。从之前的"中国威胁论"到近来的"新疆棉花论"，各种抹黑、唱衰中国的不友好言论，通过互联网加速蔓延。中国一次次站在了世界舆论旋涡的中心。

弘扬和传承中华优秀传统文化，必须坚定文化自信，加强文化软实力建设。建立中国主流媒体对外传播的平台，充分利用网络数字新媒体传播中华优秀传统文化，宣传正确的舆论导向，从而提高新闻舆论的传播力，掌握国际话语权，增强中国国际影响力，牢牢占据国内思想高地，打赢国外舆论持久战。

第三节　中国优秀传统文化的传播实践

一、"一带一路"背景下的中国优秀传统文化的传播

（一）中华优秀传统文化传播的内容分类

文化是民族之魂，中华优秀传统文化以其深厚的底蕴和丰富的内涵，为我们提供了行为规范与价值指引。将中华优秀传统文化资源置于"一带一路"倡议背景下加以重新挖掘与开发，传播中国声音，讲述中国故事，促进我国优秀传统文化迈向国际舞台，是实现中华民族伟大复兴的题中之义。

1. 传播中华优秀传统物质文化

中华优秀传统物质文化种类繁多、各具特色，其中一些具有代表性的文化符号凭借其独特的艺术性与实用性，在"一带一路"倡议下迎来了走向世界的新机遇。

在世界饮食文化中，中华饮食独树一帜，追求色、香、味、形、器的和谐，吸引着全球人民的味蕾。八大菜系各有特色：鲁、皖菜简朴醇厚；苏、浙菜委婉灵秀；川、湘菜火辣热烈；闽、粤菜淡雅别致。中国人吃的是智慧，获得的是美的享受。将舌尖上的甘旨佳肴作为"使者"来传递中华饮食文化，能够使各国对我国文化产生亲和感，提升沿线国家民众对中华优秀传统物质文化的接受度。中华服饰文化历史悠久，显现了不同民族在不同历史时期审美取向，中华文化符号的典型代表——唐装、丝绸、中山装、旗袍等以其独特的魅力逐渐走向世界舞台。书画是中华文化的重要载体，书法、水墨画是我国特有的艺术表现形式，其技法、意境独具匠心，一些艺术家用我国传统书画的方式描绘"一带一路"沿线国家的

当地文字、特色建筑等，有助于增进双方的文化理解。一个时代的建筑往往是该时代文化最直观的映射，是民族特色最精彩传承载体。中华上下五千年，建筑始终保持着独特鲜明的个性，注重丰富多元的形态，讲究与自然高度协调。故宫、苏州园林等都是人类艺术史、科技史上的一个又一个伟大创作，已经成为中华文化的符号。讲述好我国传统建筑背后的故事，能够提升"一带一路"各国民众对中华文明的认同感，以及对中华文化的接受度。

2. 传播中华优秀传统非物质文化

中华优秀传统文化是中华文化的精髓，不仅包括丰富多彩的物质文化，还包括博大精深的非物质文化，在推动"一带一路"沿线国家民心相通方面占据着举足轻重的地位。一是中华民俗文化。民俗作为社会意识形态的写照，可以生动地展现一个民族的具体状况。我国的岁时节日如春节、中秋节等寄托了人们对美好生活的期盼和热望。民俗艺术品如春联、剪纸、年画等是信仰传承、审美传播、文化流通的载体，充分展现了中华文化的深厚积淀。二是中华戏剧文化。中华戏剧文化通过高台劝化，敦本淳俗，启发着人们自觉追求真善美的美好品质，是中华民族的民族精神的充分展现。三是中医药文化。中医药是中华文化的瑰宝，包含阴阳五行、经络实质、藏象、哲学等观念，强调和谐、互补的辩证法，是服务于现实的实用理性精神的体现。

此外，中华传统文化历经五千年的沉淀，在历史、地域、封建社会思想等诸多方面的影响下，培育出了具有鲜明特色的思想意识形态，凝结着中华民族儿女的无穷智慧。一是天下大同的人文精神。大同是人类对未来社会的美好憧憬，与合共生、天下大同的发展理念以及全球化的思想内涵如出一辙，时至今日，仍然可以指导推动人类命运共同体的构建。二是贵和尚中的和谐思想。所谓"贵和尚中"，即以和为贵，崇尚中庸。求同存异、兼容并包的处事方法培育了中华民族热爱和平、注重和谐的思想。三是自强不息的进取精神。百折不挠的拼搏意志以及除旧布新的改革精神是进取精神的集中体现。在"一带一路"倡议背景下传播这些精神文化，能够让世界感受到中华传统文化魅力的同时也推动"一带一路"实现高质量发展。

（二）中国优秀传统文化传播的意义

1. 有利于彰显文化自信

中华文化拥有着上下五千年的历史，也是唯一从未间断过的文明，它是不断地高度融合和继承发展的文明，依然展现着欣欣向荣、蓬勃发展的生机活力。文化与经济、文化与科技、文化与学术的对外传播和交流融合的空间越来越广泛，加强中华优秀传统文化对外传播，能够让世界各国了解和接受中华文化，能够彰显中华优秀传统文化自信，体现中国智慧、中国气度、中国魅力。

（1）中华优秀传统文化积淀着中华民族最深沉的精神追求

中华民族是一个统一的多民族国家，有着华夏儿女共同的特质、共同的心理和共同的品格。在历史文明进程中，不同宗教传统、风俗习惯、语言特征的各族人民，消除隔阂，化解冲突，相互学习，形成了共同的民族文化，组成了中华大家庭。中华优秀传统文化是中国统一多民族国家形成过程中，多民族相互融合，相互认同所形成的共同语言、共同习惯、共同理想，经过历史的发展演变并逐渐生成统一的共同的民族文化。这种文化的共同体意识，将中华民族紧紧凝聚在一起，从原始社会到奴隶社会，再从奴隶社会进入封建社会，再到近现代社会，形成了人们渴望统一、向往和平、追求幸福的共同心理，建立了血肉相连、不可分割的民族感情，凝成了伟大的中华民族精神。弘扬和传承中华优秀传统文化，不仅是新时代赋予我们的历史使命，而且是坚持文化自信的精神支柱，也是实现中华民族伟大复兴的中国梦的精神力量。

（2）中华优秀传统文化是中国方案的深厚基石

中国方案是在中国共产党领导下坚定"四个自信"，坚持改革开放，主动融入经济全球化，向世界贡献中国智慧和中国力量的行动指南。"文化自信是最为基本的、更深沉、更持久的力量。"[①]中华优秀传统文化与"四个自信"又紧密相连，为中国方案的提出、建立、实践提供了理论依据。中华优秀传统文化无论从理论上还是现实上，都是一种客观的历史存在，它是中国五千多年历史的浓缩和沉淀，更是中华民族精神的象征。任何脱离这种客观历史的存在和精神象征，都不能体现出中华优秀传统文化的精神标识和时代价值。它与我们生活的新时代密切相关，彼此交融，成为不断发展实践的载体，并充分挖掘中华传统文化其中的优秀成分，在国际交往和全球化进程中转化成为中国的文化自信。

（3）中华优秀传统文化是中国特色社会主义植根的文化沃土

文化的继承和发展，只有在社会实践中发挥作用才能称其为优秀的文化。文化具有延伸性、包容性的特点，能够接纳外来文化，并吸收其中的精华部分，在实践生活中发挥巨大的作用。具有五千年历史的中华优秀传统文化，不管处于哪

---

① 中共中央宣传部. 习近平新时代中国特色社会主义思想三十讲 [M]..北京：学习出版社，2018：184-195.

个时代，都曾发挥过巨大的作用，它对当今及后世的影响力都是不可取代的。中国共产党是善于从中华优秀传统文化中发掘其精髓和内涵，汲取营养和智慧的政党，并将马克思主义理论与中华传统文化的优秀成分相互融合，用于指导中国革命和现代化建设，在政治、经济、文化等方面继承和发展了中华优秀传统文化，开创了中国特色社会主义先进文化。

2. 提升中华优秀传统文化吸引力，克服我国与沿线国家的文化隔阂

"文化认同是一个群体面对另一个与自身不同的事物时，保持自我同一性的反应，发生在不同文化接触、碰撞和相互比较的磁场之中。"① "一带一路"倡议横跨欧亚非大陆，途径六十多个国家及地区，涉及数十亿人口，范围广且纵深长。各个国家在历史的发展中创造了风格多元的文化，同时，社会制度的差异使得这些国家的民众对我国文化产生偏见，部分沿线国家在"中国威胁论"的影响下，不断质疑我国推进"一带一路"的意图。文化得不到部分国家的认同，使得"一带一路"的实施步履维艰。

中华民族饱经风霜，在五千年的跌宕起伏中，积淀了深厚的历史文化底蕴，中华优秀传统文化是中华文化中绚丽的瑰宝，在如此大环境下重新焕发生机，可以使越来越多的国家和地区对我国传统文化有更加清晰直观地了解，加深对我国文化的理解，提升我国优秀传统文化的吸引力，从而有效推动各个国家、民族之间的文化碰撞与交流互鉴，在"一带一路"倡议影响下融合共处，逐渐消除偏见，消除文化隔阂。

文化交流超越时空，跨越国界，影响持久而深远。中华优秀传统文化助力"一带一路"建设，传播到沿线各国，以其独特的魅力赢得越来越多沿线国家的欣赏与赞美，文化认同得到潜移默化的提升。"一带一路"倡议在中华优秀传统文化的滋养下，成为汇聚不同文明的纽带，让世界看到一个立体丰富的中国形象。发挥中华优秀传统文化传播与"一带一路"建设的内在共生性，让沿线各国携手同行，行稳致远。

3. 扩大中华优秀传统文化的国际影响力，提升我国的国际形象

一个国家的形象是与国际社会在长期的交往下塑造起来的。经济全球化时代，良好的国家形象在一个国家的对外交往起着积极的正反馈作用。改革开放以来，我国经济发展朝气蓬勃，综合国力日益提升。在对中国不断崛起的担忧中，"一带一路"倡议被一些别有居心的西方国家歪曲成"中国版马歇尔计划"，恶意抹黑中国形象，给"一带一路"的推进带来极大阻力。要缓解这一境况，提升我国

---

① 冯天瑜.中华文化辞典[M].武汉：武汉大学出版社，2001：20.

文化的国际影响力至关重要，而这是中华优秀传统文化应当担当的重要使命。

中华民族历经磨难却依然屹立不倒，得益于中华优秀传统文化百折不挠的生命力。中华优秀传统文化包含着的"美美与共"的处世之道，"天下大同"的美好理想，彰显着中华民族世世代代的非凡智慧。在"一带一路"建设中构建"共""通""和"的文化新秩序，传承"丝绸之路"这一具有感召力和亲和力的文化符号，积极传播中华优秀传统文化，有利于将文化的冲突转化为文化的吸收融汇、互学互鉴，打破我国与沿线国家间的意识形态壁垒，使各国人民产生共同语言，增进彼此认同，提升中华优秀传统文化的国际影响力，塑造出我国良好的国际形象，从而凝聚"一带一路"沿线国家合作共识，促进各国和平稳定发展。

4. 促进民心相通，加强务实合作

文化交流的软助力，可以增强"一带一路"沿线国家相互之间的信任，消除各国间的顾虑，凝聚民心力量，夯实区域合作基础。

"国之交在于民相亲，民相亲在于心相通。"[1]民心相通是最基础也是最坚实的互联互通，是凝结各国合作的纽带。中华优秀传统文化有着独特的包容性、持久性，有助于培养深厚的民意基础，让沿线国家感受到中国愿同他们共担风险的真切情谊，愿同他国共同进步的美好愿望，从而深化沿线各国友好关系，吸引更多的建设者和参与者搭上中国崛起的便车，推动产业合作顺畅开展，不断加强务实合作程度，共同推动"一带一路"建设，实现经济与文化的共同繁荣，让各国人民真正地享受到发展成果。

5. 增进沿线各国政治互信，塑造"共同体意识"

受到意识形态不同、经济利益冲突等因素的影响，"一带一路"沿线国家间的政治矛盾不可避免，国家间的合作难以形成合力，这对各国人民之间的相互理解和包容带来极大的阻碍。而文化具有天然的柔性力量，能够精巧地避开交往中的"敏感地带"，可以切实有效增强彼此的交流与沟通。

面对复杂的地域人文环境，"一带一路"建设怎样打破政治僵局，实现文化交融等问题，都可以在"协和万邦"天下"大同"等优秀传统思想中文化找到答案。借助"一带一路"倡议，我们应当坚持文化先行的战略，大力传播中华优秀传统文化，使得"一带一路"沿线不同国家、不同民族之间增进理解与信赖，克服分歧与偏见，减少摩擦与冲突，推动相互认可与接纳，为政治互信、经贸往来搭建好铺路石，让利益共同体、命运共同体和责任共同体的"共同体意识"深入人心。

---

[1] 习近平·开辟合作新起点，谋求发展新动力——在"一带一路"国际合作高峰论坛圆桌峰会上的开幕辞 [N]. 人民日报，2017-5-16（03）.

6. 有利于促进世界共同发展

和合文化、修齐治平、诚实守信、天人合一是中华优秀传统文化的杰出代表。在"一带一路"倡议背景下弘扬和发展中华优秀传统文化，是中华儿女共同坚守的历史使命和时代责任，既能增强我们对中华传统文化的文化自信，也有利于中国与世界各国建立亲型国际关系，构建人类命运共同体，对促进世界共同发展有着深远意义。

（三）"一带一路"倡议下中华优秀传统文化传播的基本原则

1. 以构建人类命运共同体为出发点，推动中华优秀传统文化传播

当前，世界格局在新冠肺炎疫情的全球大流行中加速调整，和平合作、开放融通的趋势持续向前。但与此同时，人类面临的挑战前所未有，恐怖主义蔓延肆虐，不稳定不安全因素层出不穷。习近平总书记在党的十九大报告中指出，"要推动构建新型国际关系，推动构建人类命运共同体""推动建设相互尊重、公平正义、合作共赢的新型国际关系"①。这是我国积极应对全球挑战，顺应时代发展潮流，为开创人类共同发展的美好前景提供的中国智慧、中国方案。

2013 年习近平主席提出共建"一带一路"倡议，这是对人类命运共同体理念的最生动实践，将共同体意识中同舟共济、权责共担的理念全然展现。2017 年 5 月，在首届"一带一路"国际合作高峰论坛圆桌峰会上，习近平主席致开幕词，"在'一带一路'建设国际合作框架内，各方秉持共商、共建、共享原则，携手应对世界经济面临的挑战，开创发展新机遇，谋求发展新动力，拓展发展新空间，实现优势互补、互利共赢，不断朝着人类命运共同体方向迈进"②。从理念到行动，从愿景到现实，"一带一路"倡议实施以来成效显著，逐渐发展成为推动构建人类命运共同体的主要渠道，对中华优秀传统文化在世界范围内的传播具有重要意义。

2. 以尊重差异、着眼共同文化因子为基本方法，推动中华优秀传统文化传播

在社会发展的过程中，并不存在同时适应每个国家的万能的文明价值体系，为了适应所处环境，不同地区的人们形成了截然不同的文化传统、生活方式和发展模式，这些独特、多样的文化形态共同构成了当今世界的人类文明。每一个国

---

① 习近平.决胜全面建成小康社会夺取新时代中国特色社会主义伟大胜利——在中国共产党第十九次全国代表大会上的报告 [M].北京：人民出版社，2017：80.
② 习近平·开辟合作新起点，谋求发展新动力——在"一带一路"国际合作高峰论坛圆桌峰会上的开幕辞 [N].人民日报，2017-5-16（03）.

家所承载的历史文明并无优劣之分，都有其独特的魅力，都是全人类文明的财富。文化是一个民族深入骨髓的印记，在"一带一路"新格局下，由于沿线各国之间在政治体制、文化观念等方面的差异，导致他们在看待问题、处理问题的角度及方式上难免会存在无法互相理解，难以达成共识的状况。对此，王义桅提出，"'一带一路'倡议尊重各国发展道路和模式的选择，兼顾各方利益和关切，寻求利益契合点和合作最大公约数。"[1] 这就要求我们以开放包容的心态平等地看待各国、各民族的文化差异，尊重沿线国家不同的风俗习惯、思维习惯与历史传统，尊重各国不同的发展道路，秉承古代丝绸之路的优良传统，以和而不同、包容互鉴的态度为中华优秀传统文化的传播创建一个良好的国际氛围，促进各国文明的和谐发展。

3. 以务实合作、互利互惠为根本目的，推动中华优秀传统文化传播

2020 年，新型冠状病毒肺炎突然暴发，逐渐在全球蔓延开来，国际贸易和投资萎缩，全球经济陷入低迷状态。"一带一路"建设以促进区域经济共同发展与经贸交流为根本点，在各个沿线国家的奋楫破浪中展现出旺盛的生机活力，成为世界经济发展的关键词。

2020 年我国稳步推进与"一带一路"沿线各国经贸投资合作，与沿线国家外贸进出口合计 9.37 万亿元，截至 2020 年底，我国境外经贸合作区累计投资 3094 亿元，为当地创造了 37.3 万个就业岗位。"一花独放不是春，万紫千红春方在。"建设"一带一路"不是要中国一家唱独角戏，而是需要各方共同参与，发展成果也是由各方共享。截至 2020 年底，中国已经与全世界 138 个国家、31 个国际组织签署了 203 份共建"一带一路"合作文件。可以说，"一带一路"倡议已成为区域经济合作与发展的新模式，在此背景下推动中华优秀传统文化的传播，旨在通过文化的互动交流，为多方合作搭建沟通的桥梁，文化搭台，经济唱戏，推动开展务实合作，促进多方互利共赢，实现共同繁荣。

二、"互联网＋"时代中华优秀传统文化的传播

（一）中华优秀传统文化传播的人文互创本质

1. "互联网＋"时代中华优秀传统文化传播的人文互创根据

"互联网＋"时代中华优秀传统文化传播的双创特性突出表现为：一方面，中华民族运用互联网的新技术、新产业、新业态、新模式，创造了中华优秀传

---

[1] 王义桅. "一带一路"：机遇与挑战 [M]. 北京：人民出版社，2015：82-83.

文化的数字化编码、图片化编码、数据化编码、视屏化编码、智能化编码；另一方面，中华民族又被"互联网 +"时代这些崭新的中华优秀传统文化编码所创造。比如，国学类竞技节目《国学小名士》坚持点线面联动，综合运用"报、网、端、微、屏"等媒介，全方位揭秘地域文化，立体化呈现国学少年风采，既接地气，又具活力，发挥了寓学于乐、成风化人的作用。

2."互联网 +"时代中华优秀传统文化传播的人文互创底色

名称上，"互联网 +"时代的中华优秀传统文化传播泛指在全球、全民、全媒理念下，全球各个民族、各个国家运用互联网制作传播中华优秀传统文化的活动。内涵上，"互联网 +"时代的中华优秀传统文化传播特指在全球、全民、全媒理念下，以中国特色社会主义为底色，由中国共产党领导的合理运用互联网制作传播中华优秀传统文化，以促进全世界人民特别是当代中国人的中华优秀传统文化认同为目的的活动。2021 年 5 月 31 日，习近平在中共中央政治局第三十次集体学习时强调："要更好推动中华文化走出去，以文载道、以文传声、以文化人，向世界阐释推介更多具有中国特色、体现中国精神、蕴藏中国智慧的优秀文化。"[1] 中华优秀传统文化是中华民族的根和魂，是"互联网 +"时代以文载道、以文传声、以文化人的重要素材。中央广播电视总台和 BBC 合作拍摄的《中国的宝藏》，以西方人的视角，借助 BBC 网站的短视频平台，从家族与祖先、汉字的力量、饮食的艺术等方面向世界呈现了中华历史文化图卷的独特美与精深细，讲好了传统与现代兼具的中国故事。

3."互联网 +"时代中华优秀传统文化传播的人文互创表征

"互联网 +"时代中华优秀传统文化传播的过程，既是一种时间层面的历史演进过程，又是一种空间层面的横向传播过程。一方面，文化传统的传承性是"互联网 +"时代中华优秀传统文化传播的时代表征。从传统的原初本义来看，中华民族世代传承和发展的优秀"传统"文化主要指的是"道统"文化，包括思想、精神和信仰等。从传统传承的时代内涵来看，中华民族优秀传统文化中的"传统"指的是中华民族优秀传统文化在世代相传中围绕共同的社会议题形成了意义相近相辅的文化变体链。另一方面，文化价值的世界性是"互联网 +"时代中华优秀传统文化传播的空间表征。文化需求、文化结构、文化功能的近似性和文化因子的流动性，决定了全球化、互联网化进程中的中华民族优秀传统文化可以化育天下，满足人类相同相近的精神文化需求。微纪录片《从长安到罗马》以专家实地

---

[1] 习近平在中共中央政治局第三十次集体学习时强调 加强和改进国际传播工作 展示真实立体全面的中国[N].人民日报，2021-06-02（01）.

探索、体验式拍摄为主线，突出微纪录、高浓度、轻表达，深入浅出地讲述"丝路精神"，电视大屏和移动小屏同频共振，自媒体和主流媒体竞相热评、好评，实现了"穿越"两千五百年、跨越 15000 公里的跨时空对话，引发了收看热潮，为构建人类命运共同体注入了文化基因。

（二）"互联网 +"时代中华优秀传统文化传播的措施

1. 促进新媒体对外传播技术的研发应用

以互联网信息技术为核心的新传播科技，不仅改变了信息的传播，网民之间的沟通，也重塑了现代社会的结构和社会关系。新媒体技术的不断创新，打破了原有的国界界限，缩短了人们对政治、经济、文化等领域获取信息的时空距离，信息交流方式变得更为迅速直接，人们可以通过互联网、融媒体、微博、微信订阅号等方式及时掌握国内外最新动态，获取自己感兴趣的、想要了解信息，新媒体技术已成为人们文化生活和人际交流的一部分。中国国家治理现代化和对外开放格局不断深化，国际话语权、国家文化软实力、国际舆论的竞争是经济全球化、文化全球化的必要结果，导致新媒体技术变革下的新领域、新方式、新方向也产生了根本性的变化，对文化传播的媒体技术、理念、内容、方式、管理等关键环节的研发创新也提出了新的要求，如果不能在新媒体技术上占据优势，国际传播能力就不能提高，最终将弱化国际文化竞争力。

所以说，我国要加强新媒体技术的研发和应用，构建新媒体技术对外传播的技术标准、技术人才、法律法规等一整套体系，推进对外传播治理体系和传播能力现代化建设，提高国家文化软实力。一是要打破西方传媒技术垄断，创新研发我国自主新媒体技术。结合互联网、融媒体的信息技术，突破传统理念和技术的制约限制，开发文化信息多渠道，在信息采集、信息编辑、信息生成、信息传播、信息载体上加快研发的步伐，为对外传播中华优秀传统文化提供技术支撑。二是要革新对外传播的理念，丰富对外传播文化内容。新时代多元文化的交流碰撞、开放包容、高度融合是文化国际传播的目标导向，中华文化有着自己独特的开放包容、兼收并蓄的内涵，要在对外传播中充分发挥这种优势，并与时俱进，不断更新对外传播理念，丰富中华文化内容，综合新媒体技术、互联网技术，给国内外受众群体呈现优质的文化内容，促进中华文化与其他文化的互鉴融通。三是要加快新媒体技术应用，扩大技术应用范围。加强新媒体技术的培训、学习和应用，促进新媒体技术在多领域、多部门、多群体在外交、学术交流、日常生活中的应用。媒体技术应用的越熟练，中华优秀传统文化对外传播的领域将变得越来广泛。

2. 拓宽中华优秀传统文化对外传播路径

大数据、人工智能、互联网、移动设备、社交媒体等新技术的诞生，是经济全球化，世界逐渐融合的必然产物。新媒体技术为中华传统文化对外开放、走向世界提供了快捷、迅速、高效的传播路径，世界各国人民学习了解中国文化的方式变得更加丰富多样，它具有智能化、移动化、家庭化、社交化的动态特征。新传播技术是文化交流的媒介工具，也是文化对外传播的信息化平台。一方面，要加强顶层设计，构建对外传播的中国方案，规范对外传播具体路径，主动探索搭建交流传播的平台，从整体上引导中华优秀传统文化对外传播舆论导向，培育正能量的文化内涵，丰富中国文化产品，通过外交推介、经济合作、人文交流等多种多样的活动，推动中华优秀传统文化走向世界、走向国际市场。另一方面，要制定完善的传播政策，营造积极的传播环境，通过互联网、数字日报、微信订阅号、微博、推特、facebook 等新媒体传播平台，定期制作推送有关中华传统文化的内容，普及传统文化宣传教育，调动社会各界学习了解中华文化的积极性，让政府机构、社会公众、海外华人华侨都成为中华优秀传统文化的传播者。首先，根据国家发展和社会公众的现实需求，主动搭建学习交流的传播平台，比如举办文化论坛、学术交流、文化产品博览会、建立海外中国文化教育基地等活动，促进中华传统文化对外传播；其次，我们要充分使用互联网、移动设备、微信微博等工具自觉主动地学习中华文化，并宣传推广中华优秀传统文化。在海外留学的中国学生，要主动承担起对外传播中华文化的责任，主动向国外受众讲好、传播好中华优秀传统文化，持续不断地提升中华文化世界影响力和国际知名度。

第四节　中国优秀传统文化的创新发展

2013 年 12 月 30 日，习近平总书记在十八届中央政治局第十二次集体学习时强调："在去粗取精、去伪存真的基础上，坚持古为今用、推陈出新，努力实现中华传统美德的创造性转化、创新性发展。"

2016 年 5 月 17 日，习近平总书记在哲学社会科学工作座谈会上的讲话中指出："要推动中华文明创造性转化、创新性发展，激活其生命力，让中华文明同各国人民创造的多彩文明一道，为人类提供正确精神指引。"[①]2016 年 11 月 30 日，

----

① 习近平在哲学社会科学上的讲话 [N]. 人民日报，2016-05-19（02）．

习近平总书记在中国文联十大、中国作协九大开幕式上指出："广大文艺工作者要坚持以人民为中心的创作导向，坚持为人民服务、为社会主义服务，坚持百花齐放、百家争鸣，坚持创造性转化、创新性发展。"[①]

一、新时代中华优秀传统文化创新性发展的价值意蕴

（一）涵养新时代公民道德建设

1. 弘扬中华传统美德

"中华传统美德是中华文化精髓，是道德建设的不竭源泉。"[②]中华传统美德的深刻内涵既体现于仁人志士的伟大壮举之中，也体现于每一个中国人民微小的善举之中，这一深刻内涵在新冠疫情中体现得尤为淋漓尽致。众所周知，中华传统美德是中华优秀传统文化的精髓，因而推动中华优秀传统文化的创新性发展，在一定程度上便是在推动中华传统美德的传承与弘扬进度。尽管当前的社会环境下依然存在理想信念缺失、价值取向功利化、社会责任感淡漠等现象，中华传统美德在多元文化的影响下也略显乏力，但是在新时代的背景之下，中华优秀传统文化的创新性发展能够为中华传统美德持续注入活力，让其重新焕发出时代魅力。为此，要充分挖掘中华优秀传统文化中蕴含的丰厚道德资源，让中华传统美德在新时代的背景下大放异彩。

2. 满足精神文化需求

马克思主义辩证法已揭示事物的发展是前进性与曲折性相统一的结果，伴随经济快速发展而来的产物便是，人们对精神文化需求的理解与认知存在不同程度的偏差。一部分民众过于看重精神文化需求的重要性，从而偏离现实；一部分民众则对精神文化需求的价值视而不见；还有一些民众在精神文化方面的需求得不到满足，从而盲目崇拜他国文化。造成此种现象的原因是多方面的，要想改善这一困境，在新时代背景下，努力推动中华优秀传统文化创新性发展不失为一个良策。精神文化需求与人民群众的精神生活质量息息相关，人民群众的精神文化需求日益得到满足，其精神生活质量也会得到相应的提高，从而能够获得足够的精神安顿、拥有独立的自我、提高思想道德素质，进而促进人的自由而全面的发展；同时，精神文化需求的满足程度也关系到人民群众的人心向背与民心凝聚，积极弘扬主旋律，提高精神文化需求，便能够最大限度地凝聚人民群众的力量。中华

---

① 习近平.在中国文联十大、中国作协九大开幕式上的讲话 [N] 人民日报，2016-12-01（02）.
② 中共中央.国务院印发《新时代公民道德建设实施纲要》[N].人民日报，2019-10-28（01）.

优秀传统文化凝结着无数志士仁人的智慧结晶，大力推动其创新性发展自然便有利于更好地满足人民民众精神文化需求。

（二）培育和践行社会主义核心价值观

社会主义核心价值观从国家、社会以及个人三个角度提出了新部署，其内核思想与中华优秀传统文化有着密不可分的联系。就国家层面而言，"富强"最早可追溯到"富民"思想的提出；"民主"这一概念在"民为邦本""民贵君轻"等民本思想中都有章可循。就社会层面而言，道家思想的"无为而治"强调遵循自然规律的重要性，便隐约有"自由"的影子；"平等"体现在儒家"有教无类"等思想中。就个人层面而言，"爱国"不仅体现于各种传统文化典籍中，更体现于世世代代人们的实际行动中，"位卑未敢忘忧国""人生自古谁无死，留取丹心照汗青""路漫漫其修远兮，吾将上下而求索"等诗句跨越千年依然有震撼人心的力量。

（三）助推建成社会主义文化强国

1. 增强文化软实力

文化软实力与硬实力相对应，软实力这一概念最早是由约瑟夫·奈提出来的。增强文化软实力对于文化强国的建设具有举足轻重的地位。一方面，文化软实力的强弱与一国的综合国力有着密不可分的关系。当今的世界早已不再是简单的硬实力博弈，软实力竞争日益成为各国看重的战略制高点，其中文化软实力的竞争尤为激烈。另一方面，文化软实力对于维护国家形象同样大有裨益。良好的国家形象相当于一个国家的名片，于内可维护民族团结，于外可扩大国际影响力。为了破除西方媒体大肆渲染的"中国威胁论"，维护我国负责任的大国形象，推动中华优秀传统文化创新性发展，进而提高文化软实力势在必行。

2. 提高国际话语权

国际话语权所涉及的领域方方面面，提升国际话语权不仅能够更好地维护本国利益，也能为一个良好的国际秩序与国际环境构建添砖加瓦，增进世界各国人民对本国的了解与价值认同。中华优秀传统文化可为本国国际话语权的构建提供崭新的视角与理念，从而推动构建具有中国特色的话语体系。传播中华优秀传统文化，要以润物细无声的方式讲好中国故事。官方的话语固然有其必要性，但是如果缺失鲜活性，不够接地气，不以"本土化"的方式进行传播，那么便很难讲好中国故事、传播中国声音。中华优秀传统文化历经千年而不衰，其思想与内容博大精深，深入挖掘其中与本国话语体系相贴近的生动例子，能够以妙趣横生的方式讲好中国故事。

二、新时代中华优秀传统文化创新性发展的机遇及挑战

在 2014 年文艺工作座谈会上，习近平总书记指出："中华民族在长期实践中培育和形成了独特的思想理念和道德规范，有崇仁爱、重民本、守诚信、讲辩证、尚和合、求大同等思想。"[①] 这是对中华优秀传统文化中的思想精华最为准确和科学的概括，意味深长地表达了中华优秀传统文化绵延至今，其思想精髓一脉相承，仍流淌在中华人民的血液里，深深地影响着中华人民的生活理念和价值选择。

（一）新时代中华优秀传统文化创新性发展的机遇

1. 新时代主要矛盾转化需要

党的十九大以来，"中国特色社会主义进入新时代，我国社会主要矛盾已经转化为人民日益增长的美好生活需要和不平衡不充分的发展之间的矛盾。"[②] 这一历史性转变自有其深刻的历史依据与理论依据，过往的经历与实践为准确判断新时代的矛盾转化提供了历史依据，马克思主义的科学论断也为其提供了理论依据。

中华优秀传统文化能够为新时代人民群众的美好生活需要提供充足的动力支撑，这是推动其自身发展的重要条件。美好生活的具体内容涉及方方面面，其中不容忽视的一面便是对精神文化生活的追求，这也同样符合马斯洛需要层次理论的内容。然而，当前的文艺作品良莠不齐，在文艺创作中将中华优秀传统文化的精华注入其中，便是提升其内涵与思想深度的重要途径之一。为此，在新时代社会矛盾转化的关键时期，秉持客观的态度对待传统文化，对仍有时代价值的传统文化加以改造，为其注入新鲜活力，扩大其影响力，能够最大限度地发挥中华优秀传统文化的时代魅力。

2. 新时代公民道德建设需要

道德建设自古以来便是一个不断追求、不断探讨的话题，历朝历代的文人墨客总是在用不同的叙述方式来阐明自己的道德信念，时至今日，公民道德建设依然处于一个十分重要的位置。中华传统美德作为中华优秀传统文化中的重要组成部分，对于推动公民道德建设有着无与伦比的独特价值；公民道德建设的迫切要

---

① 习近平总书记在文艺工作座谈会上的重要讲话公开发表 [J]. 现代企业，2015（10）：40.

② 习近平. 决胜全面建成小康社会 夺取新时代中国特色社会主义伟大胜利——在中国共产党第十九次全国代表大会上的报告 [M]. 北京：人民出版社，2017：11.

求也为中华优秀传统文化的发展提供了良好的机遇。公民道德建设需要以中华优秀传统文化作为其源源不断的力量源泉。

3. 主流意识形态领导权建设需要

主流意识形态领导权建设以其主导性、先进性等特征成为一项具有战略性地位的重要工程，然而，其发展并非一帆风顺的，各种社会思潮的不断涌现导致其一元性地位受到了极大的冲击，传统的宣传方式致使其内容的说服力与吸引力尚待提高。在新时代背景下，面对这样的境遇，主流意识形态领导权在构建与发展的过程中，可从中华优秀传统文化中汲取精神养分，使其更符合民众的心理预期。

主流意识形态领导权的主导性需要以中华优秀传统文化筑牢其根基。中华优秀传统文化所传递的价值观与主流意识形态所倡导的价值取向基本走向一致，两者都是为了推动中国特色社会主义事业的持续性发展。中华优秀传统文化在其漫长的历史发展过程中，逐步形成了以儒家学说为代表的传统思想，而其中所蕴含的诸多思想都与主流意识形态领导权建设不谋而合。主流意识形态领导权的权威性注定其离不开官方组织的宣传与引导，如若这其中的度掌控不好，使得民众产生索然无味之感，便容易造成主流意识形态领导权的权威性的消解与削弱。因而，主流意识形态领导权在构建与发展的过程中，需从传统文中，吸收有益的经验与方法论思想，强化民众对主流意识形态领导权的认同心理。

同时，主流意识形态领导权的先进性也需要中华优秀传统文化为其注入生命力。主流意识形态领导权的先进性可以激励广大民众不懈奋斗，为实现自己的人生价值而努力奋进。中华优秀传统文化中与此相关的古文、诗词、人物故事颇丰，这也在一定程度上为推动主流意识形态领导权的先进性发展注入了新鲜活力，为提高文化引领、增强文化自信、提升主流意识形态话语权地位贡献了独特价值。为更好推动中华优秀传统文化创新性发展，需重点把握其与主流意识形态领导权的关系，借主流意识形态领导权的发展推动中华优秀传统文化的创新性发展。

（二）新时代中华优秀传统文化创新性发展面临的挑战

1. 文化传承存在问题

经调查得知，社会公众对中华优秀传统文化的传承内容不够明晰，并存在一定的认知局限性。一方面，中华优秀传统文化的内容开发起步较晚，文化产业的发展相对滞后于西方发达国家。另一方面，社会上存在着拜金主义和物质至上的观念，加之占主要消费能力的年轻群体对中华优秀传统文化的辨别能力稍弱，难以把握对所传承内容的了解、分析和利用，这在一定程度上会影响年轻群体对传承内容的分辨，年轻群体容易被社会舆论的方向误导，从而偏离文化传承的正确轨道。

2. 文化载体尚未充分利用

中华优秀传统文化创新性发展需以载体为依托，文化载体建设作为促使其传承至今的重要动力，需要根据时代发展与变迁，及时地予以更新和完善。文化载体形式多样，物质载体、网络载体以及活动载体等都是其重要表现形式，无论是哪一种，充分地加以利用都可以使得中华优秀传统文化发展实现质变与飞跃。然而，文化载体的利用现状不甚乐观，尚未将其优势充分展现，因而其所承担的提高文化自信、推动中华优秀传统文化创新性发展的职责也未充分凸显。

3. 文化精华尚未充分挖掘

纵观整个人类历史，中华民族以自强不息的精神和勤劳勇敢的品质为世界文化宝库增添了一抹亮色，也为本民族的文化自信奠定了深厚的文化基础，而支撑这一切的根基便是中华优秀传统文化。然而，中华优秀传统文化的精华尚未得到充分挖掘，它的价值也未得到完整的阐释，这是新时代背景之下必须加以重视的一大问题。一方面，文化精华尚未充分挖掘。在当前全球化飞速发展的时代，由于西方文化的冲击，中华优秀传统文化的创新性发展遭到了重大阻力，相当一部分群体在西方文化及其价值观的蛊惑之下，忽略了中华优秀传统文化的魅力，盲目崇拜西方文化，从而导致中华优秀传统文化精华尚未被大众广泛认可。另一方面，传统文化的价值尚未充分发扬光大。传统文化中不仅有许多精华，也有一些糟粕，根据时代需要准确判断何为精华何为糟粕仍是当前的重中之重。

4. 文化创新仍需加大力度

新时代背景之下，为推动中华优秀传统文化的创新性发展，仅仅继承并挖掘传统文化精华是远远不够的，时代的车轮不断向前，还要在此基础上进行文化创新，才能让中华优秀传统文化永葆生机与活力。就当下的文化发展现状而言，尽管我国在文化创新方面已取得了诸多成就，但是和其他国家相比仍有不小的差距。

首先，文化创新并未形成一个系统的品牌意识。其次，文化创新存在只追求数量不追求质量的现象。这种现象其实是在追求经济效益的过程中忽略了文艺作品的社会效益，文化创新与文化自信息息相关，不断推动文化创新的过程也是提高文化自信的过程。因此，根据时代发展要求，直面文化创新所面临的问题并对症下药也就变得至关重要。

5. 文化传播仍需系统推进

除以上挑战之外，制约中华优秀传统文化创新性发展的另一个挑战便是文化传播还需要得到进一步的深化。纵使中华优秀传统文化得到很好的继承与发展，如若文化传播这一环节没有达到预期的效果，也会使得中华优秀传统文化的魅力与影响力大打折扣。正视并分析当下文化传播的现状，对于提高文化自信、推动中华优秀传统文化创新性发展大有裨益。

首先，传播范围存在仍需扩大的现象。中华优秀传统文化的传播不止对内传播，也包括对外传播，尤其是在各国文化交流互鉴的国际背景之下，对外传播的重要性更是日益凸显。文化的对外传播不仅是基于本国传统文化现状而做出的现实抉择，更是顺应世界文化发展潮流、丰富世界文化宝库的有力之举。因而，在文化传播的过程中应特别关注对外传播，不单单只是局限于对内传播。其次，传播方式存在单一化倾向。文化传播既需要官方组织的引导，也需要民间力量的补充，两者都不可偏废，尤其是近些年科技飞速发展，互联网使得全世界俨然变成了一个"地球村"，民间力量的传播能力更需要得到重视。

三、新时代中华优秀传统文化创新性发展路径选择

（一）深入挖掘阐发中华优秀传统文化精髓

中华优秀传统文化改革创新、开放包容、经世致用的突出特质高度契合当今社会发展主题与时代要求。

深入挖掘阐发优秀传统文化精髓，对于中国特色社会主义建设具有重要的价值和意义。"挖掘和阐发就是要从当代的政治、经济、科学、社会、文化生活的需要去看，使古代文化的意义能与现时代联结起来。"[1]

1. 坚持开放思维

中华优秀传统文化与马克思主义基本原理"在诸多方面有着天然的契合点和相通之处"[2]，为马克思主义中国化在新时代创新发展提供了文化沃土，马克思主义基本原理则能为中华优秀传统文化的现代转化与发展创新提供世界观和方法论指导。我们要正确把握、深入挖掘、科学阐发二者之间的内在关联，"推动马克思主义之'魂'与中华优秀传统文化之'体'更好融合"[3]。

一方面，要运用马克思主义基本原理重铸中华优秀传统文化，让中华优秀传

① 陈来. 中华优秀传统文化的传承与发展 [N]. 光明日报，2017-3-20（15）.

② 李晓. 两个结合：中国共产党理论创新的新境界 [J]. 人民论坛，2021（27）：82-85.

③ 刘强坚定不移走好马克思主义基本原理同中华优秀传统文化相结合之路 [J]. 山东社会科学，2021（10）：5-9.

统文化展现新的时代风采、焕发新的思想光华。首先，运用马克思主义基本原理辩证分析中华传统文化，在去伪存真、去粗取精基础上，结合时代需求进行改造、提升、创新和发展，赋予其新的生机与活力。其次，坚持以马克思主义世界观和方法论指导中华传统文化研究，并将马克思主义的观点方法融入优秀传统文化精髓的挖掘阐发，开掘优秀传统文化新的时代内涵与文化能量。另一方面，要结合当代中国实际，精准提炼与马克思主义基本原理相融通的优秀传统文化思想精华，坚持创新性发展、创造性转化，为中国化马克思主义的思想资源和理论创新成果，从而不断丰富、创新和发展当代中国马克思主义。同时，发掘运用成语、故事、概念、表述等优秀传统文化话语资源，恰当、正确阐述马克思主义思想，构建具有中国风格的 21 世纪中国马克思主义话语表述体系。

2. 坚持古为今用

在去伪存真、去粗取精基础上，遵循古为今用、以古鉴今原则，从中国特色社会主义建设实践需求出发，从时代特点和现实国情出发，精准阐释中华优秀传统文化精髓，深入挖掘阐发其时代价值。

要结合历史与现实，深刻阐明中华优秀传统文化是中华民族发展壮大的强大精神支撑，是中国特色社会主义道路走向成功的历史文化基础。同时，立足国内与国际，深入阐述中华优秀传统文化在提升国家文化软实力、增强民族凝聚力、坚定文化自信等方面的重要作用。要正确把握中华优秀传统文化与中国特色社会主义建设之间的契合点，深入挖掘和阐发其对中国特色社会主义建设的巨大价值。要深度挖掘和阐释优秀传统文化中包含的丰富政治智慧与治国经验，系统论述其对新时代治国理政的启发借鉴价值，特别是要将重民本、讲仁爱、尚和合等核心思想及其现实意义讲好、讲实、讲透。不仅如此，优秀传统文化还是重要的文化资源和产业资源，因此，挖掘、探析优秀传统文化对于社会主义经济文化建设的价值与意义就成为重要的时代课题。

此外，"包括儒家思想在内的中国优秀传统文化中蕴藏着解决当代人类面临的难题的重要启示"[①]，应结合人类社会发展需求研究中华优秀传统文化，阐发和弘扬其中可资借鉴的历史经验与民族智慧。

3. 坚持推陈出新

第一，创新研究的视角。要打破思维定式、结合时代语境，着力从新视角考察优秀传统文化，挖掘和阐发其新的时代价值与意义。

① 习近平.在纪念孔子诞辰 2565 周年国际学术研讨会暨国际儒学联合会第五届会员大会开幕会上的讲话 [N]. 人民日报，2014-9-25-（02）.

第二，创新和拓展内涵。我们传承和发展中华优秀传统文化不是简单地复古，而是要结合新的社会实践和时代发展要求，站在当代立场上不断用时代精神补充、丰富、更新、提升和发展优秀传统文化的内涵。

第三，创新和发展话语体系。新的时代语境、新的社会实践、新的思想见解、新的受众群体必然要求中华优秀传统文化有新的话语体系。既要追根溯源，又要结合时代发展变化，不断创新和发展中华优秀传统文化话语，构建具有中国风格和时代特色、开放多元的优秀传统文化话语体系。

（二）坚守正确的文化发展理念

1. 坚持马克思主义指导思想

坚持马克思主义指导思想，便是要坚持一切从实际出发，立足中国实际，这是马克思主义思想中所蕴含的一条重要方法论。在这一方法论的指引之下，中华优秀传统文化的发展需要从人们的现实生活中汲取灵感与营养，走进大众的生活。文化创作者应从实际生活中提取有益的生活素材，将其与中华优秀传统文化相结合，创作出反映文化自信的正能量文艺作品。坚持马克思主义指导思想，便是要把握意识形态主导权，引领社会思潮。"意识形态决定文化前进方向和发展道路。[①]"在当前社会思潮多元化的环境下，意识形态领导权对于文化建设的引导作用更为显著。牢牢掌握马克思主义在意识形态领域的主导权，能够最大限度地凝聚民族向心力，引导广大民众树立正确的思想观念，从而为中华优秀传统文化的发展提供一个良好的舆论氛围。

2. 坚持民族精神与时代精神相结合

中华优秀传统文化要想在新时代背景之下实现创新性发展，除了要坚持以马克思主义为指导，还应坚持民族精神与时代精神的结合。这两者虽各有侧重，但都是推动中华优秀传统文化创新性发展的催化剂。民族精神与时代精神这二者不是相互独立的关系，民族精神为时代精神的形成打下了深厚的基础，时代精神是民族精神在当代的重要体现。坚持两者的统一融合，才能让中华优秀传统文化在原有的基础上有所突破。坚持民族精神与时代精神相结合，便是要将爱国主义与改革创新两者有机融合，坚持民族精神与时代精神相结合，的确能够取得一加一大于二的功效。

---

① 习近平.决胜全面建成小康社会夺取新时代中国特色社会主义伟大胜利——在第十九次全国代表大会上的报告［M].北京：人民出版社，2017：41.

3. 实现内容与形式相融合

中华优秀传统文化的发展离不开内容与形式的融合，只有将两者恰到好处地结合，才能将中华优秀传统文化的影响力发挥到极致。如若只重内容而忽略形式，则容易造成传统文化欠缺一定的感染力，难以引起人们的共鸣；如若只重形式而忽略内容，那么传统文化之中所蕴含的诸多思想、情感与审美价值都难以挖掘出来。因而，中华优秀传统文化的发展既需要充分挖掘至今仍有时代价值的内容，也需要将其以恰当的形式呈现出来，唯有如此，才能让中华优秀传统文化在新时代背景之下重新焕发生命力。

实现内容与形式相融合，需要始终遵守的一个原则便是与时俱进，将不同的内容配以相应创新的形式，赋予其全新的面貌。文化类纪录片便是传统文化形式创新的一种重要表现。以《我在故宫修文物》这一大火的纪录片为例，它通过独特的视角记录下了故宫内的稀世文物修复的过程，因其全新的内容与独特的形式，不仅获得了极高的点击量，引发了观看狂潮，更让观众零距离感受到了文物的魅力，不得不将其称之为传统文化内容与形式巧妙融合的典型案例。此外，如今古风音乐的大热也同样是抓住了这一点，《琵琶行》本是白居易的一篇名作，而今经过古风音乐人的改编而迅速在网络上走红。将传统文化中的经典名篇以歌曲的形式重新加以诠释，有利于古代诗词的迅速传播，从而提高人们对传统文化的兴趣。由此可知，中华优秀传统文化并非落后于时代的文化，将其内容与恰当的形式相融合，便能碰撞出不一样的火花。

（三）创意激活，进行中华优秀传统文化再创造

将优秀传统文化精华与新时代的社会需求、审美风尚有效对接，需要创意；优秀传统文化实现绵延不断地转化创新与超越提升，也离不开创意。正是由于创意的推动，世代流传的文学经典才能在时间长河中历经无数次演绎与重构依然魅力不减。

文化创意能够推动中华优秀传统文化内容与载体的转化创新，实现文化内涵的超越提升，使之符合当代文化审美、适应社会发展要求。因此，要顺应时代发展潮流，依托文化创意推动优秀传统文化创新发展，使其拥有轻松愉悦、时尚流行、新颖独特的打开方式与内容承载，呈现出为大众喜闻乐见的崭新时代风貌，从而让优秀传统文化回归大众视线和日常生活，绽放生命活力。

（四）实现多重教育引导的有机结合

1. 注重个人教育

加强教育引导最先便应从个人教育方面入手，青年唯有关注自身，切实提高自己的文化修养，才能更为贴切地了解文化自信的内涵，从而自觉主动地了解中华优秀传统文化。

其一，关注自身文化修养，增强对中华优秀传统文化的认知与了解。

其二，线上线下多种方式了解中华优秀传统文化。首先，积极参与中华优秀传统文化相关活动。其次，还可以通过互联网经常观看一些与中华优秀传统文化相关的节目或纪录片，如《中国诗词大会》《如果国宝会说话》《上新了故宫》。最后，主动接触中华优秀传统文化相关文艺作品。通过阅读相关书籍，广大青年可以从中直接领悟到传统文化所传递的价值观；通过欣赏我国古代书法、绘画作品，可以从中感受到传统文化所蕴含的深刻内涵。唯有如此，才能让广大青年更为系统、更为客观地了解中华优秀传统文化。

2. 注重家庭教育

在推动中华优秀传统文化创新性发展的过程中，提高个人的文化修养、注重个人教育固然重要，但同时也需要家庭教育的合理引导。家庭教育在一个人的成长过程中有着不可替代的作用，它贯穿人一生的成长过程，对大多数人都有不可磨灭的影响，因而，家庭教育的重要性不言而喻。

营造良好家风，传达正确教育理念。家风作为一种看不见摸不着的隐性形态，一般而言，具有传承性与稳定性，这些特点便注定良好的家风对一个人一生的成长都是受益无穷的，无论是道德养成方面，抑或是文化修养方面，都是如此，这其中便自然包括中华优秀传统文化修养。因而，为了以家庭教育推动中华优秀传统文化发展，家长应努力营造良好的家庭氛围，传达正确的教育理念，将中华优秀传统文化潜移默化地融入孩子的日常生活中，成为其受用一生的智慧法宝。为此，家长需努力提高中华优秀传统文化在家庭教育中的地位，高度重视中华优秀传统文化修养培育问题。

创新家风文化，做好示范作用。家长作为孩子的第一任老师，从孩子呱呱坠地之日起便无时无刻不在影响着孩子的言行举止，因而家长需以身作则、重言传身教，从点点滴滴的行为习惯影响孩子对中华优秀传统文化的态度与看法。作为一名合格的家长，应努力提高自身的文化修养，或阅读相关典籍，或观看相关节目，不断陶冶自身情操。同时，将中华优秀传统文化融入家风建设，创新传承家风文化，以适应新时代发展要求的良好家风培育孩子的中华优秀传统文化修养。

3. 注重学校教育

学校教育在推动中华优秀传统文化创新性发展方面同样功不可没，学校教育与家庭教育的结合才能取得教育效果的最大化。为此，广大学校不仅需要在教学内容上做足功课，也需要在师资力量方面下功夫。

优化教学内容，重视课程设置。加强学校教育来推动中华优秀传统文化创新性发展，应尽量甄别恰当的传统文化，将此融入课堂教学之中，从而逐步提高学生的传统文化修养。学校在教书育人的过程中，可将中华优秀传统文化作为教学重点，并以学生喜闻乐见的方式教授给他们，必要时可适当借助新媒体手段来实现教学效果最优化。同时，在此基础上，学校教育也应高度重视课程设置，精心开设一些与中华优秀传统文化相关的课程。课程设置需充分考虑到学生的认知水平与学习能力，分学科分阶段地逐步推进，切不可搞一刀切，也不可毫无重点地盲目推进。这样的做法既能够有效避免传统文化的碎片式学习，充分保证学生对传统文化有一个较为系统完整的了解，也是对学校传统教育的有益补充。

提高师资力量，开展文化活动。教师的职业特殊性便使得其综合素质与文化修养会直接影响到学生对中华优秀传统文化的看法。学校教育在提高学生传统文化修养的过程中，应高度重视师资力量的培养，一方面要不断加强对教师的传统文化修养培训，另一方面也需通过恰当的方式检验教师的传统文化修养培训成果。这两者的相互结合才能最大限度的提高教师的传统文化修养，提高师资力量。

4. 注重社会教育

在新时代背景下，推动中华优秀传统文化创新性发展，除个人教育、家庭教育与学校教育之外，还有一个重要关注点便是社会教育。从个人维度而言，社会教育有利于激励广大青年自觉主动学习中华优秀传统文化；从社会维度考虑，社会教育有利于构建学习型社会，营造良好的传统文化学习氛围，从而提高文化自觉与文化自信。强化社会教育，可从宏观层面与微观层面入手，两者的有机结合才能将社会教育的影响力与感染力最大化。

宏观层面，注重舆论导向。每一个个体都在时刻接受着社会教育所带来的濡化与影响，因而从宏观层面考虑社会教育便要时刻注意其导向性作用，让广大民众获取到有利于中华优秀传统文化发展的信息，稳稳把握舆论导向，充分发挥舆论成风化人、"润物无声"的作用。尤其在当下信息纷繁的时代，社会教育更应如此，对宣传中华优秀传统文化的新闻报道加以推广，对发扬中华优秀传统文化的时代楷模加以褒奖，从而形成良好的舆论导向。

微观层面，营造文化氛围。从社会教育微观层面上推动中华优秀传统文化发展，要十分注重文化氛围的营造。以博物馆、天文馆、纪念馆、图书馆等为代表的社会教育载体能够为广大民众提供独特的文化体验，让身处其中的参观者获得身临其境之感，对于营造良好的传统文化学习氛围有着非同一般的影响力。因此，广大民众需善于利用这些教育设施，提高中华优秀传统文化认同与文化自信。

（五）科技赋能，实现中华优秀传统文化整体提升

当前，我国的5G、大数据、虚拟现实、增强现实、全息影像、人工智能、区块链等前沿科技发展迅速，并被广泛应用于文化领域，中华优秀传统文化的保护、传承、创新、发展、传播与交流，都已经离不开前沿科技的强大支撑与整体赋能。各种前沿科技能够创新传统文化的表达方式，重塑传统文化的存在形态、价值内涵与体验模式，不断赋予优秀传统文化新的生命活力与时代风貌，有效提升优秀传统文化的表现力、吸引力、感染力与传播力，拓展其发展创新空间。

1. 应用前沿科技创新中华优秀传统文化的表达方式

深度应用前沿科技能够创新、丰富优秀传统文化的表达方式，生动形象、鲜活立体地呈现优秀传统文化的精彩内容、深厚内涵与美学意蕴，丰富和深化受众的观感体验。

前沿科技不仅能够实现优秀传统文化的活化呈现，而且能够赋予其符合当代审美的表达方式，生动体现优秀传统文化只可意会不可言传的美学意蕴。当前沿科技与优秀传统文化完美融合时，优秀传统文化的内容、意蕴与神韵就能够以丰富多样的表现形式鲜活生动、感性直观地呈现出来，从而切实提升优秀传统文化的表现力和感染力，给予受众富有震撼力的沉浸体验和跨越时空的新奇体验。

2. 借助前沿科技丰富和提升中华优秀传统文化的内容

前沿科技与优秀传统文化的融合能够为优秀传统文化注入现代科技的形式美学、技术特质、时代特色，丰富、拓展其内涵。在前沿科技与优秀传统文化的融合创新中，为了让内容与形式精当匹配、达到形神兼备的表达效果，我们要结合前沿科技对优秀传统文化的内容进行选择、提炼、整合、创新，使之与现代表达方式完美匹配，更富有感染力。

3. 利用前沿科技为中华优秀传统文化发展创新赋能

要推进优秀传统文化与先进科技的多层次、多维度渗透融合，利用科技手段实现优秀传统文化与各种现实场景、现代艺术形式的结合，创新丰富传统文化的现代表达手段，借助各种新兴技术手段打破传统文化的门类边界，推动各类优秀传统文化创造性重组，拓展优秀传统文化的转化路径，不断催生崭新的优秀传统文化产品。

（六）激活文化发展的生命力

1. 不忘本来

不忘本来，便是要合理继承中华优秀传统文化，充分挖掘其中的精华所在，充分发挥中华优秀传统文化的独特优势，不忘本来主要指对传统文化本身所应持有的态度。

继承传统，充分挖掘传统文化精华。顾名思义，不忘本来首先要做到的便是充分挖掘中华优秀传统文化的精华所在。然而，并非所有的传统文化都利于推动文化强国的发展进程，依然还有一些传统文化不适应时代发展要求而与当今社会格格不入。为此，需以辩证的态度看待传统文化，对于那些至今仍有重要价值的传统文化，要合理地加以继承，充分挖掘其中仍有借鉴意义的思想与内容；对于那些不符合时代发展潮流的文化则要采取相反的态度，即加以剔除。充分挖掘传统精华不仅是时代发展的必然要求，也是基于现实所作出的正确抉择。

推陈出新，充分发挥传统文化优势与时代价值。需要从两方面入手，一面是加强宣传，让广大民众认识到传统文化的价值，另一面则是将传统文化与当下的时代条件相结合。

2. 吸收外来

吸收外来便是指通过各国各民族文化之间的交流互鉴，合理吸收世界各国的优秀文化成果，使得中华优秀传统文化在文化全球化的过程中始终占据一席之地，从而提高中华优秀传统文化的感召力与影响力。

交流互鉴，洋为中用。随着各民族文化之间的交流互鉴不断深入，在中华优秀传统文化发展过程中需抓住这一历史性时机，不断吸收融合其他民族的文化精华，并进行辩证地取舍，如此一来，方能有效推动中华优秀传统文化与外来文化的融合互鉴。"洋为中用"这四个字的核心便在于"用"，因而明辨哪种外来文化可供借鉴、哪种外来文化需要摒弃是极为重要的一点，这是践行"洋为中用"的关键所在。

以我为主，为我所用。"以我为主"便是要始终站在本国的立场上，推动本民族文化的发展，切勿盲目跟风。

3. 面向未来

面向未来与不忘本来、吸收外来都是推动中华优秀传统文化创新性发展的重要方针，也是提高文化自信的重要途径，这三者之间没有主次之分，互为补充，互相作用。新时代背景之下的面向未来，便是要将文化发展同中华民族伟大复兴牢牢结合，为推动社会主义文化强国进程添砖加瓦。只有面向未来，才能为中华优秀传统文化创新性发展提供既定的方向，使其按照历史发展规律循序渐进地向前发展，不断创新，始终保持生命力与活力。只有面向未来，中华优秀传统文化才能有一个更为显性和具体的发展目标，推动其朝着思想性、艺术性、观赏性有机统一的方向发展。面向未来是中华优秀传统文化创新性发展的题中应有之义，在新时代背景之下显得尤为突出与重要。

面向未来，便是要大力坚持文化创新。不忘本来、吸收外来固然重要，然而这些举措都是为了更好地与时代发展同进步，使得中华优秀传统文化内容更加广泛、意蕴更加深刻，能够更为适应当下的社会发展，更好地面向未来。因而，推动中华优秀传统文化创新性发展需大力坚持文化创新，使其始终保持生命力与先进性。中华优秀传统文化的面向未来，需将传统文化建设与实现中华民族伟大复兴的中国梦相结合。这样的举措不仅是为了满足人民群众日益多样的精神文化需求，也是为了让中华优秀传统文化的感染力与影响力最大化。文化创新不应一味地止步于继承传统文化精华，也不能盲目地吸收外来文化，创新二字便注定中华优秀传统文化的传承发展要将目光放得更为长远与深刻。此外，中国作为一个负责任的大国，传统文化建设也不能仅仅是为了推动本国发展，还要为人类命运共同体的发展作出贡献，将传统文化与人类命运共同体的发展有机结合，如此一来，才能更好地推动中华优秀传统文化建设的进程。

（七）推动中华优秀传统文化融入生产生活

1. 推动中华优秀传统文化作为内容资源进行创造性文化再生产

文化再生产的过程实质就是文化创造性转化和创新性发展的过程。在文化生产领域，优秀传统文化能够为众多内容产业提供加工素材。我们要充分挖掘利用优秀传统文化的资源价值，准确把握时代要求，紧密结合时代特点，运用影视、动漫、游戏、网络文学、网络视频等艺术形式，以工匠精神对优秀传统文化进行再生产，将其创造性地转化为传播当代中国价值理念、反映中华文化精神和当代中国人审美追求，思想性、艺术性和观赏性有机统一的优秀文化产品。

2. 建设现代文化产业体系

文化产业作为提高文化软实力的重要途径之一，义不容辞地承担起了推动传统文化发展的重任。为此，需努力推动文化产业供给侧结构性改革，建设现代文化产业体系，这是应对经济全球化与文化全球化浪潮的有效措施。就供给侧而言，当前的文化产业在中高端领域的内容供给略微不足，而低端领域而出现严重过剩的状态；就需求侧而言，既有需求下降现象，也有需求外溢现象。面对这样的困境，推动文化产业供给侧改革、建设现代文化产业体系迫在眉睫。

一方面，需要坚持经济效益与社会效益的统一。诚如习近平总书记所说的，"一部好的作品，应该是经得起人民评价、专家评价、市场检验的作品，应该是把社会效益放在首位，同时也应该是社会效益和经济效益相统一的作品。"[①] 以近些年的电影电视剧市场为例，一系列以流量明星为噱头的电影虽然取得了较好的票房成绩，然而这些影片的质量却令人担忧，粉丝文化的兴起不仅助长了这一现象的发生，而且有愈演愈烈趋势，这一趋势不仅存在于电影市场，也广泛存在于电视剧市场，与之形成鲜明对比的便是正午阳光团队出品的一系列优秀电视剧，《琅琊榜》《父母爱情》等电视剧不仅注重经济效益，也注重社会效益，强调两种效益的统一，推动了文化产业的良性发展。因而，各大文化生产者在生产传统文化相关的文化产品时，不仅要考虑成本、盈利等因素，也要考虑到其中所蕴含的价值理念与深远影响，要兼顾经济效益与社会效益的统一。

另一方面，需要激发各类文化企业活力。作为文化产业市场中的主体，企业的积极性与活力对于推动传统文化发展有着举足轻重的地位，为此，各大文化企业需采取措施，致力于提高本企业的文化产品质量，从而推动现代文化产业体系建设的顺利进行。首先，需明确企业定位。只有在明确企业定位的基础上，才能制定出详细具体的经营战略，创作出符合市场规律的优质文化产品，从而从供给侧一端为广大民众提供优质的文化产品，满足其精神文化需求。其次，将尊重需求与引领需求相结合，加大文化产品的创新力度。对此，需将文化产业与其他产业进行深度融合，将文化产业的优势与其他产业的特色充分显示出来，促进文化产品的中高端供给，以文化产业的供给侧结构性改革推动中华优秀传统文化的创新性发展，唯有如此，才能更好地建设现代文化产业体系。

3. 推动中华优秀传统文化在广阔社会生活中发展创新

我们要结合现代化建设的需要不断拓展中华优秀传统文化在社会生活中的转化利用路径，将优秀传统文化广泛融入社会生活的各个方面，在实践中不断推动优秀传统文化的现代转化与发展创新，充分发挥其服务现实的作用。第一，强化中华优秀传统文化在大众日常生活中的活态利用价值。第二，发挥优秀传统文化

---

① 习近平总书记在文艺工作座谈会上的重要讲话学习读本 [M]. 北京：学习出版社，2015：22.

的精神文明资源价值与教育价值。第三，挖掘优秀传统文化在美丽乡村建设和新型城镇化建设中的历史文化价值。

4.组建高素质人才队伍

人才的发掘与培养对于推动中华优秀传统文化创新性发展同样不可忽视，习近平总书记多次强调人才培养的重要性，他在中国文联十大、中国作协九大开幕式上的讲话中明确指出："我国文艺事业要实现繁荣发展，就必须培养人才、发现人才、珍惜人才、凝聚人才。"[①] 对于人才的培养，不仅要采取措施多多吸引新人投身文化建设，更要留住原本的人才。

吸引新人投身文化建设是人才培养的重要环节。首先，相关部门需连同高校共同注重人才的系统培养。相关部门可以制定与文化建设相关的政策并加强宣传，吸引各行各业的人才能够注重本行业与文化相关行业的融合发展。同时，高校可根据实际情况加大对文化相关专业的资金投入，从文化素养、专业素质等方面多多培育文化从业人才，使其对中华优秀传统文化建设产生浓厚的兴趣，进而自觉主动地投身文化相关行业。其次，文化企业应加强对从业新人的培训力度，使其能够快速掌握本行业的实际操作能力，尽快投身于文化建设，为中华优秀传统文化的创新性发展贡献自己的一份力量。

对于原本便从事文化相关行业的人才，需要健全人才保障机制使其能够更为安心地投身文化建设。首先，提高薪酬水平。薪酬的高低直接影响了文化从业人员的积极性与热情。如若薪酬水平偏低，那么会容易造成文化从业人员的流失，进而使得文化建设失去重要的主力军。因而，适度提高薪酬水平便成为一个行之有效的措施。其次，完善考评机制。这不仅是肯定文化从业人员绩效的重要举措，也能够有效激发其积极性，为其提供一个更为透明的晋升渠道。考评机制的合理及公正会在很大程度上影响文化从业人员的工作热情，因而这一机制需根据各个文化企业的具体情况而制定不同的考评标准。薪酬水平的提高与考评机制的完善两者相互作用，才能最大限度地留住人才。

---

① 习近平.在中国文联十大、中国作协九大开幕式上的讲话 [N].人民日报,2016-12-01（02）.

第二章 大学生思想政治教育基本理论

青年是国家的未来、民族的希望，因此，国家对他们的思想观念教育更是不可松懈。本章分为三节，第一节为大学生思想政治教育的内涵，第二节是大学生思想政治教育的历史实践，第三节为大学生思想政治教育的时效性及价值。

第一节 大学生思想政治教育的内涵

一、高校思想政治教育的内涵

思想政治教育从广义上来讲，指一个群体为了巩固自己的统治、维护自身利益以及顾全大局发展而对其群体内全部成员的思想意识施加影响，通过灌输符合自身阶级统治利益的思想政治观点和道德模范等，实现群体成员思想道德符合阶级统治发展要求的思想道德标准。高校思想政治教育是指高校教育者按照规定的教育机制和符合时代的教育理念，采取一定的教育手段，根据社会发展的需求和教学目标的要求，对受教育者即高校大学生进行有计划、有目的、有组织的思想道德教育和政治素质培养。通俗来讲，就是对在校大学生思想意识统一地加以影响，使其形成与社会发展所需的思想道德标准相符的思想观念、道德品质，为国家未来储蓄人才。这是高校一项教育目的明确、教育内容具体的活动。

当前我国的高校思想政治教育为了达到其相应的教育成效，将理论灌输法与实践教育法有机融合。首先，理论灌输法指的是教育者通过《马克思主义基本原理概论》《思想道德修养与法律基础》《毛泽东思想和中国特色社会主义理论体系概论》以及《中国近代史纲要》等高校思想政治教育课程的讲授，从而加深大学生的思想政治知识底蕴。目前而言，高校的理论灌输法不仅体现在相关的课程中，也体现在通过党组织推优及党员培养的方式进行思想政治教育。通过对团员的推优，安排学习党课知识，配合完成党内实践活动等，在思想政治教育的过程中完成团员向党员政治身份的转变；通过对党员党内知识的培训和提高以及定期召开党内学习会议等活动，一方面考察和考核学生的思想意识和行为道德，另一方面更加强化了学生的政治素养。这种教育方式一般以非固定课程的形式在高校大学生中开展。这些课程中不仅包含了马克思基本原理、方法以及思想精髓的讲授，还包括马克思主义中国化的具体内容。从目前来看，高校的理论灌输法的具体教学模式和环节包括理论的教授、学习、宣传和培训以及研讨等环节，是高校开展思想政治教育最基础，同时也是最高效的方式。

其次，通过实践锻炼法开展教育活动。简而言之，基于合理计划的、明确的理念，引导和组织高校学生参加形式多样的能够提升其思想意识和道德素质的社会实践性活动。在多样化的时间锻炼活动选择中，既要顾及大学生的年龄特点、性格特征以及不同学段等多方面因素，也要同时兼顾将适当的教学内容加以融入，彰显实践活动的教育性。通过实践教育活动，提升大学生的思想觉悟和认识能力，达到理论知识内化的目的。但是，为数不多的实践活动所呈现的教育力度和成效是微乎其微的，因此高校必须长期坚持实践锻炼活动，才能使大学生在反复的锻炼中提升认识，并将认识内化为自身信念。

二、高校思想政治教育方法运用

思想政治教育方法是激发思想政治教育工作的生命源泉，许多学者致力于探究思想政治教育方法的创新价值、创新原则及创新途径，以提升思想政治教育工作的实效性。我国早期主要采用灌输法作为思想政治教育的主要方法，通过有目的、有计划地向受教育者进行理论教育，让受教育者能在较短的时间内获得和掌握在实践中检验而出的真理，实现对局部利益和眼前利益的超越。随着社会改革的全面推进和思想意识的不断进步，思想政治教育方法也不断得到创新。目前，高校思想政治教育除运用传统的理论灌输法外，还通常使用案例教学法，通过对真实事件或虚拟案例的探讨，鼓励学生独立思考，并调动集体的智慧和力量，开阔思路，提升解决问题的能力；采用典型示范法，通过典型人物或者事件的示范引导，激励学生向优秀人物学习，以产生鼓舞和推动作用；采用情感教育法，通过艺术性手段唤起学生内化知识的主动性，满足学生的情感需要，在潜移默化中增强精神力量；采用实践教育法，重视社会实践在育人过程中的积极作用，通过有计划有组织地引导学生参加社会实践，全方面提升个人能力，不断培养责任意识。此外还有不少学者与时代背景相结合，研究大数据背景和互联网思维下高校思想政治教育方法的创新。

目前思想政治教育方法的创新研究已取得一定的成果，但社会环境的不断变化意味着思想政治教育方法的创新是一个永无止境的动态过程，它必须与大学生思想的形成和发展相契合，与思想政治教育环境的变化相呼应。应根据不同教育对象和教育情境选择合适的教育方法，在继承思想政治教育传统经验的基础上，善于运用心理学、教育学、管理学等其他学科的知识和方法取长补短，完善思想政治教育方法体系。

三、高校思想政治教育的供需关系

（一）供给的内涵

高校思想政治教育供给是一个合成词，横跨马克思主义理论和经济学两大学科，即由高校思想政治教育和供给两个专业名词组合而成。其实，对于高校思想政治教育而言，本没有此种表达方式，只是为了更好地解读高校思想政治教育，而引入的经济学领域中的"供给"的概念。因此，对于高校思想政治教育供给内涵的解读应将其追溯到经济学中对于"供给"一词的理解和运用。

在经济学中，"供给是指生产者在一定时期各种可能价格下愿意而且能够提供出售某种商品的数量。"[1] 由此可知，经济学所指的供给主要是针对生产环节而言的，涉及生产环节的方方面面。其中，供给主体是指生产者，供给内容为商品或劳务，供给的目的是出售高品和劳务以获得经济效益，而经济效益的多少在某种程度上取决于供给的商品和劳务的数量。在此，需要着重指出的是供给的两个约束条件，一是生产者需有供给的意愿，二是生产者需有供给的能力。此外，马克思曾对其作数量上和质量上两方面的规定，这表明供给不仅涉及数量问题，还涉及质量问题，供给的数量和质量如何是衡量供给效果的重要指标。而且，供给一般与需要紧密相连，因为供给的目的是满足人的需要，而人的需要是人的本质。因而，凡是与人的需要相关联的实践活动的开展，都会涉及供给问题。由此，供给就具有了适用于经济学领域以外的可能性。其中，教育学领域对于供给一词的引入就是其鲜明的表现，所谓教育供给，是指"各级普通学校提供的教育机会"[2]。这也为思想政治教育学基于供给视角对其进行分析奠定了理论根基。"高校思想政治教育是指高校思想政治工作者利用一定的思想观念、政治观点、道德规范，

① 高鸿业.西方经济学：上册 [M].北京：中国经济出版社，1996：27.

② 吴宏超，范先佐.我国教育供求研究的回顾与反思 [J].教育与经济，2006（03）：24—27.

对大学生施加有目的、有计划、有组织的影响，使他们形成符合中国特色社会主义所需要的思想品德的教育实践活动。"①由此出发，对其作供给层面的分析，则需明确以下几个问题：一是谁供给？即供给主体的界定问题。高校思想政治教育的内涵表明，其供给主体应为高校思想政治工作者，而对其具体构成又可以进行详细划分。二是为什么供给？即供给目标的设定问题。供给的首要目的是为了满足需求，高校思想政治教育供给也不例外，只不过其需要满足的需求是大学生的思想素质、政治素养、道德素质的提升等思想品德层面的需求。三是供给什么？即供给内容的选择问题。高校思想政治教育的供给内容主要涉及高校思想政治工作者对于承载一系列思想、观点、认识的思想产品的开发。四是如何供给？即教育服务的开展问题，主要涉及承担教育功能、发挥教育作用的供给方法、供给载体等的运用问题。高校思想政治教育供给内容需要借助于一定的供给方法、依托于一定的供给载体，才能更好地发挥育人效果。在明确了上述四个问题的基础上，或许可以对高校思想政治教育供给作内涵上的界定，即高校思想政治教育供给是指高校思想政治教育为满足大学生思想政治素质提升需求而提供的思想产品和教育服务。而在新时代的背景下，则要将着力点放到满足大学生成长发展需求上，即满足大学生成长发展为"时代新人"的需求。也就是说，新时代高校思想政治教育供给是指高校思想政治教育为满足大学生成长发展为"时代新人"的需求而提供的思想产品和教育服务。

高校思想政治教育方面的教育供给途径可分为两个方面。一是课堂供给。学校通过开设"毛泽东思想和中国特色社会主义理论体系概论""马克思主义基本原理""中国近现代史纲要""思想道德与法治""形势与政策"等公共课，引导所有学生群体学习当下的形势与政策，加强思想道德修养。对于相关专业的学生，还将开设马克思主义基本理论、伦理学、中国文化、世界文化等方面课程，学生根据专业要求或具体情况，进行课程学习。对于一些要求更高的学生群体，应该引导他们自发地阅读马克思主义思想政治方面著作，从书籍中更深入地了解马克思主义思想政治教育的理论和精髓，不断学习思想政治教育学的原理、方法论、教育史和基本思想政治观教育等课程，并加强中国特色社会主义理论、思想政治教育理论等理论的学习与实践。二是课外供给。在民办高校思想政治教育课程之外，也可以通过开设一定的社会实践课程、网络思想文化平台、学生思想心理健康咨询等方式或是通过校党组织、共青团组织、社团组织，从多种途径对高校学生思想政治进行积极引导。

---

① 张福记，李纪岩.高校思想政治教育研究[M].成都：四川教育出版社，2009：49.

（二）需求的内涵

高校思想政治教育需求同样是一个合成词，同样需要借鉴经济学中对于需求的解读，以准确把握高校思想政治教育需求的基本内涵。

在经济学中，需求是相对于供给而言的。一般来说，需求是指在一定时期内，在消费者有消费意愿并且有一定的支付能力的基础上所购买的商品或劳务。与供给相比，需求主体为消费者，需求的约束条件是有消费的意愿和支付的能力。马克思指出："需求等于这同一种商品的买者或消费者（包括个人消费和生产消费）的总和。"[1] 这表明需求主体并不是单纯的消费者，生产者亦是需求主体，只不过两者的需求有所不同，消费者需求的是最终的商品或劳务，而生产者所需求的是生产环节中构成这些商品和劳务的各类生产要素。无论是何种需求，都是人的需要的反映，是人基于自身需要而提出的相应要求。因而，对人的需求的关注和满足是实践活动得以开展并取得成效的重要保证。

对于新时代高校思想政治教育而言，其需求的实质是社会和个人对高校思想政治教育满足自身发展所提出的要求。其中，社会和个人是两大需求主体，相应的需求有社会需求和个体需求之分。所谓社会需求是指社会对高校思想政治教育所培育出来的人才的需求，对需求进一步进行解读，则可理解为高校思想政治教育应在"凝聚思想共识、维持道德秩序、促进价值认同、推进社会动员、延续文化传统、提供决策咨询等方面"[2] 发挥作用。而个人需求则可理解为是大学生成长发展的需求，即大学生为满足自身成长发展需要而对高校思想政治教育供给提出的要求。对大学生成长发展需求的进一步解读，则可理解为陈万柏和张耀灿先生所指出的思想政治教育所具有的个体性功能即"个体生存功能、个体发展功能和个体享用功能"[3]，或者也可将其理解为沈壮海先生所指出的思想政治教育对个体需要的满足性，即体现为高校思想政治教育对个体的"社会适应需要、享用需要和发展需要"[4] 的满足。其实，无论是社会需求还是个人需求，其最终的落脚点都指向大学生思想政治素质的提升。新时代需要的是"时代新人"，因而，大学生应具备"时代新人"所应具备的思想政治素质。可以说，新时代高校思想政治教育需求是指大学生基于自身成长发展的"时代新人"需要而对高校思想政治教育

① 马克思.资本论：第3卷 [M].北京：人民出版社，2004：215.
② 王学俭，杜敏.高校思想政治教育供给侧改革探讨 [J].思想理论教育导刊，2017（06）117-121.
③ 张耀灿，陈万柏.思想政治教育学原理 [M].北京：高等教育出版社，2015：63.
④ 沈壮海.思想政治教育有效性研究 [M].武汉：武汉大学出版社，2008：134.

供给所提出的要求。

高校思想政治教育的需求，具体来说可以分为三方面的需求：

一是政治需求。高校通过校内思想政治课堂的教育，能够从理论上加深高校学生对中国革命、社会主义建设以及改革开放等一系列革命和改革的历史，并且从我国社会主义建设发展过程认识的角度对我国现阶段的基本国情和时事政策进行了解，深入认识社会发展的主要规律，对国家未来的发展方向有清晰的认识。

二是精神需求。高校思想政治教育就是要把道德实践活动融入高校学生学习生活之中，引导和帮助高校学生自觉地养成遵守爱国守法、明礼诚信、团结友善、勤俭自强、敬业奉献的基本道德规范，帮助高校学生养成健康的世界观、人生观，引导他们养成良好的品德和行为习惯。

三是人文素养需求。要通过高校思想政治教育，提高高校学生专业知识和学习能力，锻炼他们观察、分析、认识事物的方法，从思想角度引导学生养成良好的思想道德素质，保证高校学生能够实现科学文化素质、身体健康素质和良好思想道德素质的协调一致发展，全面提高自身的综合素质和能力。

（三）高校思想政治教育供需关系

1. 供需的平衡

供给与需求的平衡是指供需双方彼此得到满足的关系状态。供给有潜在供给、实际供给和有效供给之分，需求有潜在需求、实际需求和有效需求之分。供需平衡的实现是各类供给与相应需求相契合的表现。其中，最主要的是有效供给与有效需求的精准对接。

对于高校思想政治教育而言，有效供给是指供给中有利于实现供给目标的部分；有效需求是指大学生成长发展需求中与社会需求相适应的需求。新时代，高校思想政治教育有效供给与有效需求的精准对接是指高校思想政治教育供给是能够满足大学生成长发展为"时代新人"需求的供给。对其进行细化，则可理解为目标上的供需平衡、过程上的供需平衡和效果上的供需平衡三个层面上的平衡。其一，目标上的供需平衡。目标具有指引方向、推进改革的作用。当供给方与需求方的目标一致时，两者才具有相同的出发点，才能够更好地发挥合力效应。现阶段，"时代新人"的目标导向理应成为高校思想政治教育的供给目标和大学生的成长发展目标，唯有如此，才能推动高校思想政治教育供给作出新的调整，才能更好地激发和满足大学生的成长发展需求。其二，过程上的供需平衡。实现"时代新人"目标并不是一蹴而就的,需要通过一系列复杂的教育过程得以实现。而教育过程的开展必然涉及思想产品和教育服务的供给,而什么样的思想产品和教育服务才是有效的,就需要充分考虑大学生成长发展为"时代新人"的需求。"所供即所需"是供需过程平衡的重要体现。其三,效果上的供需平衡。供给效果如何,在某种程度上取决于其与需求的契合度上。对于高校思想政治教育供给而言,大学生的获得感是对其供给效果的反映,主要表现在大学生思想政治素质提升的程度上。"所给即所得"是供需效果平衡的重要体现,即能够通过高校思想政治教育供给使大学生具备"时代新人"所应具备的思想政治素质。

2.供需的失衡

供给与需求的失衡主要是由于供给与需求之间未能实现精准对接而引发的问题。经济学领域中的供需失衡多指供给方与需求方由于对产品或服务在数量、构成、时空等方面表现出的差异而引发的矛盾,大致可将其划分为供大于求与供小于求两种失衡的状态。而新时代社会主要矛盾的转化,标志着社会供求关系出现了新变化,供需失衡的表现已不再是简单的供大于求与供小于求的两种失衡状态,矛盾的侧重点转移到供给的不平衡与不充分问题上,即供给效能不足、有效供给缺失、无效供给、低效供给过多的现象,新时代的供需失衡主要表现为"新常态背景下高数量供给与高质量需求的失衡"[1]。

对于高校思想政治教育而言,亦面临供需失衡的问题亟待解决。具体来说,其失衡主要以"供给非所需""所需未供给"的供需冲突形式表现出来,简言之,即作为外部供给的高校思想政治教育并没有满足大学生自身成长发展的内在需求。供需冲突的实质是供给质量提升的问题,即当前的高校思想政治教育供给未能满足大学生成长发展为"时代新人"的需求,供给短缺与供给过剩并存,且供给过剩是相对的。供给短缺主要是指高质量供给的短缺问题,供给过剩主要是指同质性的、重复性的低质量供给的过剩问题。从当前的供给现状看,供给内容、供给方法、供给载体等日益丰富,呈现出多元多样化的发展趋势。但要指出的是,供给不能仅是数量层面上的变化,其对大学生成长发展需求的满足程度,关键在于质量上的提升。数量多并不意味着质量就高,对大学生需求的满足程度就大。相反,片面追求数量上的增长,将会造成人力、物力和财力等资源上的浪费,不仅不利于大学生需求的满足,反而会使大学生产生选择困难和审美疲劳。当前,需要对高校思想政治教育供给进行数量上的精简、质量上的精进,即减少无效供

① 杨愉,刘友女,王钊.供需视域下社会主要矛盾转化的丰富内涵[J].宁波大学学报(人文科学版),2019,32(01):88-92.

给，增加有效供给，将"高、精、尖"作为高校思想政治教育改革所追求的重要目标和重要理念。

实践证明，供给与需求的平衡是相对的，供给与需求的失衡是绝对的，两者始终处于动态变化之中。供需关系发展演变是由"不平衡—调整—相对平衡"再到"新的不平衡—新调整—新的相对平衡"的循环往复过程。因此，对新时代高校思想政治教育供需关系进行研究，需要在明确新时代赋予高校思想政治教育供给和需求的新内涵和新特征、把握新时代所呈现出的新变化的基础上，实现良好的供需互动，以达到供需平衡的理想状态。

3. 供需的矛盾

高校思政教育供给方和需求方的矛盾随着社会发展变革而不断产生新的变化。作为教育的两个主体，思政教育的供给方（施教者）长期以来习惯于用固有的教育模式传授传统的思政理论知识，而思政教育的需求方（受教育者）的思想行为模式也发生了巨大变化。因此，供需双方矛盾长期存在是客观现实，需要我们深入分析，透过现象抓住本质，以期为后续高校思政教育体系的改革与创新指明方向。

（1）低供给水平和高要求需求之间的矛盾

首先是师资队伍方面，师资队伍质量体现了一所大学的教育水平，也是大学排名的重要指标。近几年来，各高校都在积极扩充思政教师队伍，但是一方面，从优秀的毕业生到优秀的教育者靠的并不是天赋，学历程度和教学水平是两个不同的维度，教学水平和教学素养需要通过长期的教学实践和课后的归纳总结不断提升，因此，年轻的博士教师们还需要时间和实践的锤炼。另一方面，多年的研究生学习经历和经验使这部分高学历教师更专注于科研课题研究和理论成果展示，却忽视了自身教学能力的提升以及对学生的沟通和培养。良好的师资队伍建设既需要不断补充优秀的新鲜血液，也需要充分调动成员的积极性，挖掘成员的才华和资源，不断锤炼成员的能力，使他们能满足高校思政教育人才培养的需要，并用他们的"高学历基因"为高校思政工作拉开新的篇章。其次是教育水平与学生学习能力之间的差距。教学过程的本质是信息加工并传递的过程，教师是信息的生产者和传递者，他们将加工后的信息通过恰当的方式传递给受教育者，学生吸收信息并进行储藏加工。信息传递的损耗度和有效性直接决定了教育效果。教师加工和传递信息的能力，学生吸收信息并再加工的能力，都影响了信息传递的损耗度。在前期的调查中，很多学生反映目前接受的思政教育内容主要来自思政课堂，并且已经能够满足大学生的基本需求，但是还远远达不到触及灵魂的程度，学生的思想行为模式在课后也没有发生脱胎换骨的改变。这与高校思政教育的教学目标还是有一定差距的，我们希望看到的是青年大学生从思想到行为的转变，并且这个转变是朝着更好地服务于国家社会的发展，实现个人成长成才目标的方向迈进。最后是思政教育的合力不够。高校思政教育一直是多头并进的模式，其组织架构包括宣传组织部门、共青团组织、马哲学院的专业教师、学工部门以及学工部门和二级学院共同管理下的班主任、辅导员队伍。这些力量在长期建设中已经形成了各自的教育领域和模式，但是在实践中并未完全形成合力。首先表现在教育内容上，专业的思政课程教育队伍提供的理论课程知识、行政部门组织的第二课堂活动类教育内容、班主任主持的班会课内容、专业教师组织的课程思政内容等，彼此之间没有实现互通互融。其次表现在教育形式上，特别是考核部分，思政课的课程考核还是以书面理论考试为主要形式，平时考核也以书面作业为主，第二课堂内容考核以参与率为主要考核指标，参与即有分，大部分学生参与教育活动的深度不够，班主任的班会课普遍质量不高，甚至数量也难以保障，班会课也并无考核，专业课程中的课程思政部分考核也流于形式。综上，没有对大学生三观的构建建立后续追踪机制。

（2）单一供给和多元需求的矛盾

现代大学生站在"百年未有之大变局"时代背景下，他们对思想政治教育的需求是非常多元化的，特别体现在对人文关怀、精神生活、职业发展、社会适应等方面。对比学生热烈而多元的需求，我们的思政教育在这一领域还是有缺陷的。

首先是对学生时代性需求的响应方面。当今中国走在复兴之路的伟大进程中，大学生面对的是飞速变化发展的新时代中国，他们的精神需求每一天都有新的变化。比如就业教育方面，疫情前毕业生和疫情后毕业生的就业选择倾向明显不同。疫情的冲击引发了青年学生对生命意义的思考，他们更清晰地意识到了温暖的家庭、稳定的生活对人生的影响和意义。因此，疫情后学生择业更注重安全感和获得感，在选择企业方面偏向于更稳定的大型企业，也有更多的学生选择回家乡就业。虽然一、二线城市对毕业生的吸引力下降，但我们就业教育内容的更新明显没有跟上，我们推荐的就业单位还是局限在学校周边，并且还是继续鼓励学生去竞争激烈但是机会更多的城市寻找就业机会，努力实现自己的人生理想。其实，学生的职业生涯规划已经发生了变化，我们应该因势利导，鼓励学生在更广阔的领域寻找适合自己的价值所在。其次是对学生多元化需求的响应方面。举例来说，各高校固有的思政教育体系已经成型多年，有一套完善的方案，并在固定的时间点针对固定的人群开展固定的活动。但是，部分新生入校时就对人生发展、职业规划有着很强烈的需求，受过去的成长经历和疫情的影响，学生对心理健康教育的需求激增。这些现象已经逐渐成为"新常态"，也对我们供给方提出了新的要求。多元化的需求呼唤多样性的教育方案，因此，我们需要部署专门的力量有针对性地给予教育和引导，更需要"一对一"地提供高层次教育服务。

（3）供给路径和需求渠道的矛盾

思政教育体系建设的目标是要将高校建设成构建青年人精神世界的场所。在这个场所里，大学生能浸润其中，主动吸收正确的思政营养，并外化改进自身的行为模式，成为更优秀的"红色接班人"，从而完成高校"培养人"的根本任务。因此，应考虑影响受教育者的主要渠道、方法，并根据受教育者的信息渠道与影响途径来设计思想政治教育实施方案。过去，学生获得知识的主要路径是教材和课堂，而现在是各类飞速发展的网络新媒体；教育两大主体之间信息交换通道的错位减弱了思政教育的教育效果，需要我们不断去优化、去创新。

首先是传统思政教育渠道作用的减弱和主流沟通渠道的缺失。网络新媒体的出现，一改纸质媒介时代信息传递的途径。它们依托于互联网和智能手机，以年轻人喜欢的模式向大学生推送经过各种精密的算法筛选出的加工信息，并渗透进学生的学习和社会生活中，深深地影响了学生的思想和行为模式。课堂不再是传递新知识和价值观的主渠道，学生的价值观构建受互联网影响很大。在这种背景下，高校在新媒体建设方面的响应速度和进度都不甚理想。比如，当高校在努力建设"三微一端"的时候，大学生已经进入了"抖音时代"；各高校努力建设推广的微信公众号的号召力和影响力也远不如被不知名企业默默控股的各高校"表白墙"。青年大学生的思想领域是斗争激烈的战场，我们要让正确的思想去占领高地，要不断创新与优化高校思政教育沟通的主渠道，并注重内容的选择，使之更受大学生欣赏，更符合大学生的阅读习惯。同时，要提供丰富的思想政治教育信息，通过思政教育内容的吸引力和渠道的高效性提升思政教育的效果。其次是师生之间缺乏有效沟通的问题日益凸显。做思政工作的本质是塑造人的灵魂，这个过程需要以情感和认同作为载体，让价值观在师生之间缓缓流动，以灵魂打动灵魂。教师无法通过课堂了解学生的思想变化，学生也没办法和老师建立亲密关系，最终造成教育的两个主体缺乏联系。

四、高校思想政治教育主体构成

（一）高校党政团干部

在思想政治教育过程中，高校党政团干部发挥主导作用。首先，作为施教者始终发挥着主导作用，把控学校思想政治教育工作，掌握着教学进度和计划，可以说掌控着教学过程的全局。其次，在思想政治教育管理的过程中，教师主体发挥主导作用。不同的是，不同的教师因其职位和职务的不同，所发挥的主导作用有所差异。学校党政团干部，掌控学校思想政治教育的全局，而各部门或各二级学院的党政团干部则掌握式主导所在单位的思想政治教育。党政团干部在高校思想政治教育中扮演着教育者、领导者、管理者多重身份。这就要求他们"政治强、业务精、纪律严、作风正"①。

（二）思政课教师和哲学社会科学课教师

高校思想政治理论课教师（以下简称"思政课教师"）和哲学社会科学课教师，是高校思想政治教育的一线教师。他们通过课堂教学与学生的直接对话，对其进行思想政治理论、思想品德和人文素质教育，在高校思想政治教育中发挥着关键作用。办好思想政治理论课关键在教师，关键在发挥教师的积极性、主动性、创造性，也就是充分发挥一线教师的主体性作用。这就要求，高校思政课教师和哲学社会科学课教师要具备一般教师应有的素质，也要符合"六个要"的素质要求。

（三）高校辅导员

高校辅导员在具体的实际工作中，则根据校党委的部署计划，针对所在二级学院或单位办学特色有针对性地开展思想政治教育活动，比如通过志愿者服务、文体活动及社会实践活动等加强对学生的思想政治教育，通过积极组织招聘会等，加强对学生的就业指导，为学生提供就业信息咨询，给予学生就业、生活的指导。辅导员要化身为党委好助手、教师教学的好助手、学生学习的好助手，成为学生的人生导师，成为学生健康生活的知心朋友。辅导员在推进教育现代化、教育强国的进程中，要成为承担伟大工程的施工员、伟大事业的质检员、伟大斗争的战斗员、伟大梦想的服务员。

---

① 中共中央国务院发出《关于进一步加强和改进大学生思想政治教育的意见 [J]. 中国高等教育，2004（20）：3.

第二节　大学生思想政治教育的历史实践

一、拨乱反正时期高校思想政治教育逐步恢复（1976—1978）

（一）高校思想政治教育恢复的基础

1976 年粉碎"四人帮"的历史性胜利，是中国历史上重要的挽救党挽救社会主义的事件。粉碎"四人帮"为高校思想政治教育制度化的发展翻开了新的一页，人们包括青年学生重新树立起对党、对社会主义的信心，改变了"四人帮"鼓吹的唯心史观，开始宣传唯物主义的认识论和辩证法，让人们步入科学的认识轨道。

（二）高校思想政治教育拨乱反正的方向

为了党和国家思想政治教育工作的恢复，邓小平率先对"两个凡是"错误方针进行有力的抵制，呼吁要正确理解毛泽东思想。1977 年 7 月 21 日，邓小平在中共十届三中全会的讲话中指出："要对毛泽东思想有一个完整的准确的认识，要善于学习、掌握和运用毛泽东思想的体系来指导我们各项工作。只有这样，才不至于割裂、歪曲毛泽东思想，损害毛泽东思想。"[①]邓小平在这场抵制活动中，直指问题的核心，说明"两个凡是"方针违背了党以实事求是为核心的马克思主义思想路线，抓住了思想政治教育拨乱反正的根本问题，解决了这一问题，明确了高校思想政治教育工作的方向，推动了制度化的科学发展。

（三）关于真理标准问题的大讨论为制度化的发展作了思想准备

关于真理标准问题的大讨论之后，实事求是作为党的思想路线，也是高校思想政治教育工作开展的指导思想。这次大讨论在思想政治教育工作的进程中占据重要地位，也为高校的思想政治教育工作作了思想准备。

二、改革开放初期高校思想政治教育理论建设的加强（1978—1989）

（一）高校思想政治教育纲领性文件的制定

《关于建国以来党的若干历史问题的决议》从 1979 年开始起草，于 1981 年

---

① 邓小平文选：第二卷 [M]. 北京：人民出版社，1994：119.

在党的十一届六中全会上通过①。这个决议是党史上具有深远意义和重大影响的重要文件。其为高校思想政治教育工作的开展奠定了理论基础。同年，教育部召开了全国高校思想政治教育工作会议，强调要加强学校思想政治工作，做好青少年学生的思想工作。1985 年 8 月 1 日中共中央发出《中共中央关于改革学校思想品德和政治理论课程教学的通知》（简称"85 方案"），要求改革高校的马克思主义理论课程设置，逐步开设"中国革命史""中国社会主义建设""马克思主义原理""世界政治经济与国际关系"等课程，以适应时代发展需要。国家教育委员会分别于 1986 年 7 月 9 日和 9 月 1 日印发了《关于对高等学校学生深入进行形势政策教育的通知》《关于在高等学校开设"法律基础课"的通知》，将"形势与政策"课程与"法律基础"课程纳入了高校思想政治教育教学计划。1987 年 5 月 29 日，中共中央颁布了《关于改进和加强高等学校思想政治工作的决定》，提出要培养和造就一批思想政治教育的专家、教授和理论家，要求有关院校要认真办好思想政治教育专业、第二学士学位班，并创造条件培养这方面的博士研究生和硕士研究生。1987 年 9 月 20 日，国家教育委员会印发了《关于思想政治教育专业培养硕士研究生的实施意见》，同年，国务院学位委员会修订了硕士、博士研究生专业目录，在政治学一级学科中增设"思想政治教育"专业二级学科，1988 年正式开始招生，标志着"思想政治教育"同时作为一门科学、一个专业、一门学科得到了进一步发展。

（二）高校思想政治教育学科建设

第一，学科组织体系建设：在师资队伍上，在 1978 年《关于加强高等学校马列主义理论教育的意见》（简称意见）中指出，一部分转岗教师要尽快回归岗位，发挥作用；一部分教师需经各种途径提高教学水平，扩大教学影响。改革开放初期，为在短期内提升教师的教学功底，多是由教育部组织讲习班，再由各省组织分享交流会。在 1980 年 7 月教育部印发的《改进和加强高等学校马列主义课的试行办法的通知》中规定，对各省有潜力的青年教师分批组织脱产进修。"教育部针对一些已经有教学功底的教师在中国人民大学等高等学府开设的马列主义进修班进行专门培训。"② 在科研经费上，在 1978—1989 年思想政治教育学科经费列

---

① 《决议》起草工作从 1979 年 11 月开始，是在中央政治局、书记处领导下，由邓小平、胡耀邦主持进行的，1981 年 6 月 27 日中国共产党十一届六中全会通过《关于建国以来党的若干历史问题的决议》.

② 教育部社会科学司.普通高校思想政治理论课文献选编（1949-2008）[M].北京：中国人民大学出版社，2008：89.

入学校预算。在学科体制上，改革开放以来，思想政治理论课教学部门几经变化。在 1978 年《关于加强高等学校马列主义理论教育的意见》中指出叫马列主义教研室，后来在 1987 年《关于高等学校思想政治教育课程建设的意见》等文件中又称之为思想政治教育教研室。

第二，学科知识体系建设：在学科专业建设上，1984 年确定本学科名称为"思想政治工作学"，专业为"思想政治教育"。"思想政治教育"被列入本科专业目录是在 1987 年 12 月国家教委颁布的《普通高等学校社会科学本科专业目录》中确定的，其属于"马克思主义理论、思想政治教育类"。1987 年确定了思想政治教育硕士专业。1988 年，全国获得批准可以开始招收思想政治教育专业硕士生的有十所高校。在课程体系建设上，思想政治理论课的课程设置和学时安排经历了"85 方案"。在学科教材建设上，在 1979 年 5 月，由教育部制定了统一的教学大纲，供各地高校使用。之后在 11 月，教育部召开了高校马列主义理论课教材讨论会，探讨制定统一的教材。1980 年根据《改进和加强高等学校马列主义课的试行办法》，教育部要求学校根据统一的大纲，可以选用教育部推荐教材，也可根据大纲自编教材。这就是所谓的"一纲多本"。在学科目标上，1978—1984 年一直是以确立思想政治教育学科专业名称为目标，不断朝着思想政治教育科学化的方向发展，这就是改革开放以来思想政治教育学科的第一个目标规划。1984 年学科专业、名称正式确立。并在这期间，逐步建立了专、本、第二学位人才的培养模式。

（三）高校思想政治教育组织建设

第一，高校党组织建设：在思想建设上，党的十一届三中全会中确立了思想路线是"解放思想，实事求是"，也确立了以后要走改革开放的道路。在组织建设上，党的十二大党章中明确规定："党要做好党组织的宣传教育工作，发挥全体党员在一切工作和社会生活中的先锋模范作用。"[1]加强党员思想政治工作制度是基层党组织的重要任务之一。在作风建设上，邓小平指出："讲风气，无非是党风、学风、民风、军风。"[2]党风、学风、教风都会对高校基层党组织的建设产生影响。在改革开放以后，要求突出学风建设改变高校的风气，也要求要加强教风建设提高教师的素养。

第二，高校团组织建设：在思想建设上，为了加强学生的思想教育，抵制资

---

① 十二大以来重要文献选编（上）[M].北京：中央文献出版社，2011：57.

② 邓小平文选（第 2 卷）[M].北京：人民出版社，1994：54.

产阶级自由思想的腐蚀，在1980年9月10日共青团中央、教育部发布的《关于中学共青团工作几个具体问题的规定》①中提出要抵制西方"自由""民主"等思想。在组织建设上，团委各项组织建设在不断被提出，但是相对来说没有一套完整的运行模式和工作机制。

三、调整发展时期高校思想政治教育制度化的建设（1989—2004）

（一）高校思想政治教育体制机制的开展

1990年7月17日中共中央发布的《中共中央关于加强高等学校党的建设的通知》中，明确了高校领导体制。党委领导下的校长负责制的明确，强化了高校思想政治教育体制的开展。1993年2月13日中共中央、国务院印发了《中国教育改革和发展纲要》，明确提出要把教育摆在优先发展的战略地位，努力提高全民族的思想道德素质和科学文化水平。进一步指出培养有理想、有道德、有文化、有纪律的社会主义新人，是学校德育即思想政治和品德教育的根本任务。要把坚定正确的政治方向摆在首位，用马列主义、毛泽东思想和建设有中国特色的社会主义理论教育学生。1994年中共中央印发了《关于进一步加强和改进学校德育工作的若干意见》，提出"德育工作管理体制"，要求在党委（总支、支部）的统一部署下，学校都要建立和完善校长及行政系统为主实施的德育管理体制。2004年10月14日初中共中央、国务院发布的《关于进一步加强和改进大学生思想政治教育的意见》使高校思想政治教育机制的建设更加完善。在高校思想政治教育的领导机制上，要求党委统一领导、党政群齐抓共管、有关部门各负其责、全社会大力支持的领导体制和工作机制，形成全党全社会共同关心支持大学生思想政治教育的强大合力；在高校思想政治教育的工作机制上，要求各高校要建立和完善党委统一领导、党政齐抓共管、专兼职队伍相结合、全校紧密配合、学生自我教育的领导体制和工作机制。

（二）高校思想政治教育学科建设

第一，学科组织体系建设：在师资队伍上，历经新中老教师交替更换时期，在党的领导下为顺应社会发展的趋势来提升师资队伍的整体素养，是当时思想政治教育工作的重要任务之一。

---

① 1980年9月10日共青团中央教育部发出．

第二，学科知识体系建设：在学科专业上，1993 年将师范类政治教育专业和非师范类思想政治教育专业合二为一，统称为思想政治教育专业，但仍保留两个培养方向，也会授予不同的学士学位。这是思想政治教育本科专业的第二次重大调整。1998 年又经历了第三次重大调整，是指在教育部公布的《高等学校本科专业目录（1998 年）》中，仍将思想政治教育专业分为师范类和非师范类，师范类和非师范类有不同的培养目标，会授予不同的学士学位。1990 年相关学校被赋予硕士学位的授予权。武汉大学和清华大学在 1996 年授予了"马克思主义理论与思想政治教育"博士点。1997 年首批正式思想政治教育专业的博士生开始招收。在学科课程上，在此期间思想政治理论课的课程设置和学时安排经历了"98 方案"。

（三）高校思想政治教育组织建设

第一，高校党组织建设：在思想建设上，高校基层党组织需要在正确思想的指导下，才能为中国特色社会主义高校思想政治教育工作培养高素质的人才队伍。正确的思想包括邓小平理论、"三讲"教育、"三个代表"重要思想等，其与高校基层党组织的有效运行息息相关，也与高校思想政治教育工作的稳步有效进行息息相关。在组织建设上，党的十三届四中全会以来，党中央确定执行"党委领导下的校长负责制"，并要长期坚持下去。1995 年第五次全国高校党建工作会议中指出针对领导干部的工作作风，要加强廉政教育。在 2002 年 7 月 12 日中央共青团发布的《进一步加强和改进团校建设的意见》中明确思想建设的指导思想，以改革求活力，以创新求发展。在组织建设上，1991 年以"抓基层、抓实事、抓落实"的工作方针，指导团组织完善考核评优制度。在职能建设上，在 1991 年，通过教育活动来完善"三会两制一课"制度。

四、新时期高校思想政治教育制度化不断发展（2004—2012）

（一）高校思想政治教育体制机制的进一步发展

2005 年中共中央宣传部、教育部发布的《关于进一步加强和改进高等学校思想政治理论课的意见》即"05 方案"，针对理论课进行改革，形成了相对完整的思想政治教育理论课程体系。

（二）高校思想政治教育学科建设

第一，学科组织体系建设：在师资队伍上，从 2005 年开始，社会对思政课教师队伍的要求越来越高，思政课教师可谓是"一岗双能""一身二任"。在学科体制上，2010 年 11 月 17 日教育部发布的《关于进一步加强和改进研究生思想政治教育的若干意见》中明确指出要成立马克思主义学院，设置规模不同的党委研究生工作部或者研究生培养部门以及马克思理论学科直属于校领导的思想政治理论课教研机构。在 2005 年 2 月 7 日中共中央发布的《关于进一步加强和改进高等学校思想政治理论课的意见》中提出在实行校长负责制度的前提下，分化出副书记和副校长共同负责思想政治教育工作。

第二，学科知识体系建设：在学科专业建设上，2012 年思想政治教育本科专业经历了第四次重大调整，在《高等学校专业目录（2012 年）》中提出将"思想政治教育"专业归入"马克思主义理论类"，并且之后不再区分师范类和非师范类，这一归类标准一直沿用至今。随着中央文件和相关政策的出台，思想政治教育正式成为一门科学、一门学科、一门专业。在学科课程建设上，思想政治理论课的课程设置和学时安排经历了"05 方案"。"05 方案"是指中宣部、教育部颁发的《关于进一步加强和改进高等学校思想政治理论课的意见》。"05"方案在"98"方案的基础上，进一步充实了教学内容，压缩了课程门数，并对教材进行规划管理，教学大纲和教材编写由中宣部统一纳入马克思主义理论研究和建设工程。在课程设置方面明确规定，本科院校开设"马克思主义基本原理""毛泽东思想、邓小平理论和'三个代表'重要思想概论""中国近现代史纲要""思想道德修养与法律基础"等 4 门必修课，同时开设"形势与政策"课。"05"方案将"当代世界经济与政治"调整为选修课。2005 年 3 月 9 日，中宣部、教育部联合下发了《〈中共中央宣传部、教育部关于进一步加强和改进高等学校思想政治理论课的意见〉实施方案》明确规定了每门课的学分和基本内容。

第三，学科规划活动建设：在学科方向上，本科专业仍旧是"单轨双向"阶段。2011 年 64 个思想政治教育专业博士点的方向达到 207 个。

（三）高校思想政治教育组织建设

第一，高校党组织建设：在思想建设上，党的思想理论体系不断丰富和发展。在作风建设上，2007 年强调要加强反腐倡廉的作风建设。2009 年再一次强调廉政的党风建设，以优良党风促进校风、学风建设。2010 年强调要以优良党风正校风、促教风、带学风。

第二，高校团组织建设：在思想建设上，要始终做到与时俱进，保持党性、群众性，坚持正确的方向，才能永葆活力，不断创新。在组织建设上，在 2005 年教育部、共青团中央印发的《关于进一步加强和改进高等学校共青团建设的意见》中指出高校团组织建设要以活跃基层组织建设为重点，以多种形式、多种模式的校园文化活动为载体，来进一步强化组织建设。2005 年《关于进一步加强和改进高等学校共青团建设的意见》中指出可以通过"三下乡""红色旅途""挑战杯"等活动来加强校园文化建设，激发学生的共鸣。在发挥服务职能方面主要是学校针对有困难学生提供服务平台，针对经济困难学生提供经济补助，还有针对出现心理问题的学生启动"心理阳光工程"。

五、党的十八大以来高校思想政治教育制度化不断完善（2012—2017）

（一）高校思想政治教育体制机制的完善

在党的十八大报告中，将全面提高公民道德素质，作为社会主义道德建设的基本任务。同时要求坚持依法治国和以德治国相结合，加强社会公德、职业道德、家庭美德、个人品德教育，弘扬中华传统美德，弘扬时代新风。高校思想政治教育工作要坚持法治和德治相结合，注重青年学生的道德素质培养。2015 年为切实加强高校宣传思想工作队伍建设，中共中央办公厅、国务院办公厅发布《关于进一步加强和改进新形势下高校宣传思想工作的意见》，为推动高校宣传思想工作质量提升和创新发展提供坚强有力的组织保证。2017 年 2 月 27 日，中共中央、国务院印发的《关于加强和改进新形势下高校思想政治工作的意见》指出要加强互联网思想政治工作载体建设，完善科教融合、校企联合等协同育人模式，健全高校思想政治工作评价体系，推动高校思想政治工作制度化。

（二）高校思想政治教育学科建设

第一，学科组织体系建设：在师资队伍上，2017 年中共中央、国务院印发的《关于加强和改进新形势下高校思想政治工作的意见》中指出，要建立一支专职为主、专兼结合、数量充足、素质优良的工作力量。中共教育部党组印发了《普通高等学校辅导员培训规划（2013—2017 年）》，让各大高校结合实际情况贯彻执行。截至 2015 年，招收的在职博士研究生已经达到 1328 人。在学科体制上，始终坚持党委领导下的校长负责制，更便于思想政治教育工作的开展。2017 年中共中央、国务院印发的《关于加强和改进新形势下高校思想政治工作的意见》中进一步强调要坚持和完善普通高校党委领导下的校长负责制。

第二，学科知识体系建设：在学科专业建设上，2015 年思想政治教育专业一级学科博士点 41 个、二级学科博士点 78 个。在学科课程建设上，2010 年中宣部、教育部在《关于高等学校研究生思想政治理论课程设置调整的意见》中规定，将开设一门必修课中国特色社会主义理论与实践研究、两门选修课包括自然辩证法概论、马克思主义与社会科学方法论。在学科教材建设上，随着时代的发展，思想政治理论课也需要改革创新，这是在 2015 年《普通高校思想政治理论课建设体系创新计划》中指出的。

第三，学科规划活动建设：2015 年中央全面深化改革领导小组出台了《统筹推进世界一流大学和一流学科建设总体方案》，通过实施"211 工程""985 工程"以及"优势学科创新平台"等项目，一批重点高校和重点学科建设取得重大进展，有些高校和学科已进入世界一流行列。2016 年全国教育工作会议上强调在高等教育上要一手抓"双一流"一手抓转型。思想政治教育学科在一些高校中已经获批为重点学科，其可以根据国家的发展战略和重大需求，择优并重点建设思想政治教育专业人才。

（三）高校思想政治教育组织建设

第一，高校党组织建设：在思想建设上，党的十八大以来，习近平总书记发表一系列讲话，强调高校是武装青少年思想的重要阵地。从第二十次党建会议开始，到第二十三次全国高校党建会议主要贯彻的是十八大会议精神和习近平系列讲话精神。在组织建设上，党的十八大以来，高校始终实行"党委领导下的校长负责制"，同时在党中央的领导下，体制不断完善、内容不断丰富。在作风建设上，党的十八大以来，在习近平总书记的统筹领导下，党员作风建设的力度不断加大，影响不断扩大，党风更务实，校风、学风更纯粹，工作作风更廉洁。

第二，高校团组织建设：在思想建设上，2016 年 8 月中共中央办公厅印发了《共青团中央改革方案》，要求始终坚持落实习总书记关于青少年和共青团工作的重要指示精神，始终坚持党的领导，构建"凝聚青年、服务大局、当好桥梁、从严治团"的工作格局。2017 年共青团中央、中央教育部印发了《关于加强和改进新形势下高校共青团思想政治工作的意见》，要求贯彻落实习近平总书记治国理政新理念新思想新战略。在组织建设上，2017 年相关文件中指出要强化"一心双环"的组织格局，其中"一心"是指以校团委为核心，"双环"是指学生会组织和学生社团。

六、新时代高校思想政治教育制度化不断成熟（2017 至今）

（一）高校思想政治教育机制的成熟

2016 年 12 月全国高校思想政治教育工作会议的召开，为高校思想政治工作指明了方向，对于培养什么样的人、如何培养人及为谁培养人这几个根本问题作出解答，要坚持把立德树人作为中心环节，把思想政治工作贯穿教育教学全过程，开创我国高等教育事业发展新局面。与此同时 2017 年被确定为"思政课教学质量年"。2018 年 4 月 12 日教育部印发《新时代高校政治理论课教学工作基本要求》，提出了新时代加强和改进思想政治理论课的具体原则、要求、方法。要求高等院校要按照师生比不低于 1：350 的比例设置专职思想政治理论课教师岗位。大力提倡中班（100 人以下）教学、小班研讨的教学模式，逐步消除大班上课现象。截至 2019 年 1 月教育部已经公布第二批"三全育人"综合改革试点单位名单。

（二）高校思想政治教育学科建设

第一，学科组织体系建设：在师资队伍上，自 2018 年开始实施《高校思想政治理论课育人队伍后备人才培养专项支持计划》起，计划增招博士生 500 人、硕士生 990 人。2019 年 4 月教育部印发了《普通高等学校思想政治理论课教师队伍培养规划（2019—2023 年）》，对思政课队伍建设目标进一步明确，使其具有操作性和针对性。在学科体制上始终坚持党委领导下的校长负责制。与思想政治教育相关的学科组织机构主要包括中宣部、教育部、全国性学术团体、高校内部相关组织机构等，均由省教育厅、省委宣传部等负责。随着党对学科组织机构的重视，思想政治教育制度化的发展将会有更稳定、更权威、更有效的管理机制。

第二，在学科课程建设上，2019 年 3 月 18 日习近平总书记在学校思想政治理论课教师座谈会上发表重要讲话，强调思想政治理论课是落实立德树人根本任务的关键课程，办好思想政治理论课意义重大，关键在教师，要加强党对思想政治理论课建设的领导，并对思想政治理论课教师和办好思想政治理论课，分别提出了"六要""八统一"的新要求。2019 年 8 月中共中央办公厅、国务院办公厅印发了《关于深化新时代学校思想政治理论课改革创新的若干意见》，指出全国重点马克思主义学院要率先全面开设"习近平新时代中国特色社会主义思想概论"

课，构建思政课"必修课＋选修课"的课程体系。在学科教材建设上，在2019年《习近平新时代中国特色社会主义思想进课程教材指导纲要》中指出，要完善教材审查机制，推进中小学道德与法治（思想政治）教材、高校思想政治理论课教材一体化建设。

第三，学科规划活动建设：在学科方向设置上，2019年有223所高校招收马克思主义理论与思想政治教育专业的硕士。在学科目标上，继续深化发展思想政治教育学科第三个目标规划，继本硕博、校省国层次完善之后，逐步扩大每层的重点学科，发展高校特色专业。截至2018年国家级的博士点思想政治教育重点学科有68个。

（三）高校思想政治教育组织建设

第一，高校党组织建设：在思想建设上，在高校党建工作会议中，强调要贯彻十九大会议精神，学习习近平新时代中国特色社会主义思想，坚持"立德树人"为核心的理想信念教育。2020年中共教育部党组印发《教育系统关于学习宣传贯彻落实〈新时代爱国主义教育实施纲要〉的工作方案》，要求建立爱国主义教育工作体系，弘扬爱国主义精神，引导青年学生行动起来，形成教学做一体化的体系。在组织建设上，2018年教育部党组出台《中共教育部党组关于高校教师党支部书记"双带头人"培育工程的实施意见》。2018年教育部办公厅开展高校"百个研究生样板党支部"和"百名研究生党员标兵"的创建工作，以此辐射带动全国高校研究生的党建工作。这一工作在2019年1月得到落实。

第二，高校团组织建设：在思想建设上，高校基层团组织为培养优秀的社会主义事业接班人发挥很大作用。在组织建设上，高校共青团组织体系是包括三级，第一级是校团委，是一所学校中的最高等级的团委组织；第二级是院（系）分团委，一所学校中有多个院（系）分团委；第三级是班级团支部，一个院（系）可能有多个团支部。在职能建设上，随着改革开放的不断深入发展，高校团的职能建设进一步加强和改进。

第三节　大学生思想政治教育的时效性及价值

一、大学生思想政治教育的时效性

（一）大学生思想政治教育的时效性的含义

在大学生的整个成长经历中，不能缺少良好的思想道德素质的提升。大学生思想政治教育在新时期面临着新任务与新形势，提升大学生思想政治教育的实效性，有利于更好地了解大学生思想政治教育工作的走向，有利于将大学生思想政治教育工作推向蓬勃发展的运行轨道中。

要了解大学生思想政治教育实效性的含义，首先必须搞清楚实效其实就是指最终达到的实际效果与设定的既定目标的符合程度。"实效性"则是指特定的实践活动最终达到的预期效果是否与预估目标符合。一个实践活动如果最终完成的结果能够与之前的预估目标基本符合，则说明这个实践活动是具有时效性的。反之，若是最终完成结果远远没有达到当初的既定目标，则说明这个实践活动并不具有较强的实效性。思想政治教育实效性现在依然还是一个正在发展中的动态概念，它的内涵随着时代发展也在产生渐变，即以一定的历史条件为基础，在一定的时期内，大学生思想政治教育活动对预估目标的实现程度。因大学生群体具有特殊性，所以大学生思想政治教育实效性是指，应遵从思想政治教育规律、大学生群体的年龄特点及其在此年龄阶段中思想观念和道德质量形成的规律，使得思想政治教育内容贯穿在思想政治教育全过程当中，从而促进大学生健全人格的养成、认知水平的提升及思想价值观念的成熟。

综上所述，可将"大学生思想政治教育实效性"初步概括为：通过叠加多元化教育载体、丰富教育内容、创新教育方式等，在对大学生群体进行思想政治教育教学活动后，大学生在品德素养方面的能力提升达到的实际教育效果与既定目标之间相符合的程度。

（二）大学生思想政治教育实效性的评估

恩格斯认为："在社会历史领域内进行活动的，是具有意识的、经过思虑或凭激情行动的、追求某种目的的人；任何事情的发生都不是没有自觉的意图，没有预期的目的。"①思想政治教育是一种朝着一定预期目的开展的社会实践活动，那么这种实践活动最终完成的质量与效果也同样会遭受到诸多因素的干扰。那么要考察大学生思想政治教育实效性到底发挥的情况如何，就不能仅仅看最终教育实践结果的好坏，还要综合探析整个教育活动的全过程中的各个环节与阶段，这样才能总结教训，积累经验。

1. 针对教育要素的评估

张耀灿教授在《思想政治教育学原理》一书中对大学生思想政治教育要素作了具体的分析："思想政治教育包括教育主体、教育客体、教育介体、教育环体四要素，各构成要素之间相互联系、相互影响、相互制约。"②在上述的"四要素说"中，占据基础地位的两个要素则分别是教育主体和教育客体，因此想要分析大学生思想政治教育的实效性，前提就是必须考察清楚教育主体与教育客体的相关情况。教育介体也在很大程度上影响着大学生思想政治教育的实效性发挥，比如教育方法的选取是否恰当，教育内容的准备是否足够丰富等。除此之外，因为教育环境具有一定的宽泛性与复杂性，所以大学生思想政治教育活动的能否顺利运作是受教育实践活动所处教育环境的优劣影响的。可见教育环体也是影响大学生思想政治教育的重要因素之一。

2. 针对教育过程的评估

大学生思想政治教育过程必须具备所有思想政治教育要素的协调运行，有教育者、受教育者正常参与，具备多元化教育方式以及与时俱进的教育内容，思想政治教育活动才能正常地开展。因此不能将过程的评估与要素的评估割裂为两部分。思想政治教育过程的实质是教育者通过对教育对象施加教育影响，从而把一定的符合社会要求的思想观念、价值观点、道德规范转化为大学生个体的思想品德的过程。在这个过程当中，包含两个较为重要的环节，即内化与外化。教育主体根据思想政治教育的根本任务，结合大学生的个性化要求，在较为和谐的教育环境里，借助合适的教育方式，将主流价值观念融入大学生自身的认知体系中的过程叫作内化；而外化则是指大学生个体将接收到的思想品德意识体现在自己的行为表现与行动习惯的过程。因此我们将大学生思想政治教育过程的整体评估重点放在大学生思想道德意识内化与外化的程度上。

① 恩格斯.路德维希·费尔巴哈和德国古典哲学的终结 [M].中共中央马克思、列宁、恩格斯、斯大林著作编译局，译.北京：人民出版社，1997：39.
② 张耀灿，陈万柏.思想政治教育学原理 [M].北京：高等教育出版社，2015：4.

3. 对大学生思想政治教育结果的评估

思想政治教育活动开展以后大学生对思想观念、政治观点、道德规范等的认可度与践行度就是思想政治教育的结果。这个结果受诸多因素的影响，所以在评估大学生思想政治教育实效性时，更应该注重分析影响这一结果形成的具体因素。通过对思想政治教育要素、过程、结果的评估可以看出，三者之间是相互联系、相互影响、有机统一的，教育实效性得以提升的重要基础与前提是教育要素、教育过程具有实效性。所以要将教育结果作为工作的出发点与切入点，进行具体的实效性评估，进而考察它的影响因素及全部过程。

二、大学生思想政治教育的价值

当前，我国高等教育改革步入新的阶段，加快建设具有中国特色的思想政治教育体系，关系到高校"教书"与"育人"两大核心工作的推进。以发展效能的角度来看，新时代思政教育正不断蕴含新的时代价值，其价值要素的多元化体现，正是其发展的重要结果。因此，思想政治教育的价值构建，主要表现为开展思政教育是强化学生主流意识形态的内在需求，是实现青年学生全面成长成才、提高青年学生文化认同感的重要保障。

（一）思想政治教育是构筑学生主流意识形态的内在需求

在新的社会及教育环境中，大学生主流意识形态教育的缺失，不利于对学生爱国主义精神的培养。高校应坚持以思想政治教育为载体，全面推进对学生主流意识形态的教育，可以从"爱国主义精神＋社会主义核心价值观"的融合与实践中构筑新的主流意识形态教育架构，帮助学生树立正确的世界观、人生观和价值观，汲取中华民族的优秀传统文化。因此，高校在对学生主流意识形态的教育中，须以思想政治教育为抓手，以文化精神食粮的供给为保障，让学生在成长成才的过程中接受意识形态教育。这契合了思想政治教育的本质要求，更是思想政治教育时代价值的重要体现。因此，无论时代如何发展，高校在思想政治教育中要始终植根于爱国主义等优秀思想品质的培养，以思想政治教育强化学生的主流意识形态教育。

（二）思想政治教育是实现青年学生全面发展的重要保障

全面发展是新时代高校人才培养的重要目标，也是思想政治教育的重要内容。高校以思想政治教育为依托，通过思政教学实现对学生思想政治理论知识的系统性教授,通过思想政治课外实践、职业规划指导提高学生的综合实践能力,让学生在全面发展的维度空间更好地提高自身的专业学习能力。当前,"00后"大学生群体对中华优秀传统文化的认同感不足。在实现青年学生全面发展的过程中,要在专业能力培养的基础之上,加强对学生的文化认同教育,提高学生对中华优秀传统文化的认同感。

第三章　中国优秀传统文化融入高校思政教育的基本问题

中华优秀传统文化以其独有的中国特色在当代大学生的思想道德建设和综合素质的培育方面起到不可替代的作用，本章就中国优秀传统文化融入高校思政教育介绍了一些基本问题，分别是中国优秀传统文化融入高校思政教育的理论基础、中国优秀传统文化融入高校思政教育的必要性和可行性、中国优秀传统文化融入高校思政教育的历史考察和中国优秀传统文化融入高校思政教育的时代诉求。

第一节　中国优秀传统文化融入高校思政教育的理论基础

一、中华优秀传统文化融入思想政治教育的三重维度

（一）思想观念维度

中华优秀传统文化中爱国精神和家国情怀的思想观念与思想政治教育工作中的爱国主义教育高度契合，因此，从思想观念维度实现有机融入很有必要。中华传统文化在很早就有关于"爱国"的记载，比如《战国策·西周策》中的"周君岂能无爱国哉"、范仲淹的"先天下之忧而忧，后天下之乐而乐"等，能够看出，传统文化中的爱国主义精神的孕育离不开浓厚的家国情怀，这种"修身、齐家、治国、平天下"的使命诉求倘若能够与大学生思想政治教育有机融合，则有利于引发广大大学生的爱国情感共鸣，培育广大大学生的民族自豪感，促使大学生为更好地建设社会主义现代化国家贡献青春力量。在 2020 年的新冠疫情中很多"90后"冲锋在前，用本领和担当生动诠释了"天下兴亡，匹夫有责"的责任担当，也能从侧面看出，爱国主义教育和家国情怀的培养是思想政治教育工作的永恒课题，中华优秀传统文化与思想政治教育在思想观念维度的深度融合，是拓宽思想

政治教育深度和散射优秀传统文化魅力的必然选择。

（二）人文精神维度

"人文"一词最早起源于《周易》中的"文明以止，人文也"。中华传统文化中的"人文"被理解为诗书礼乐、圣人所制定的礼制法度，也泛指人类社会在长时间所形成的生存环境、文化典籍、伦理道德。传统文化中格外注重"人本位"思想，将人的伦理精神视为和动物的根本区别，认为人可以通过自身的主观性和创造性认识和改造规律。有学者认为人文精神是中华优秀传统文化中的重要组成部分，它指引着人们的未来发展方向、激励着人们的道德养成、强化着人们的责任担当。由此能够看出，人文精神对思想政治教育工作具有深厚的价值意蕴。一方面，以人为本的理念对当今思想政治教育产生了深刻影响，体现在习近平提出的"主导性和主体性相统一"[①]的观点中，启示我们开展思政课要立足于人文关怀的视角，坚持以学生为本的理念，选好思政的"食材"和"配方"，增强思想政治教育的亲和力。另一方面，和合思想的理念恰当诠释了新时代背景下人与自然之间的关系，体现在人类命运共同体层面。2021年4月日本排放核废水的事件引起全球关注，这一做法恰恰与中华传统文化中的"天人合一"思想相违背，海洋是全球各国人民的共同财产，传统文化中的"和合"理念启示我们要维护每一个人的切身利益，与自然和谐相处。

（三）道德规范维度

道德规范内容是中华传统文化的价值内核和亮丽底色，在《大学》中的首页便有"大学之道，在明明德"的表述，说明道德教育的旨归在于发扬美好光明的品格。在很长一段时间里，古人将"四书"作为道德教育的参考内容，使道德教育更为系统和规范。当下思想政治教育工作中无论是社会公德和家庭美德，还是职业道德和个人品德，都能在传统文化中有所溯源。中华传统文化与思想政治教育在道德规范维度上的耦合，并不意味着传统文化的成果可以直接运用到现实社会当中。比如，封建社会推崇的"跪拜礼""三从四德"，并不符合现代社会的发展规律。因此，为了更好地以中华优秀传统文化滋养思想政治教育，就需要我们对传统文化进行创造性转化，摒弃封建社会道德层面的糟粕思想，深入挖掘其价值底蕴和现实意义，根据现实社会的实际需要对内容进行重组、更新和完善，为

---

① 习近平主持召开学校思想政治理论课教师座谈会强调用新时代中国特色社会主义思想铸魂育人，贯彻党的教育方针落实立德树人根本任务 [N]. 人民日报，2019-03-19（01）.

中华优秀传统文化融入思想政治教育搭建总体框架，为二者在道德规范上的延伸提供理论支撑。

二、中华优秀传统文化蕴含着丰富的思想政治教育资源

中华优秀传统文化传承千年，它的基本精神在互相作用、整合以及澄沙汰砾中构成，放置今日仍具强劲的生命力，拥有不可取代的教育价值，并与目前大学生的培养目标相一致。

（一）"天下兴亡，匹夫有责"的家国情怀

中华民族之所以能够始终屹立于世界之林，是原因我们已形成最为真挚的家国情怀，它是"爱亲""爱家""爱家园"的外延。每名中华儿女都有对祖国强烈的热爱，它作为亘古流传、积淀至深的厚重情谊，早已形成了捍卫民族尊严与维护国家利益的高尚品格。我国的优秀传统文化特别强调爱国主义思想。忧国忧民源于对国家、集体、人民的无上热爱，是一种把自身命运同祖国和人民的命运紧密相连的宝贵意识。儒家的核心思想就是以天下兴亡为己任，倡导统一的理想社会。中国历史上的志士仁人心系民族命运，是中华民族的精神脊梁，再转换为思想政治教育资源，将会激励受教育者们积极投身民族事业、国家昌盛的建设。南宋诗人陆游的"遗民泪尽胡尘里，南望王师又一年，充分体现爱国气节；我们的总理周恩来立志为中华之崛起而读书，由此来促进祖国的发展、壮大。正是由于中华民族涌现出这么多的仁人志士，这些人的爱国之心，使得我们的国家不断发展壮大，中华文化历久弥新。我们应善于挖掘优秀传统文化资源，丰沛爱国教育内容并开展爱国主题的教育活动，增强大学生自觉担负起建设社会主义文化强国的历史使命意识。

（二）"诚实守信，崇尚正义"的道德取向

中华传统文化包含中华民族悠久的伦理道德、价值标准、思维观念，其中诚信观念也是传统文化所着重强调的。追求诚信乃是人的立身之本，将其融入学生的思想政治教育活动中，有利于大学生自我人格的完善，更有利于社会的发展繁荣。

诚信，即诚实守信，它是我国传统文化的精华。诚则意味着诚实，旨在体现人自身的道德素养；信则意味着信用，其实则为诚的衍生之物。换句话说就是内诚于心，外信于人，以真诚之心行信义之事。儒家学派创始人孔子就非常注重诚

信等各种优秀道德品质的养成，认为"民无信而不立"①"内不欺己，外不欺人""人而无信，不知其可也"②。孟子在《孟子·离娄上》中也说道："诚者，天之道也；思诚者，人之道也""反身而诚，乐莫大焉？"《左传》言："信，国之宝也，民之所庇也。"这意味着人的立身之本即为诚信，这是为人处世过程中，理应秉持的首要准则。

而正义作为中华民族重要的价值观，是评价一个人基本修养和道德准则的重要遵循。古代还倡导义为上，做事要讲求道义。在利益面前要先"义"后"利"，这种观念在当代虽有争论，但我们不可否认它带给我们的集体主义价值。正义观对当代大学生了解中华优秀传统文化的精髓，提升自身的人生境界与修养大有裨益。在融入中以诚信、正义教育学生实事求是勇做"真君子"，在顺境中不违背社会正义，在逆境中仍守牢社会公平正义。通过"立木为信"等典故来开展诚信主题教育，通过"包拯大义灭亲"的正义故事作为警示，提醒人们正义的可贵，要勇于珍惜并守护当代社会公平正义。

（三）"刚健有为，自强不息"的坚强意志

中华优秀传统文化历经五千年沧桑，传承至今就是因为中华民族具有自强不息的进取精神。这种精神可以用《周易》中的"自强不息"来阐述。"自强不息"是发扬个体自觉性坚持前进的精神；中华优秀传统文化倡导"刚健观"，引导人们秉持奋发向上的人生态度。孔子的"发愤忘食，乐以忘忧，不知老之将至"③就是这种思想的表现。《易传》关于"刚健有为，自强不息"的思想深入人心，为社会广为接受同时已成为开拓创新、追求的精神品质。《礼记·大学》讲到"苟日新，日日新，又日新"，就是其追求创新的表现。法家则在社会改革方面提出诸多影响深远的理念。如今我们看，这是一种乐观向上的人生态度，是对人之意义的深入探索。人格品质上表现出，爱人爱己、不卑不亢，不消极避世、迎难而上；理想抱负上表现出，勇于开拓，执着追求。

而这样的人生追求和人生态度是当代大学生树立积极向上、不懈奋斗人生观的精神来源，对人生的挫折教育方面也产生积极作用。在国力强盛、经济腾飞、市场经济竞争十分激烈的今日，新时代大学生需要更加坚定的意志力和进取心，为社会主义建设发挥最大的作用。所以，重视优良传统文化的渗透与传播，发挥

---

① 孔子.论语[M].北京：中国文联出版社，2016.10.
② 孔子.论语[M].北京：中国文联出版社，2016.10.
③ 孔子.论语[M].北京：中国文联出版社，2016.10.

优秀传统文化的融通性，树立大学生的科学价值观念和优秀道德品质，这对于大学生思想政治教育具有积极有效的正向作用。

（四）"仁者爱人，厚德载物"的包容胸怀

"仁者爱人"为儒家所尊崇。"仁"是儒家思想的中心，"仁爱"展现的广博之爱，强调了人际相处的规范，要尊重彼此，从对方的角度进行考虑。孔子曾讲上达皇室贵族，下至平民百姓，理应宽以待人、相互理解、互帮互助、关心他人、爱护弱小。尊重别人，成人之美，才能实现良好的人际交往，有利于个体之间与社会之间的和谐共融。孟子又充实了"仁"的内在，提出以恻隐、羞恶、辞让、是非性善论为内容的四端论。倡导人们不仅要爱自家老人和孩子，还应推及他人，也要关心爱护别人家的老人和孩子。人们要拥有宽广无私的胸怀，包容和善待他人。

厚德载物出自《周易》："天行健，君子以自强不息；地势坤，君子以厚德载物。"提出君子之德行要如厚重的大地那样能够承载万物。拥有高尚品德操守的人，能够宽恕他人的过错、宽厚待人，具有更加坚毅刚强的品德，精力也更加充沛，具有更大的能量。大地的恢宏气势，映衬着君子敦厚持重、宽广的胸襟。如果在日常生活学习中，大学生能够重视德行合一，秉承良好的道德修养与宽广的胸襟，就会培育出宽容和善的思想理念。

（五）"天人合一，和而不同"的和谐观念

我国传统文化的基本价值观念，其中的精髓就是"和谐"。和谐社会的建立与绿水青山的构建，都不能缺失"和谐"的理念。人与自然、人与人的和谐都包含于这一理念之中。首先，在人与自然的关系上，我国优秀传统文化提倡的是"天人合一"。天人合一的实质就是人与自然的和谐共处，反对征服自然。道家把天当作绝对权威，主张人的一切行为活动都该符合"天道"，认为和谐思想的最高精神境界是化人于自然之中，顺应自然道，融身于宇宙之间。这份注重人与自然和谐相处重要意义的和谐理念，可以用来对大学生进行和谐发展思想观念的灌输，加强大学生的生态道德教育，敬畏自然并与大自然和谐共处。其次，是人际交往中的关系。我国秉持和睦相处、不随意迎合的人际和谐观念，追求人际关系的最理想状态，体现出对人际关系价值取向的最高要求。古代先贤把人际和谐看作顺利完成事物的基础，运用这种理念，能够指导大学生人际关系的和谐培育，可引导其树立和谐人际观，突破以个人为中心的瓶颈，尤其是当代大学生自我意识较

强造成的沟通难题。简而言之，和谐观念教育的开展，将有助于大学生树立集体主义与和谐人际的观念，从而营造和谐的校园环境推动大学生的健康发展。

（六）"追求大同，天下为公"的社会理想

所谓"大同"取天下大同之意，代表着儒家提倡的最高社会理想。儒家认为大同社会就要天下为公、物尽其用、人尽其力。"不独亲其亲，不独子其子"，无处不均等，无处不和谐，成员极具社会意识与责任感。大同社会作为一幅令人憧憬的美好画卷展现了古人最高的社会政治理想，古往今来勉励人们执着追求，奋斗不止。"中国梦"的文化根基就来源于大同社会的理想，习近平总书记曾说："实现中华民族伟大复兴的中国梦，就是要实现国家富强、民族振兴、人民幸福。"①因此，将高校思想政治教育中融入"求大同"的中国优秀传统文化的观念，必将增进大学生对"中国梦"历史意蕴的认同。在开展大学生思想政治教育之时还应着重阐释大同社会不是毫无来由的、苍白空洞的社会理想，更不是无法实现的"空中楼阁"，可以借助大同社会的教育使大学生意识到大同社会的现实性与可行性，从而联想到自身为构建理想的大同社会、实现"中国梦"应尽的努力。

三、中华优秀传统文化融入思想政治教育的层次把握

（一）价值观相契合

中华优秀传统文化与思想政治教育在价值观层面是高度契合的。社会主义核心价值观由社会主义核心价值体系淬炼而成，是提升国家文化软实力的主流部分，因此，也是大学生思想政治教育工作的重中之重。社会主义核心价值观具有科学性、民族性、时代性和开放性，针对国家、社会、公民三个层面提出了更具体生动的要求，主要内容涵盖：富强、民主、文明、和谐；自由、平等、公正、法治；爱国、敬业、诚信、友善。其为高校开展思想政治教育工作提供了理论遵循和工作导向。中华优秀传统文化历经五千多年的风雨洗礼，凝结着华夏儿女的智慧结晶和中华大地的风貌特色，它包含着自强不息、厚德载物、崇德善仁、谦逊礼让等适应当下社会发展的价值内涵，是增强文化自觉、树立文化自信的理论源泉之一，更是滋养社会主义核心价值观的沃土。反之，以内容结构为出发点也能够发现中华优秀传统文化的本质核心就是价值观。二者在价值观层面可谓契合，但是

① 习近平. 顺应时代前进潮流促进世界和平发展——在莫斯科国际关系学院的演讲[N]. 人民日报，2013-03-24（02）.

也不能盲目认为中华传统文化中提及的一切思想观念都是契合于社会主义核心价值观的，因此，需要我们秉持着扬弃的态度科学转化和发展，赓续中华传统文化中的优秀文化基因和精神血脉。

（二）育人目标耦合

中华优秀传统文化与思想政治教育在育人目标和目标属性上是耦合相似的。育人目标层面，思想政治教育是通过物质、精神等载体向受教育者灌输正确的、主流的、适应社会发展的意识形态，从而提升人们的思想道德水平，引导人们树立坚定的、符合社会主义道路发展的理想信念，从而做出正确的行为，达到统治阶级的要求；中华传统文化是典型的伦理道德文化，孔子倡导以"仁"为核心，先义后利，道德原则第一性，倡导人们都应遵循社会规范和礼仪，注重人与人之间的和谐交往和人格平等，也凸显出传统文化中对人们伦理道德层面的高度要求。因此，二者在育人目标上具有高度一致性，都以思想道德素质的提升和内化作为落脚点。目标属性方面，思想政治教育的根本目标是促进人的全面发展和共产主义的实现，具有鲜明的政治性；而中华传统文化中重视个人、社会和国家的统一，《礼记·大学》中"修身、齐家、治国、平天下"的观点恰恰体现出中华传统文化的政治色彩。综上来说，中华优秀传统文化与思想政治教育无论是在育人目标层面还是目标属性层面，都具有高度一致性，旨在为国家培养政治素养高、道德修养强、综合素质优的社会主义人才。

（三）教育内容切合

中华优秀传统文化与思想政治教育在教育内容层面的契合体现在两方面。一方面是政治角度的切合，也就是传统文化中的"大同思想"与思想政治教育目标中共产主义理想实现的切合。《礼运·礼记》中"大道之行也，天下为公"为我们描绘了一个人人平等、幸福极乐的大同盛世，这种大同思想与思想政治教育中的马克思主义的共产主义理想极为切合，并且这种"大同"思想还为当下人类命运共同体理念的建设和发展奠定了逻辑起点和理论基础，升华了理想与现实的统一。另一方面是辩证法角度的切合，在思想政治教育实践中，我们能够发现思想政治教育的主体内容与中华优秀传统文化是息息相通的。比如，世界观教育中都坚持唯物主义的观点，政治观教育中以爱国主义为核心，这与传统文化中"天下兴亡、匹夫有责"的传承发扬是密不可分的，人生观教育重视理想信念的树立和艰苦奋斗精神的培养，对应了传统文化中的"明于庶物、察于人伦"① 和"自强不息"，法治观教育中都围绕当下国情，道德观教育中包括家庭美德、职业道德、社会公德、共产主义道德，那么"仁爱"一直是儒家文化的核心观点，我们今天经常提及的尊老爱幼、邻里互助都是儒家文化发展而来。因此，思想政治教育与中华优秀传统文化的主体内容是相切合的。

第二节　中国优秀传统文化融入高校思政教育的必要性和可行性

一、中华优秀传统文化融入高校思想政治教育的必要性

当今社会发展迅猛，不可避免地产生很多问题。比如，只重物质的丰盈而轻精神上的富足，人文精神常被忽视。如今的高校学生也饱受自由主义与历史虚无主义的侵扰，出现了不同程度的道德失范与人文素养缺失的问题。高校担负着为先进文化赓续的重要使命，肩负为学生"树三观"的重要任务，理应守住大学生道德修养的高地，在传承和弘扬好优秀传统文化的前提下，利用其独具特色的无可复制的精神文化资源为大学生的精神世界提供丰沛养料。

（一）思想政治教育应承担的中华优秀文化传承责任

思想政治教育活动本就担负着先进文化传承与创新的历史使命和责任。当代社会飞速发展，正处在关键时期，需要着力加强文化的传承与创新，推动社会精神文明建设。中华优秀传统文化传承了五千年，无疑可以为中华民族先进文化指明发展方向。思想政治教育一面将本民族的、科学的、先进的文化传播给教育者与受教育者，另一方面向全世界辐射了中华民族的优秀文化成果。为优秀民族文化与世界文化的双向互通搭建桥梁。我们知道，思想政治教育自产生就烙印上了中华民族与社会的标识，是精神文明建设系统中的重要构成。思想政治教育是背靠我国的社会历史文化发展而展开的，自然会受到社会发展的目的及要求、社会的文化条件情况、社会历史文化的环境因素等的制约与影响。优秀传统文化精华的传承情况、坚定文化自信的使命担当是否真正落到实处，同样对社会文化的发展产生着深刻影响。这就要求思想政治教育要以显著的思想性优势，发挥其在优

---

① 孟子. 孟子 [M]. 北京：中国文联出版社，2016.

秀传统文化的传播、解释、普及和主导的基本责任。继承和弘扬民族文化作为助推思想政治教育现代化的重要手段，成为大学生思想政治教育的重要职责。因此担负起中华优秀传统文化的传承任务势必会促成优秀传统文化的长足发展，为建设面向现代化、面向世界与未来的优秀文化提供不竭原动力。

1. 传承与弘扬中华优秀传统文化的必然要求

世界已进入互联互通的科技时代，信息传递之快、辐射之远将价值观念的输出变得轻而易举。同时每个人都拥有了制造者与传播者的双重身份，当代大学生，是网络中的"弄潮儿"，掌握着新鲜的资讯与计算机技能，在当下早已成为信息传播的主力。在网络发展当中催生的夺人眼球的新文化形式，为优秀传统文化罩上了无形的"灰色外衣"，使得优秀传统文化的传承面临危机，由此可能导致部分传统文化断流与消失。优秀传统文化艺术等具有民间特色的非遗成果如同濒危动物一样正以相当的速度消失，较多的传统民俗文化与技艺成为不可恢复的历史。而这些正抑制着我国弥足珍贵的精神财富和物质财富的发展。

华夏文明传承至今的优秀传统文化，独具鲜亮的民族底色并附有深刻的文化内涵，在此间形成的知识架构、价值和行为系统，是指引我们民族前进的民族历史文明。这应是我们每一代中华儿女为之傲然的民族遗产，是民族先进文化发扬光大的主要内容。运用我国优秀传统文化的传承价值与精神滥觞进行思想政治教育，必将会激起中华儿女对民族精神的认同使其自觉担负起民族优秀文化的承扬责任，为夯实社会主义先进文化根基擎起民族的精神支柱。从理论和实践上来讲都意义非凡，是传承和弘扬中华优秀传统文化所赋予的必然要求。

2. 抵御自由主义、历史虚无主义影响的要求

当代文化之藩篱已不复存在，我国优秀传统文化也备受西方文化的侵扰，自由主义以及历史虚无主义等资产阶级意识形态的蔓延已经严重威胁到中华优秀传统文化的生存和发展。大学生在对马克思主义理论的科学性及社会主义必然性和我党执政的合理性未能完全领会之时，就受到来自西方的不良思潮的"糖衣轰炸"，这对我国政权的稳固相当不利。而西方国家假借其经济与其他方面的优势对我国进行文化渗透与误读，试图阻断我国优秀传统文化的发展、折损中华优秀传统文化的生命力。大学生无意识地接受"有意的"文化渗透，并饶有兴致地向他人传播，这种无意识的思维辐射使得优秀传统文化在学生中间魅力递减甚至遭到鄙夷与无视，从而导致传承、创新的文化危机。历史虚无主义恶意丑化时代英雄却不断将反面人物进行粉饰，其目的就是要消解中华民族的光辉文明，摧毁大学生的社会主义信仰；"普世价值"作为自由主义的保护色通过媒介手段在大学生

中鼓吹夸大其词的思想言论，造成大学生对本民族优秀传统文化的误判误读。我国文化大环境具有很强的包容性与开放性，与其他各国的交流势必频繁。而西方不会停止对我国的文化输出与渗透，实行强力的思想占领攻略，所以要在高校中承扬中华优秀传统文化，并以此作为一种义务，使优秀传统文化教育深入人心，抵御外域消极思想与不良价值观的侵蚀，并为大学生思想道德教育提供丰富的资源和有益的借鉴。

（二）中华优秀传统文化缺位弱化了大学生的民族认同

党的十九大政治报告指出，如果缺少了高度的文化自信，就缺少了文化的发展和兴盛，也就不可能实现民族复兴。对文化的自觉与自信，首先就是对既有优秀传统文化的自觉与自信；对民族的认同，首先就得是对本民族文化的认同。但是在改革开放进程中，外来文化观念和价值理念，特别是普世价值观等非马克思主义的文化观念和价值理念不断涌入进来，一些不分是非、不论雅俗的文化病象不仅冲击社会主义先进文化，也冲击中华优秀传统文化。其典型表现就是青年学生对中华优秀传统文化的根本精神、现代价值秉持怀疑主义或是虚无主义的态度，致使他们对中华优秀传统文化的发展前途不自信，更不会自觉地去促成中华优秀传统文化的创造性改变，而且，他们逐渐地引领西方文化，做了普世价值观的应声虫。如此一来，对中华优秀传统文化往往是置若罔闻、熟视无睹，视而不见、充耳不闻，对中华优秀传统文化严重缺乏认同感，进而严重弱化民族认同感。"不屑置辩"一方面反映出了对中华优秀传统文化的蔑视，另一方面也是来自文化自卑。

（三）思想政治教育应承担的实现文化强国的时代责任

思想政治教育作为中国共产党执政独特的政治优势，在党的十七届六中全会中阐发了建设文化强国的战略部署。思想政治教育作为培育民族文化创造力的有力手段，是党的思想宣传工作红线，而中华优秀传统文化便是中华民族先进文化的重要一环。对于在思想政治教育中助力优秀传统文化的建设，为面向现代、世界、未来的文化繁荣兴盛搭建有机载体，既是思想政治教育的文化功用的体现，又是对文化强国目标要求的有力回答。思想政治教育创新增进了中华优秀传统文化的繁荣与进步。对增强大学生的文化凝聚力、传承与弘扬中华民族的传统文化精华、强化大学生民族认同感、激发奋斗活力、全面铸牢中华民族的文化之魂、凝聚新时代的中国精神积蓄力量。为维护民族尊严、国家安全，提升文化自信与人民幸福感提供思想动能与智力引擎，为实现社会主义文化强国的宏伟目标强基固本。

1. 培育和践行社会主义核心价值观的必然要求

思想政治教育被赋予了神圣使命，而高校文化建设就是这一特殊使命的战略要地。思想政治教育承载的文化载体功能对构建与传播社会主义核心价值观发挥出源头活水的效用，而思想政治教育工作中最重要的内容便是社会主义核心价值观，它赋予社会主义核心价值观更具现实意义，是社会主流价值与文化观念由外化至内化的必要一环。要将社会主义主流价值文化观念转化为施教者与受教者可接受的理念并践行发展，不能缺少思想政治教育的有效开展。社会主义核心价值观既是先进文化的摇篮又是人类思想文化精髓的磁场，代表着社会思想和社会发展的主流方向。社会主义核心价值观中提出了具体的目标，倡导人们积极把它作为为人处世、处理关系的原则。社会主义核心价值观中涵盖的三个层面的要求作为思想政治教育的方向，鞭策其时刻保持先进性，不断更新理念。这体现在思想政治教育要在"立德树人"方面做足功课，以社会主义核心价值观作为教育内容的主导方向，在思想政治教育的实践中遵循以个人发展需要的原则，在教育方法中"因材施教"尊重受教育者的个体差异性。

"牢固的核心价值观，都有其固有的根本。"我们党曾多次强调要努力传播当代价值精神，有力推动社会主义文化的大繁荣。[①] 要树立和完善大学生的爱国主义精神、刚健有为的进取精神、勤劳节俭的优良风尚、和谐相处的高尚情操，培养大学生的优秀道德品格，为中国梦的实现奠定了思想基础和人才宝库，为大学生实现个人价值贡献出丰沛的智慧与强大的后盾。要促进大学生熟知并认同中华民族的悠久历史和伟大品质，助力大学生在学习和实践中内化中华优秀传统文化的丰富内涵，推动实现中国梦。[②]

中国梦书写着中国人民与中华民族的价值体认和价值追求的宏伟蓝图；绘就全面建成小康社会，实现中华民族伟大复兴的历史画卷；昭示着每位中国人在为中国梦的奋斗中实现自己的初心与理想；预示着中华民族文化长盛不衰的有力保障。高校文化建设明确了我国先进文化的内涵层次，打造了我国优秀传统文化的时代表征，体现了高校思想政治教育于国家文化建设之重。

从中华优秀传统文化中汲取丰富营养来提倡和弘扬社会主义核心价值观，有

---

① 习近平在中共中央政治局第十三次集体学习时强调把培育和弘扬社会主义核心价值观作为凝魂聚气强基固本的基础工程 [J]. 党建，2014（03）：4+6.

② 加强中华优秀传统文化教育 践行社会主义核心价值观 [N]. 文汇报，2014-09-18（08）.

助于中国文化占据世界文化发展的制高点，在日趋激烈的国际舞台上掌握主动权。大学生思想政治教育对优秀传统文化起到鉴别和继承作用，以传统文化为纽带在大学生思想政治教育中体现社会主义核心价值观的指导地位，可使学生充分理解社会主义核心价值体系，影响大学生学习和生活中的行为方式，从而使青年学生担负民族复兴的责任，这也是对培育和践行社会主义核心价值观的必然要求的现实回应。

2. 为实现文化强国、提升中国文化软实力提供支撑

思想政治教育是我们党思想宣传工作中的压舱石，实现社会主义文化强国的目标，要求提升全民族的道德文明培育素质，做有理想、有道德、有文化、有纪律的社会主义公民，而培育工作是思想政治教育义不容辞的时代任务。"软实力"一词，最早由约瑟夫·奈提出，在不同的语境与环境中有着不同的释义，它有三种界定：第一种是将其视为一种影响力，即能够影响他人喜好的能力；第二种是把它视为吸引力；第三种是同化力（cooptive power）。主要表现为思想的引领力、文化的同化和政治导向力。"文化软实力"是中国化了的理论名词，它是一个国家和民族的文化辐射力、影响力、凝聚力，是国家软实力的核心要素。因此提升我国的文化软实力必须扎根华夏文明，自觉地向深挖掘其资源，并传承好、发扬好、守护好我国优秀传统文化。此外，提升中国文化软实力需要自觉借鉴和吸收域外优秀文化。对域外文化的借鉴吸收要采用文化的价值判断与选择两种手段，以我国的、民族的实际为基础，有取舍地借鉴和吸收域外优秀文化。

振兴中华优秀传统文化、增强文化软实力，离不开思想政治教育与中华优秀传统文化的有机融合。不仅如此，两者融合还将增强大学生的文化凝聚力、传承和弘扬好中华民族的传统文化精华、强化大学生民族认同感、激发奋斗活力，为铸牢中华民族的文化之魂，凝聚新时代的中国精神积蓄力量；为维护民族尊严、国家安全，提升文化自信与人民幸福感提供思想动能与智力引擎；为实现社会主义文化强国的宏伟目标强基固本。

（四）丰富思想政治教育资源，提高思想政治教育文化内涵

很长一段时期摆在思想政治教育面前的主要问题就是如何创新思想政治理论课，提升思想政治教育感染力，在完成为谁培养人，怎样培养人这一教育使命指引下，新时代教育者需要将思想政治工作摆正位置，贯穿教育教学始终。教育与文化是辩证统一的，随着"立德树人"教育理念的提出，为文化注入了新的内涵，对于传统文化的继承与创新，又为新时代思想政治教育工作提供了新的方向。

1. 推进高校思想政治教育创新发展的文化根脉

思想政治教育的文化属性从深层规定了只有将文化作为依托，从文化中借鉴吸收"多元营养"，才能使其更加生动鲜活，更富有吸引力和感染力。中华优秀传统文化绵延数千年。历久弥新，蕴含丰富的文化精华，是贯穿于中华民族过去、现在和未来的思想文化基因。这就决定了它是思想政治教育创新发展的重要文化血脉和育人资源，处于不可或缺的重要地位。新时代的高校思想政治教育亟须推陈出新，提质增效。寻找有意义的切入点，创造性地丰富思想政治教育的内容，提升育人水平，是着眼中华民族伟大复兴战略全局和世界百年未有之大变局，应对多元文化相互碰撞给青年学生健康成长带来的不利影响的必然选择。

2. 通过"以文化人，以文育人"提升思想政治教育感染力

古语有云"关乎天文以察时变，关乎人文以化成天下"[1]，天下大同在于社会人文之发展，文明的发展，而一切社会人文史就是人类文化史。人类发展的不同阶段，"文"字的内涵与外延不尽相同，进入新时代，我们所强调的"以文化人，以文育人"的内涵在于，继承与发展中华优秀传统文化，并站在马克思主义立场上，把握马克思主义指导思想，结合新时代发展要求，提升大学生思想政治教育水平，提高大学生的思想道德品质，增强大学生的文化认同感。

当前，对于如何做到"以文化人，以文育人"来提升思想政治教育感染力需要做到以下几点内容：

继承发扬中华优秀传统文化。"以史为镜，可以知兴替"，思想政治教育工作者需要从中华优秀传统文化中汲取营养。古往今来，我国涌现出了许许多多教育家，留下了丰富多彩的教育方式，当今思想政治教育者依然能够从中借鉴宝贵的思想。要对传统文化加以创新性发展，寻求与当前大学生相契合的表达方式和思想观念。"以文化人"就是要坚持以优秀传统文化影响人，"以文育人"就是要以正确的文化途径引导人，不能脱离社会主义核心价值观，要提高大学生对传统文化的认同感。

以马克思主义理论为指导原则。引领全员践行社会主义核心价值观，需要坚持马克思主义的指导，凝结社会全体成员的共同精神追求。新时代下，要做到"以文化人，以文育人"必须以马克思主义理论为旗帜，以社会主义核心价值观为准绳，以中华优秀传统文化为内涵，进一步发挥大学思想政治理论课的作用，完善大学生"三观"。随着全球化的影响，西方文化不断冲击社会主义核心价值观，受到影响的大学生显现迷茫焦躁的精神状态。因此，亟须发挥高校的引导作用，

---

① 姬昌．周易 [M].任宪宝，译．长春：吉林文史出版社，2016.

积极发挥思想政治教育的使命，为大学生形成科学的价值观和高尚的精神追求提供有力的保障。

坚持以人为本的教育理念。高校思想政治理论课的有效开展离不开大学生的积极参与，应指导大学生积极参与社会实践。重理论轻实践的教育方式被更多地认为是"教条主义"，不能够吸引大学生的注意力，因此，知行合一的方式具有更为光明的前景。

3.使大学生从优秀传统文化中获取思想道德的精神滋养

中华文化凝结了千年的历史精髓，其哲学思想、道德准则仍然可以为当前高校思想政治教育提供科学的借鉴。因此，提升大学生思想道德的主要途径在于，将高校思想政治教育与优秀传统文化相结合，从中获得营养和力量。

随着当前全球化的不断发展以及改革开放的持续深入，世界由一个个独立的个体，逐渐演变为一个地球村。我们一方面要接受全球化带来的实惠，同时还要警惕西方不良文化的侵入，在多元化思想的冲击下，当前在大学生群体中存在崇洋媚外的现象，这是没有文化认同感与辨识力的表现。几年来，西方世界从未停止对我国的文化入侵，从西方自由主义思潮到个人英雄主义大片，越来越使当代大学生沉迷其中，不能自拔。优秀的传统文化能够增强精神力量，而在这些腐朽文化的侵蚀下，当前大学生对于有着五千年历史的中华传统文化的自豪感、荣誉感逐渐消沉。市场经济条件下多元化价值观的产生不可避免，对于如何促进青年人树立科学的价值观，如何应对西方自由主义浪潮的侵蚀，是一个重要的课题，最根本的途径是寻找中华优秀传统文化的根。对于思想政治教育而言，要达到教育目的，需植根于中华优秀传统文化，并将二者相结合。要在深刻分析国情、世情、学情的基础上，扎根于具体实际，让传统文化回归思想政治教育工作，加大宣传力度，引导"传统文化热"。只有在继承发展传统文化，借鉴与完善教育手段、教育途径基础之上，才能让传统文化在新时代发挥最大作用，在思想政治教育方面体现其当代价值。

二、中华优秀传统文化融入高校思想政治教育的可行性

理论上，具有马克思主义与中国化马克思主义的有力支撑；历史上，经历了相互碰撞的结合的历程，形成了辩证紧密的关系；实践上，两者具有目标、内容、宗旨等多维度的相融相通。这几个方面的因素使中华优秀传统文化融入高校思想政治教育具有高度可行性，同时也为创新新时代融入路径奠定了坚实的基础。

（一）中华优秀传统文化融入高校思想政治教育的理论逻辑

首先，马克思主义经典作家关于文化的科学论述为中华优秀传统文化融入高校思想政治教育提供了坚实的理论基础。

马克思在《〈政治经济学批判〉序言》中指出，作为上层建筑的组成部分，哲学、政治、艺术等的或快或慢的变革，"必须从物质生活的矛盾中，从社会生产力和生产关系之间的现存冲突中去解释"①。这表明了马克思认为文化是在经济基础上产生，经济基础决定上层建筑。但同时，马克思、恩格斯也指出，历史唯物主义不是经济决定论，经济的因素并非是社会历史发展中唯一起作用的因素。恰恰相反，马克思、恩格斯十分重视上层建筑对经济基础、对社会历史发展的影响，并多次加以强调。此外，马克思、恩格斯指出，创造文化的主体是"现实的个人"，他们在《德意志意识形态》中指出，"全部人类历史的第一个前提无疑是有生命的个人的存在"②。而以现实的人的生产实践为前提，人能够在生产实践中实现自己的内在目的，即"更新他们所创造的财富世界，同样地也更新他们自身"③。

换言之，文化是人类改造世界和改造人自身实践活动的统一。马克思恩格斯所确立的科学的文化思想，是伫立于历史唯物主义基础上的。

在马克思、恩格斯关于传统文化的科学论断基础上，列宁结合俄国当时经济文化落后的实际，进一步作出关于如何对待传统文化的理论阐发。他深刻认识到了继承对于文化发展的重要性，"无产阶级文化并不是从天上掉下来的，也不是那些自命为无产阶级文化专家的人杜撰出来的"④，而"应当是人类在资本主义社会、地主社会和官僚社会压迫下创造出来的全部知识合乎规律地发展"⑤。这明确地表达了反对历史虚无主义的态度。在此基础上，他表明了对人类历史上的一切文化成果进行去粗取精的辨别与选择，进而用以推进社会主义文化建设的思想。他指出"每个民族文化，即使是不发达的文化都有一些民主主义的和社会主义的成分"⑥，因此要以"对无产阶级有害还是有益"为标准，"善于把旧学校中的坏东西同对我们有益的东西区别开来，要善于从旧学校中挑选出共产主义所必需的东

---

① 马克思恩格斯选集：第 2 卷 [M]. 北京：人民出版社，2012：3.
② 马克思恩格斯选集：第 1 卷 [M]. 北京：人民出版社，2012：146.
③ 马克思恩格斯全集：第 31 卷 [M]. 北京：人民出版社，1998：108.
④ 列宁选集：第 4 卷 [M]. 北京：人民出版社，2012：285.
⑤ 列宁选集：第 4 卷 [M]. 北京：人民出版社，2012：285.
⑥ 列宁选集：第 2 卷 [M]. 北京：人民出版社，2012：336.

西。"① 这些论述直接或间接地回答了如何辨别优秀民族文化并加以继承的问题，为促进社会主义文化建设提供了重要借鉴。

其次，中国化马克思主义的传统文化论述为中华优秀传统文化融入高校思想政治教育提供直接指导。近代以来，中国民族文化遭遇疾风骤雨，中国共产党自诞生伊始就自觉肩负起了传承弘扬中华优秀传统文化的历史使命。在不断的革命建设改革进程中，党始终坚持以马克思主义为指导，逐步形成发展完善了符合中国具体实际和时代发展需要的正确传统文化观。

总之，马克思主义关于历史文化的科学论断和中国化马克思主义的传统文化观不仅为正确处理民族历史文化的传承与发展、优秀传统文化与当代文化的相互促进问题提供了理论指导，也为中华优秀传统文化融入高校思想政治教育提供了坚实的理论支撑，是推动中华优秀传统文化融入高校思想政治教育迈出由可能性转变为现实性的关键。

（二）中华优秀传统文化融入高校思想政治教育的历史逻辑

近代以来，马克思主义与中华优秀传统文化跨越地域的阻碍，在社会发展变革的历史时期相遇，在中华民族经历命运跌宕起伏的曲折，中华儿女前赴后继、救亡图存的英勇抗争，党领导全国各族人民开展开天辟地、改天换地、经天纬地的革命、建设、改革的历史过程中不断交汇、融合，凝聚出新的理论和文化成果。历史和现实已经证明了中华优秀传统文化融入高校思想政治教育的可行性。

1. 优秀传统文化与马克思主义的历史碰撞

历史的发展和内在规律表明，一定时期的社会文化只有与当时的社会生产生活状况相适应，才能凝聚形成推动人类历史发展进步的积极力量。中国共产党成立之前的各种不同的救国方案，实质上代表了不同的文化态度和价值追求，反映了对中华民族未来走向的不同思路设计和目标指向，也折射出对人类历史发展规律和近代中国基本国情的不同认识。由于这些革命方案背后所倡导的文化理念与核心价值与中国具体国情不相符、与中华传统文化没有内在契合，故而必然导致失败。从这个角度来看，可以说，中华传统文化与马克思主义的历史碰撞，既是近代中国进行文化反思、文化选择、文化创造的主观努力结果，也是社会形态变化与文化演进客观规律的必然。

2. 优秀传统文化与思想政治教育的历史契合

20 世纪初，新文化运动与五四运动的爆发推动了人们的思想解放，马克思

---

① 列宁选集：第 4 卷 [M]. 北京：人民出版社，2012：284.

主义的传播重塑了民众的价值观念与民族精神。在这一过程中，我国思想政治教育开始萌芽。1921 年中国共产党成立，这既是在群众中开展马克思主义思想政治教育的成果，同时也是党领导下开展思想政治教育的开端。自诞生以来，中国共产党就自觉地传承与弘扬中华优秀传统文化，在实践中运用优秀传统文化为中国开辟革命创造有利的思想条件。伴随着中国近代以来的风起云涌，中华优秀传统文化与马克思主义穿越时空阻隔、突破最初的隔阂，必然地走到了一起，在反复交流、交融中共同推动中华民族的历史文化的创新发展，因而在历史编织下具有了现实而紧密的联系。随着中国共产党领导革命走向胜利，中华人民共和国从成立到崛起，思想政治教育的本质内涵、知识体系、任务使命更加清晰，在不断地研究与实践中深刻认识到自身与中华优秀传统文化同质互生的深层联系与紧密关系，这也成为探讨中华优秀传统文化融入高校思想政治教育的主题奠定了牢固的历史基石。

三、中华优秀传统文化融入高校思想政治教育的可能性

（一）国家层面更加重视中华优秀传统文化在思想政治教育中的作用

2017 年 1 月 25 日，中共中央办公厅、国务院办公厅印发了《关于实施中华优秀传统文化传承发展工程的意见》。这体现出党和国家对于传承和弘扬中华优秀传统文化的重视，也为中华优秀传统文化融入大学生思想政治教育提供了重要的指导方针和思想指南。习近平总书记提出中华民族伟大复兴中国梦以来，曾经多次提到要发扬中华优秀传统文化："今天，中华民族要继续前进，就必须根据时代条件，继承和弘扬我们的民族精神、我们民族的优秀文化，特别是包含其中的传统美德。"[1] 党和国家的重视，使得中华优秀传统文化与思想政治教育相结合，并以此来促进大学生思想政治教育工作的进一步创新与发展具有了坚实的基础。

（二）高校思想政治教育具有文化属性和文化价值

思想政治教育是人类社会中普遍存在的教育实践活动，在人类社会的发展和进步过程中起到了影响社会成员使之具有某种特定思想观念、价值取向、政治观点、道德规范的重要作用。可见，思想政治教育活动本身与文化的赓续密切相关。这就意味着将中华优秀传统文化融入新时代高校思想政治教育，不仅具备实现的

---

① 习近平.习近平谈治国理政［M］.北京：外文出版社，2014：181.

可能性，还具有传承延续民族思想精华的历史意义与启智润心培育青年一代的时代价值。

1. 高校思想政治教育的文化属性

文化伴随人类历史的演进而发展，"文化规范着个人人生，指导着个人人生，而有其超越于每一个个体人生之外之上的客观存在"①。可以说，人类社会的每一项活动都积淀了文化的意蕴。教育则尤为具有与文化同质伴生的特点：文化对人思想、精神、心理的影响和塑造就是一种教育，而教育实践又是对文化的传递和再造。

作为一种指向人的内在世界的教育活动，思想政治教育是"社会或社会群体用一定的思想观念、政治观点、道德规范对其成员施加有目的、有计划、有组织的影响，并促使其自主地接受这种影响，从而形成符合一定社会、一定阶级所需要的思想品德的社会实践活动"②。这深刻揭示出思想政治教育的文化本质与内涵，文化既是思想政治教育产生发展的重要前提，也是其基础与内容。可见，思想政治教育具有鲜明的文化属性。高校思想政治教育是向已经具有相当主观意识的青年学生阐释传播社会主导意识形态，进而实现教化的教育活动，其关键点就在于对其进行思想观念、价值取向、政治认同、道德品质等方面的启示、引导、反思和塑造，而这明显更加有赖于优秀文化思想和文化精神为载体的内在传递。

2. 高校思想政治教育的文化价值

文化的传播、延续、创新离不开教育，这既是文化存续的内在要求，也是文化发展的本质规定。源远流长的文化往往拥有发达的教育系统，这一点在中华民族体现得尤为突出，中华文化绵延五千年，其重要的原因之一就在于早在3000多年前的商朝出现了称为序的学校，中国的教育体系也随之不断发展。而以高校为代表的"学校教育的诞生，加快了人类文化积累的进程，因为它不仅通过语言传达清晰明白的意义，交流思想和感情，传授系统化了的知识和经验，使文化在一代代绵续中保存下来，而且还可借助于文字，将文字刻之于书简，印之于丝帛、纸张，使文化跨时代的积累和保存"③。由此可见，学校教育是实现人类优秀文化系统地代际传承的核心阵地。

高校思想政治教育是文化传承、思想创新、提升青年文化素质的重要载体和源泉。区别于指向物质或工具的知识性教育，高校思想政治教育将继承中华民族

---

① 钱穆.文化学大义[M].北京：九州出版社，2011：5.

② 张耀灿，陈万柏.思想政治教育学原理[M].北京：高等教育出版社，2015：4.

③ 郑金洲.教育文化学[M].北京：人民教育出版社，2000：15.

在精神领域创造的优秀文明成果，以崇高的理想信念激励青年、以深刻的思想理论塑造青年，使他们成为堪当大任的一代新人作为实践旨归，因此具有突出的思想政治文化传承价值。

（三）学生有接受中华优秀传统文化的内心需求

"国学热"的兴起，"孔子学院"学生志愿者数量的增加，以及大学校园中越来越多的传统文化社团，都揭示着当代的大学生内心迫切需要接受传统文化的熏陶。当代大学生由于所受文化教育的间隔与断层，缺乏对待传统文化的整体认知和长远认识，具体表现为缺乏对传统文化的与时俱进和现实对照意识，文化认识过于滞后，文化建设与创新不足。认知方面的滞后导致大学生传统文化与时俱进和创新能力的相对欠缺，使得他们无法把传统文化与现行有关的政策倡议及时联系起来，导致文化断层等现象频繁发生。同时，思想政治教育偏重于意识形态教育和政治教育，如果能有效地利用学生对中华传统文化的需求，用传统文化资源进行思想政治教育，既能够使学生满足对中华传统文化的需要，也能够使学生在接受传统文化教育的时候满足思想政治教育的要求。

（四）中华优秀传统文化与马克思主义理论兼具开放性

传统文化和马克思主义理论所具有的开放性特质为两者的融合提供了必要条件。

作为高校思想政治教育的指导思想，马克思主义是否具有开放包容的理论品质，对于中华优秀传统文化能否深入融入思想政治教育具有重要影响。兼容并蓄、开放包容是中华优秀传统文化与生俱来的突出品质。这种开放性使得博大精深的中华文化不断延续传承，塑造了人类思想的一座座高峰。这种开放性，首先表现为文化自身内在思想理念的高度活跃性。中华文化能够屹立于世界文明之林五千年，成为历史上唯一没有中断过的人类文化，形成了以儒家思想为代表的丰富文化成果并不是偶然的，这是因为它打破了作为成熟的文化系统而趋于封闭静止的束缚，而始终保持顺应变化、吐故纳新的开放性思维，成为一种兼容并包的动态文化。中华优秀传统文化与马克思主义虽然是不同的思想体系，但两者的开放性、包容性，使中华优秀传统文化与高校思想政治教育具有了相互融通、促进彼此发展兼容性这是保证融入可能和可行的重要前提。例如，思想政治教育和中国传统文化中的教育原则非常类似。例如，思想政治教育要求的"示范原则"：思想政治教育者在思想政治教育过程中，应该用自己的模范行为去影响和感染受教育者，以促进其思想品德水平的不断提高。在中国传统文化中也有许许多多以身作则的典故，比如说"曾子杀猪""曹操割发代首"等。还有思想政治教育中的"层次原则"所要求的：思想政治教育者应从实际出发，承认差异，根据教育对象不同的思想情况，区别对待，因材施教，分层次进行教育等。

（五）中华优秀传统文化与马克思主义间的紧密关系

马克思主义与中华优秀传统文化之间，不是相互排斥或者相互取代的关系，而是在具体实践中紧密结合、相互促进的关系。正如陈先达教授所指出的那样，"一个是中国革命和社会主义建设的思想理论指导，一个是中华民族的精神血脉和中华民族的文化之根。应该用历史唯物主义观点处理马克思主义与中国传统文化的关系"[1]，坚决反对文化虚无主义、历史虚无主义和文化保守主义。可见，两者间深厚的联系，为中华优秀传统文化融入以马克思主义为指导思想的高校思想政治教育进一步增强可能性，在一定程度上也回应了中华优秀传统文化融入高校思想政治教育的必要性。

第三节　中国优秀传统文化融入高校思政教育的历史考察

考察中华优秀传统文化融入高校思想政治教育的历史进程，可以追溯至中国共产党的成立。正是因为有了马克思主义无产阶级政党的领导，才使得中华民族找到了一条复兴之路，从而使中华优秀传统文化得以传承延续。经过革命建设改革不同历史时期的曲折探索，党对待中华传统文化的观点立场愈加科学、清晰、明确，党领导下的高校成为传承与弘扬优秀民族历史文化的坚强阵地，思想政治教育在与优秀传统文化相融相通，对其借鉴运用的过程中取得了理论与实践的显著提升。

一、新民主主义革命时期党对中华传统文化的批判继承

新民主主义革命时期，党以马克思主义为指导，不仅找到了挽救民族危亡的中国道路，也找到了一条传承与发展优秀传统文化的科学思路，这使中华民族在思想文化上既能够觉醒进步走向现代化，又能够保存民族特色与独立性。

近代以来的中国，在经历了"三千年未有之大变局"，国家山河破碎，民族

---

[1]　陈先达.马克思主义和中国传统文化[N].光明日报，2015-07-03（01）.

饱经蹂躏之际，面临着走何种道路以挽救民族危亡、存续发展中华文化的重大选择。大批有识之士踏上了救亡图存、寻找复兴之路的艰难历程。在经历屡次失败之后，众多仁人志士将目光聚焦到如何实现民族历史文化和思想价值理念革故鼎新的问题上来。20世纪初，他们纷纷指出僵化落后的封建宗法礼教是对中国发展最大的束缚与掣肘。为了进一步激发民众的革命精神和民主意识，去除传统文化中的糟粕，破除封建礼教对民众思想的钳制，树立与时代发展相符合的新思想新理念，引领人民群众在思想文化领域进行一场启蒙民智的新文化运动势在必行。新文化运动推了中国社会与民众的思想解放，掀起了对传统文化的反思与批判浪潮。透过当时对传统文化激烈批判、对新的思想理论热情探寻的历史表象审视深层次的精神本色，新文化运动与五四运动，恰以实际行动体现了优秀传统文化中积淀的忧国忧民、革故鼎新、自强不息、顽强不屈的民族精神。在这样的时代背景下，中国共产党以马克思主义为理论武器，担负起了继承与发展传统文化的历史使命。他们从中国现实国情出发对传统文化进行了重新审视，提倡运用马克思主义理论和方法对传统文化进行研究和整理，并且对中国古代的一些文化形式进行了初步的转化与运用。

中国共产党成立后，不断在革命实践中批判地继承中华优秀传统文化的精华，以一种隐含的形式将其运用于马克思主义中国化过程中，运用于思想政治教育之中，对于促进马克思主义与中国实际相结合、培养优秀革命人才起到了推动作用。

二、社会主义革命和建设时期高校中华优秀传统文化教育的曲折发展

1956年，毛泽东在中共中央政治局扩大会议上提出了著名的"百花齐放，百家争鸣"的社会主义文化发展建设方针。这一方针既延续了民主革命时期中国共产党对待优秀传统文化的正确态度，同时也遵循了文化发展的一般规律，为正确处理传统文化与社会主义文化的关系提供了基本依据。1957年后，建设思维受到阻碍，革命思维却多了起来，这导致党对待传统文化的态度从科学的批判继承原则偏离到片面的否定的方向上去，并最终导致了国家建设事业的重大曲折，也使优秀传统文化的传承与弘扬蒙受巨大损失。

三、改革开放和社会主义建设新时期高校中华优秀传统文化教育逐步深入

"文化大革命"结束以后，邓小平在继承毛泽东关于文化的思想理论观点基

础上，深刻反思十年来的动荡对思想文化发展造成的损失，他主张传承弘扬传统文化，首先要对其进行历史的、客观的分析。同时，以邓小平为主要代表的中国共产党人运用马克思列宁主义和毛泽东思想，辩证地"划清文化遗产中民主性精华同封建性糟粕的界限"[①]，总结反思对待民族文化的错误态度，积极主张和倡导对优秀传统文化的借鉴吸收，进而推动第二次伟大革命深入发展。1979年，邓小平提出要"坚持百花齐放、推陈出新、洋为中用、古为今用的方针"[②]，通过认真钻研、吸收、融化和发展古今中外艺术技巧中一切好的东西，创造出具有民族风格和时代特色的完美的艺术形式。

改革开放新阶段，沿着以邓小平为代表的中国共产党人重新树立起来的批判继承优秀传统文化的正确道路，迈开了发展和弘扬优秀传统文化的新步伐，进一步丰富完善了科学看待传统文化的理念，使其在国家治理中发挥出重要作用。进入21世纪，中国共产党人对中华优秀传统文化的历史意义与时代价值有了更加深刻的认识，沿着继承和发展优秀传统文化的道路继续前进。2012年，党的十八大提出的社会主义核心价值观不仅充分表达出当代中国的价值理念，更承载着优秀传统文化的延续与升华，进一步彰显了古老文明的永恒魅力。

随着国家发展和时代进步，高校思想政治教育的内涵不断丰富发展，政治教育、思想教育、品德教育和心理教育等多方面内容均纳入其中，愈加关注大学生健康人格的养成，更加具有人本主义精神。

第四节　中国优秀传统文化融入高校思政教育的时代诉求

一、中国优秀传统文化融入高校思政教育的时代价值

中华优秀传统文化融入高校思想政治教育，能在教育中真正深入展现文化的育人价值，为教育带来更丰富的育人内容和更多样的育人形式，进一步提升教育实效，同时能有效展现文化的时代性，体现传统文化在当代的生命力。

（一）强化大学生对中华优秀传统文化的认同，坚定大学生文化自信

在全球一体化深入发展的过程中，一些西方国家试图通过文化渗透的方式遏

制中国的发展，加之当前中国特色社会主义事业建设正处于关键期，各类价值观念不断冲击。在此背景下，高校学生处在文化势力交锋的前沿，其是否具有坚定的文化自信及内心是否认同中华优秀传统文化，对其能否成长为合格的时代新人具有重要影响。因此，高校应将中华优秀传统文化融入思想政治教育，在深层次的文化育人中强化大学生对中华优秀传统文化的认同。一方面，中华优秀传统文化融入思想政治教育能在文化层面丰富教育内容，大学生在接受教育的过程中便能更全面地了解中华优秀传统文化，明确其蕴含的价值和深刻内涵，并接受文化的熏陶。另一方面，文化的融入还能深化教育的内涵，帮助教育实现更深层次的开展。以中华优秀传统文化的深厚价值充实思想政治教育，能发挥文化引领人、教育人的重要作用，同时引导大学生习惯使用传统文化思维分析问题、解决问题，感悟中华民族文化的系统性和深刻性，在此价值体系下坚定文化自信。

（二）优化思想政治教育话语表达，提高教育实效

将中华优秀传统文化融入思想政治教育，能够帮助思想政治教育从文化中汲取内涵深厚、形式多样且具有较强认同感的话语表达，在深化教育话语认同、强化教育话语理解度的基础上提高教育实效。一方面，中华优秀传统文化可为思想政治教育提供有亲和力的话语选择。中华优秀传统文化经过长期发展，已形成独特的发展形式和经典内涵。对经受过长期教育的大学生群体来说，其对传统文化或多或少地具有基础了解和认知。教育者在教育中采用传统文化式的话语展现相关理论知识，便能唤起学生内心的文化认同，展现教育的亲和力，并在此基础上深化学生对教学内容的理解，进而提高教育实效。另一方面，中华优秀传统文化还可为思想政治教育提供多样化的话语表达。中华优秀传统文化内涵深厚，与之相关的故事、历史记载、表现形式多种多样，将其融入思想政治教育，能够丰富教育的话语表达形式，通过讲故事、列图表、史料解读等方式向大学生传递教育内容，能有效调动学生参与教育活动的积极性，拉近教育与学生的距离，展现教育的多样化并深化教育效果。

（三）推动中华优秀传统文化的创新传承，展现其时代性

中华优秀传统文化融入思想政治教育，不仅是文化内涵在教育中的展现，发挥文化育人作用，还体现出教育对文化的创新性发展。对教育和文化双方来说，二者的融合是相互作用的结果，而要真正展现文化育人价值、提高教育实效，高校还需在辨别精华和糟粕的基础上对中华优秀传统文化进行创新，在此过程中，

中华优秀传统文化的时代性和先进性便可得到进一步展现。由于时代的快速发展，教育者如不对中华优秀传统文化的内涵和价值加以转化而直接使用，会影响学生的理解，文化育人作用无法在教育中得到充分发挥。因此，新时代背景下二者的融合需要对中华优秀传统文化的内涵进行丰富和创新。高校教育者可依据时代发展变化和教育要求对中华优秀传统文化的内涵进行重新阐释，赋予其新的内涵，打破其融入的单一化、搬运式限制，真正使其转变为适应新时代教育发展要求的资源，也为进一步展现文化育人价值奠定基础。

二、中华优秀传统文化融入高校思想政治教育的现实

（一）新时代中华优秀传统文化融入高校思想政治教育的新发展

自 1919 年五四运动以来，中华优秀传统文化虽然经历了沧桑与低潮，但实质上一直以民族精神、价值取向、道德品质、思维方式等多种形式在国家与民族革命、建设、改革的全部历史进程中发挥重要作用。在这段波澜壮阔的历史中，中华优秀传统文化依然是中华民族坚实的文化根基与精神命脉。但也应当看到，近代以来文化变迁中所呈现出的对传统文化的猛烈批判、对"传统与现代"问题的纠结，以及"反传统"浪潮的冲击、西方经济实力带来的思想震荡等投射在人们心中，形成了复杂的文化情感与教育心理。这在教育领域导致了中华优秀传统文化研究人才出现萎缩和断层，优秀传统文化内容在人才培养中出现不足甚至缺失，青年一代对民族文化认识的模糊和理解出现偏差等问题。

中国共产党作为中华文化的忠实传承者与弘扬者，自成立之初就肩负起了赓续民族文化的历史使命，在曲折的发展过程中延续了中华文明的血脉。尤其是改革开放后，党提出了一手抓物质文明建设，一手抓社会主义精神文明建设的战略方针，有力地推动了思想文化的繁荣发展，极大地推动了高校思想政治教育的内容的丰富与实践的拓展，为中华文化融入高校思想政治教育创造了良好的宏观环境。同时，党和国家领导人重新恢复了对传统文化批判继承的原则，并在国家建设的实践中不断提高对优秀传统文化重要价值的科学认识，将传承与弘扬优秀传统文化上升到国家发展的重要战略位置进行统筹部署。此外，伴随改革开放的不断深入，高校思想政治教育不断总结反思自身在人才培养过程中存在的不足，进一步开启了高校思想政治教育科学化发展，中华优秀传统文化不断融入高校育人实践的历程。

进入新时代，中华优秀传统文化融入高校思想政治教育的实践探索迈上了新

台阶，开拓了新局面。在当代高校培育德智体美劳全面发展的社会主义建设者和接班人的目标指引下，科学总结已经取得的积极成果，同时也客观认识有待完善的问题，是进一步推进优秀传统文化融入思想政治教育，提高高校立德树人实效的现实之需，发展之要。

（二）新时代中华优秀传统文化融入高校思想政治教育的挑战机遇

推进中华优秀传统文化传承与发展和不断加强高校思想政治教育工作关系到中国特色社会主义事业后继有人，关系到新时代中华文脉的延续与创新，关系到中华民族伟大复兴中国梦的顺利实现，是党和国家高度关注的战略任务。将中华优秀传统文化融入高校思想政治教育是新时代背景下培育堪当复兴重任的时代新人、确保全面建设社会主义现代化国家新征程行稳致远的现实要求。面对当前全球经济一体化、思想多元化、移动互联网技术高度发展的时代背景，中华优秀传统文化有效融入高校思想政治教育发挥好固本铸魂作用，还需要在迎接挑战与把握机遇中不断探索前行。

（三）新时代中华优秀传统文化融入高校思想政治教育的必然要求

中华优秀传统文化是中华民族生生不息的文脉源泉，高校思想政治教育对于培育时代新人具有重大意义，这意味着，尽管中华优秀传统文化融入高校思想政治教育不是一个新话题，但却是回应当今时代现实诉求的真问题，是关乎民族历史文化传承和人才培养的战略课题。经过长时间的研究与实践，当前，中华优秀传统文化与高校思想政治教育协同育人研究与实践的重点已经从"为何"转换到"如何"维度的探讨与尝试。随着中国特色社会主义进入新时代，立足全新历史条件与现实需要推进中华优秀传统文化融入高校思想政治教育，就要在总结以往教育实践经验的基础上，紧扣高等教育提升人才培养质量的任务和要求，不断加深对优秀传统文化融入思想政治教育基本遵循、内在要求、基本思路的研究和创新，使以文化人、以文育人释放出筑牢理想信念根基，引领青年学生思想成长成熟的实效。

第四章 中国优秀传统文化融入高校思政教育的实践

优秀传统文化和思想政治教育需要进行有效结合，我国在这方面也进行了一些实践，本章分别从儒家思想文化融入高校思政教育的实践、中国传统节日文化融入高校思政教育的实践和中华优秀传统家风融入高校思政教育的实践这三个方面介绍了中国优秀传统文化融入高校思政教育的实践例证。

第一节 儒家思想文化融入高校思政教育的实践

一、儒家思想文化概述

（一）儒家思想概述

1. 儒家思想的内涵

自古以来，学者们对优秀儒家思想的内涵从不同角度进行了积极探讨。孔子在《论语》中将儒家思想高度凝练为仁、义、礼、智、信五个方面，将"仁"看作是统治者治国理政的根本品德，是待人接物的最高准则，将"礼"作为社会制度与秩序的基础，主张实施"仁治"与"礼治"，是人道主义精神的开创者。《大学》中将儒家思想概括为"三纲领"与"八条目"，其中"三纲领"指明德、亲民以及止于至善，"八条目"指格物、致知、诚意、正心、修身、齐家、治国和平天下。西汉时期一度提出独尊儒术的观点，对儒家思想的推崇达到了顶峰。在前人研究的基础上，后人对儒家思想内容的探究不断深入，有学者认为从哲学创发中对优秀儒家思想进行显扬，更多地表现为对优秀儒家思想的展开性解说，而不再局限于对经典本身的释义。有专家提出当代社会的优秀儒家思想内涵，可以归纳为德制、德教以及德政与社会理想四个方面，儒家思想的实质是以德治国，施政以德，重视道德教育以及大同社会的理想。

对优秀儒家思想内涵的理解，应将"仁"与"礼"相结合，并从"仁"和"礼"的角度出发把握优秀儒家思想的着眼点。优秀儒家思想中的"仁""礼"观点在当代社会得到了继承与发展，例如新时期我国提出了以人为本的治国理念，积极推进民主政治，努力建设和谐社会，关注人民的切身利益，稳定社会秩序并维护国家统一。同时，优秀儒家思想重视个人层面的思想道德修养，认为人们应用社会公认的道德准则与行为规范自身的言行，树立正确的人生价值观，养成正确的善恶标准，颂扬高尚的道德情操。优秀儒家思想认为人际交往应以仁爱为原则，和睦相处，传播积极向上的能量。可见，随着时代的发展，优秀儒家思想的内涵得到了进一步发展，并且始终保持着鲜活的生命力。

2. 儒家思想的特征

儒家思想在历史上长期作为封建王朝的正统思想，其首要特征就是强烈的入世进取精神，相对于道家的山林隐逸思想和释家的空寂思想，儒家入世思想强调个人的社会责任，强调"经世致用"。《论语·雍也》说孔子"博施于民，而能济众"，而北宋名相范仲淹也因"先天下之忧而忧，后天下之乐而乐"的经世情怀而名垂青史。理学家张载的"为天地立心，为生民立命，为往圣继绝学，为万世开太平"更是道出了儒士最高的人生理想。正是这种积极进取的人文主义精神，儒家思想推动了整个封建社会不断巩固和发展，成为历代封建王朝重视的统治思想。

其次，儒家思想对于"善"的道德修养有着不懈的追求。儒家崇尚道德修养，有着刚强自健的人生理想，以尧、舜、禹、文王等先代圣王和孔子、孟子等圣人为道德榜样，讲究修身为本，这构成了入世进取精神的基础，正所谓"修身""齐家""治国""平天下"。《大学》开篇即是"大学之道，在明明德，在亲民，在止于至善"，其后又有"物格而后知至，知至而后意诚，意诚而后心正，心正而后身修"的修养途径，通过这样不断深化的自身修养过程，臻于"内圣外王"的理想状态。

最后，儒家思想以维护封建王朝的统治为己任，它的"正统"思想、"三纲五常"的伦理观作为其特征之一固然有维护当时社会稳定、鼓励士人求学上进的作用，但是也不可避免地造成了对人们思想的钳制，不利于思想解放和时代进步。

3. 优秀儒家思想的主要内容

优秀儒家思想的内容比较广泛，本书主要从教育角度对优秀儒家思想的内容进行归纳，例如"仁者爱人""修身齐家治国平天下""天行健，君子以自强不息"等观点以及"因材施教"的教育思想，能够与思想政治教育相结合，为思想政治教育提供资源，反过来当代思想政治教育中包含了对优秀儒家思想的继承与发展。新时期探讨优秀儒家思想融入大学生思想政治教育的问题具有一定的现实必要性。

（1）"仁者爱人"的观点

在孔子的思想中"仁"是最高的道德标准，"仁者爱人"思想构成了孔子思想的核心观点。后来，孟子在《孟子·离娄下》中以"爱人"的思想对"仁"进行了解释，倡导"仁者爱人"的处世之道。简言之，"仁者爱人"的思想中对人与人之间、人与社会之间关系的协调，认为仁者要具有慈爱、友善的心，提倡人们以仁爱之心与人相处，彼此之间相互尊重、爱戴以及相互关怀，提出了"己欲立而立人"等观点。只有从自身做起，以仁爱之心对待别人，别人才会对你仁爱。待人友爱、心存良善以及博爱大众，都是"仁者爱人"的体现。

（2）"修身齐家治国平天下"的观点

"修身齐家治国平天下"的观点出自《礼记·大学》，该观点指的是人首先要修行自己的品德，端正自身的行为，和谐管理家庭，才能够治理好国家，之后才能够实现天下的太平与稳定。儒家与政治融为一体，以德治国以每个人修养为前提。可见，将个人使命同国家命运联系起来，认为个体要从自身做起，努力维护社会安定，维护国家统一，体现出了"天下为公"的精神。

（3）"天行健，君子以自强不息"的观点

该观点出自《周易》，指的是君子处世要像天一样拥有刚劲的力量，要积极追求进步，要奋发图强和勇往直前。该观点表达了品德高尚的人要拥有坚定的意志与信念，要能够勇敢面对困难与挑战，要坚信通过自身的努力能够实现理想。

（4）"因材施教"的观点

孔子是我国历史上首位提倡因材施教并且成功付诸实践的教育家，因材施教要求教育要依据教育对象的实际情况进行，深层次的含义是调动学生学习的主观能动性，实现教学相长。儒家思想中"因材施教"的观点是儒家学者经过长期的教育实践总结出来的方法，在当今的教育领域依然受到广泛的称赞与应用。《论语·为政》中描述了子游、子夏同问孝，孔子给出不同解释与回答的场景，体现的就是因材施教的思想。因材施教要求教育者结合教育对象的实际情况和个性特点，设计有针对性的教育内容与教育方法，最大限度地调动学生学习的主动性，挖掘学生的潜力，进而实现理想的教育效果。

（5）尊礼法的道德修养

尊礼法的道德修养。孔子认为"礼"是人们交往相处的基本准则之一，要通过"礼"让人们了解国家的法律法规、社会伦理规范和家庭道德观念，并进行自我规范和道德提升，使人们在"礼"的规范下做到自觉遵守。子曰："克己复礼为仁。一日克己复礼，天下归仁焉。为仁由己，而由人乎哉！"作为大学生，要对父母孝敬，不让父母操心，在日常生活中，待人以礼，尊敬他人，做事谨慎恭敬，才能不断提高道德修养。

儒家先贤已经离我们远去，历史会越走越远，但他们留下来的思想却会被我们永远铭记，成为历史河流中一道道亮丽的风景线。让我们用批判的眼光去欣赏那一道道风景，取其精华，去其糟粕。

（二）儒家文化概述

1. 儒家文化地位

在中国源远流长的传统文化中，儒家文化的重要地位是显而易见的，也是毋庸置疑的。毫不夸张地说，没有儒家文化中国传统文化将失去根基。儒家文化在相当长时间内都被我国封建统治者视为正统文化，儒家思想为主流意识思想。儒家文化在中国历史中占据极其重要的地位，尤其是在思想领域更是占据主导。儒家学派是春秋战国时期百家争鸣中的著名学派之一，儒家文化在当代我国社会也被继续传承和发扬，并且其已经成为中华法系的法理基础。而且，儒家文化对整个东亚甚至世界范围的意识形态、文化观念都起到举足轻重的作用。

2. 儒家文化的特征

儒家文化之所以长时间主导中国传统文化，并对现今的社会民众思想都形成重要影响其必然具有典型的特征。研究儒家文化的特点对于深入了解儒家文化是十分必要的，也是必不可少的环节。对于儒家文化的特点，我们可以概括为这样几个方面：

第一，儒家文化具有显著的道德性。马克思就曾经指出："如果把西方的文化视为'智性文化'，那么中国文化则可以称为'德性文化'。"[①] 儒家文化的道德性是儒家文化最主要的特征。首先，儒家文化在创立之初的基本思想在于恢复周礼，而礼就属于道德范畴，儒家文化将道德作为重中之重，孔子等代表人物在儒家经典著作中处处体现出道德观以及对道德的重视。《论语》中孔子说："道之以政，齐之以刑，民免而无耻；道之以德，齐之以礼，有耻且格。"不难看出，孔子将道德视为治国的重要手段。而孟子也曾言道："父子有亲，君臣有义，夫妇有别，

---

① 马克思.《黑格尔法哲学批判》导言 [M]. 马克思恩格斯选集：第 1 卷. 北京：人民出版社，1995：15.

长幼有序，朋友有信。"这是对社会个体品德修行的基本要求，也是社会个人为人处世的基本准则。从另一个角度看，儒家文化在某种程度上就代表了道德文化，儒家文化既对个人修行与道德提出要求，也对国家的政治道德提出要求。因此，儒家文化将个人道德与政治道德结合于一身，都融合在文化之中。我国学者钱穆先生说过："中国文化精神应称为道德精神。中国历史乃由道德精神所形成，中国文化亦然。这一道德精神乃是中国人内心追求的一种做人的标准，乃是中国人所向前积极争取到达的一种理想人格。中国文化乃以此种道德精神为中心，中国历史乃以此种精神而演进，没有此种精神，也将不会有此种的历史。"①

第二，儒家文化带有鲜明的政治性。首先，儒家文化的形成自身就脱离不了政治的深刻变革。儒家文化创立之始正是我国社会深刻变革之际，也是封建社会初登历史舞台之际，政治的变革催生意识形态的改变。在这样的复杂背景之下，儒家针对统治阶级的统治现状提出了"德政"和"仁政"这样的主张，尤其是孟子丰富了和发展了这样的思想。儒家文化始终强调政治秩序的重要性，社会民众应当服从统治，遵从"礼"的要求，而统治者应当实施仁政。其次，汉朝董仲舒进一步阐明了儒家文化与封建统治的关系，将两者进行了有效的结合，提出"三纲五常"应当是道德教化的最主要内容，这对于维护统治具有显著的意义。再次，儒家文化在相当长的历史时期都受到统治者的重视并将其作为文化工具控制民众思想，主要原因就是儒家文化较为关注统治者和民众的关系，统治者能够从儒家文化中找寻到治国办法和依据。《大学》里对此提出了明确的阐述，"修身，齐家，治国，平天下"，"修身""齐家"作为"治国""平天下"的基本必备条件，更是强调了"身修而后家齐，家齐而后国治，国治而后天下平，至天子以至于庶人，壹是皆以修身为本"，这种极为具有深度的阐释对统治者的政治抱负提出了要求，并且对统治者治理腐败具有积极意义。由此可见，儒家文化的政治性是极为明显的。

第三，儒家文化具有鲜明的民族性。文化的创造和发展离不开一个民族的传承。马克思主义就曾经这样阐释文化与民族的关系，"任何的文化成果都是民族群体在长期共同劳动、共同生活中创造出来的。"②文化本身具有民族性，不同民族会产生不同的文化。儒家文化是中华民族几千年发展所结出的丰硕文化果实，拥有深厚的历史根基和思想基础。从另一个角度说，正是由于中华民族先人的辛

① 王殿卿、文化·道德·德育 [M].北京：中华工商联合出版社.2004年.第73页
② 马克思，恩格斯.德意志意识形态 [M]// 马克思恩格斯选集：第1卷.北京：人民出版社，1972：69.

勤劳动和勤奋思考,才能够将儒家文化发扬光大。另外,儒家文化对于中华民族整体的思想道德养成和思想政治教育具有指导意义,为中华民族的发展提供了精神动力和支撑。例如,尤为典型的就是儒家文化中的尚道精神,尚道精神在中华民族文明进步中扮演着重要角色,该精神是理想主义与人文主义的集中表达,不断激励中华民族的前进。另外,中华民族传统文化中所提倡了"天下为公""勤俭节约""自强不息"等美德都能够在儒家文化中找到思想根源,也是儒家文化所提倡的。因此,儒家文化的丰硕成果与儒家思想在我国当代的传承都能够体现出儒家思想具有民族性。

第四,儒家文化具有可传承性。儒家文化属于社会意识的范畴,根据马克思主义基本原理"社会存在决定社会意识,社会意识对社会存在具有能动的反作用,社会意识具有一定的可继承性"[1],儒家文化本身作为我国传统文化中的主流思想,其必然要具有可传承性,否则儒家文化的发展必然会遭到强大的阻力。儒家文化中的重要思想,如孔子所提出的"仁爱",孟子所提出的"富贵不能淫、贫贱不能移、威武不能屈"等主张被传承至今依旧受用。儒家文化的可传承性体现出儒家文化思想的科学性和合理性,其不仅仅适用于封建社会,在社会主义的今天依旧发挥着重要作用。儒家文化中的社会伦理道德具有普适性,尊老爱幼、勤俭节约等传统美德必须要继续发扬和传承。尤其是在当今经济全球化、知识多元化的背景下,不同民族之间的文化交流越发频繁,外来文化对我国传统文化的冲击越来越大。儒家文化的传统思想面临外来文化的挑战,这就需要我们加大儒家文化的宣传力度,继续将儒家文化的思想传承下去,同时也要秉持"取其精华、去其糟粕"的理念,让儒家文化真正发挥其应有的作用,为当今的社会发展提供精神动力。

(三)儒家思想文化的发展历程

有关儒家思想发展历程的研究中,有学者认为儒家思想形成并成长于秦汉之前,在汉朝至清朝期间达到成果,并在现代社会实现了转折革新。孔子创立的先秦儒家思想是儒家思想的发展源头,随后在中华文明的发展史中经历了多次的发展与改造,使得儒家思想中的精华得到了传承,优秀儒家思想的价值得到了扩充,逐渐形成了深厚的儒家思想体系。概括起来,儒家思想先后经历了孕育、成熟、没落、复兴的发展历程,但是依然在中华文化中占据重要地位,彰显出来儒家思想体系的生命力。这里从伦理思想史、文化教育史的角度对儒家思想的发展成进

---

① 许胜利.马克思主义基本原理[M].北京:中共党史出版社,2009:85.

行回顾，探寻儒家思想的发展历程。

1. 儒家思想文化的孕育——先秦时期

随着周朝宗法制度的没落与崩溃，儒家、墨家、道家和法家等多种思想体系开始崛起，形成了春秋战国时期"百家争鸣"的局面，孔子作为儒家思想的创始者在春秋时期基本完成了思想体系的创建，并在十多年的周游列国期间，对自己的思想进行阐发和宣传。孔子的一生始终在积极阐发自身以"仁"为核心的儒家思想以及"爱有差等"的道德规范体系与道德修养理论。

此外，周朝官学的衰微也为学问与教育向非贵族阶级流动提供了机会，各类民间私学迅速发展，极大地推动了当时社会文化教育的进步与发展。孔子开办的私学是当时规模最大并且内容非常丰富的私学，在当时社会具有较大的影响。孔子对周朝主要的文献典籍进行了系统的梳理，并依据这些文献来向弟子传授学问。孔子在自身的教育实践中对自身的儒家教育理论体系进行了完善。孔子的弟子在孔子去世后对孔子的儒家思想进行了发展，形成了几个儒家学派，其中以子思和孟子为代表形成的"子思之儒"在思想主张上与孔子较为统一。

战国时期，儒家学派一分为八，其中影响最大的是孟子和荀子，他们分别从"性善"与"性恶"两方面展开对人性的探讨。孟子对儒学的发展在于提出了"仁政"思想，荀子则提出"隆礼"与"重法"，他们进一步推动了儒家思想的发展和进步。

2. 儒家思想文化的成熟——秦汉至明清时期

儒家思想在汉武帝时期经历了一次重大变革，汉朝吸取了秦朝颠覆的教训，呈现出"亲儒远法"的倾向，开始在政治教化思想中融入儒家思想，以期缓解统治阶级与被统治阶级间的矛盾。西汉时期的文学大师与儒家思想者董仲舒结合当时统治者的政治需要，完成了对先秦儒家思想的新阐述与改造，导致儒家思想出现了一定程度上的"神化"，例如"君权神授"与"天人感应"的思想等，并发展了孟子的"五伦"思想，提出了"三纲五常"的思想，推动了"独尊儒术"主张的出现与发展。上述思想观点得到而汉武帝的认可，儒家思想成为当时的政治教化指导思想与文化教育思想，并成为官学教育的主体，同时为儒学出身的学者提供功名利禄之路，对民间教育产生了较强的导向作用。自汉朝起，儒家思想逐渐确立了正统地位。随后，道教兴起，佛教传入我国，逐渐形成了儒释道三教并立的局面，儒家思想的独尊地位受到了冲击，但是其在社会伦理与文化教育中依然具有不可撼动的地位。唐朝的统治者在遵从儒家思想的同时，极力提倡孝道，以期实现对被统治者思想的统一。同时，唐朝统治者将选士权集中到统治者手中，推行科举选士制度，大征天下儒士为学官，并将《论语》和《孝经》作为科举必考科目。可见，此时的儒家思想在国家统治与百姓教化中依然具有重要作用。

宋明时期，儒学同道教和佛教发生了进一步融合，促进了宋明理学的形成，是儒家思想经历的另一次重大变革。理学同时吸取了佛教和道教两种宗教哲学，并对儒家思想中义理进行了深化，例如周敦颐将佛家与道家提倡的淡薄寡欲思想同儒家服从封建纲常的思想相结合，认为人们既要遵守伦理道德，也要安贫乐道。随后，张载、程颢以及程颐对理学思想进行了发展，张载提出了"为天地立心，为生民立命，为往圣继绝学，为万世开太平"的伟大愿景，成为许多儒学与君子的人生理想，当代社会也有许多人将张载的伟大愿景作为自己的人生信条。朱熹在总结儒家前辈思想的基础上，提出了自己的思想观点，是理学的集大成者，例如"格物致知""居敬穷理"等理论。至此，理学得以成型，儒家思想进入了成熟阶段。朱熹将阐述儒家前辈思想的《大学》《论语》《孟子》《中庸》称为"四书"，撰写了《四书章句集注》对其进行注释和讲解，成为人们探究儒家思想的宝贵典籍。儒家思想不仅在两宋时期得到了较大的发展，在两宋的科举考试中也具有极其重要的地位，该时期的科举考试加强了对儒家经义的考察，将儒家思想中的道德理论作为对知识分析进行思想教化与伦理道德约束的主要内容，借助知识分子的中介作用向其他社会阶层渗透儒家思想，实现移风易俗与安定人心的目的。

元朝时期也将儒学作为治国基础，继续使用了科举选士制度。明代开始推崇朱熹的理学思想，并把它奉为法定的官方哲学思想。随后，王阳明对南宋哲学家陆九渊提出的心学理论进行了发展，形成了儒家思想中的心学思想体系，在当时社会产生了重要影响。明朝加强了君主专制制度，科举规章也更加严格，专取"四书五经"的内容来进行科举考试的名邸，且对上述经义的解释主要参照朱熹给出的注解，禁锢了儒家思想的发展。明清交接时期出现了多位儒家思想的代表，如明末三大思想家顾炎武、黄宗羲、王夫之，顾炎武提倡"博学于文"和"行己有耻"的处事原则，并在明朝衰亡之际发出"天下兴亡，匹夫有责"的呼声。清代儒学思想的代表人物有颜元、戴震等，在内忧外患的局势下该时期的儒学者开始发扬儒学思想中经世致用的观点。在西学东渐的冲击下，清朝废除了科举制度，建立了新学制，以儒家思想与儒家德育为中心的封建教育制度随之瓦解。

3. 儒家思想文化的没落——近代时期

20世纪20年代左右进行的政治和教育改革，虽然导致了儒家德育课程的消解，但是儒家思想依然受到了众多知识分子与普通大众的重视，出现了梁漱溟、熊十力以及张君劢等新儒家，形成了崇尚儒学的知识分子群体，积极倡导儒家思想以及其在现代所具有的重要价值，极力拒绝思想体系的全盘西化。这个时期的教育改革虽然受到了西方思想的较大的影响，但是依然将儒家思想中的忠恕、孝悌、恭敬、仁爱和诚信纳入了教育课程中，提倡"修身、齐家、治国、平天下"的理念。教育总长蔡元培先生是将西方价值理念同儒家思想相结合的重要代表人物，其在著作《中国人的修养》中对孔子提出的"己所不欲，勿施于人"等思想进行了收录，推崇孔子的高尚的精神生活。蔡元培认为"自由""平等""博爱"等西方精神在我国儒家思想中同样能够找到对应的范畴。此外，部分教育家和学者通过对儒家思想进行现代诠释的方式，保留并延续了儒家思想中的价值观念，并没有对儒家思想进行全盘否定。五四运动时期，许多知识分子将儒家思想同腐朽的封建文化等起来，出现了"打倒孔家店"等现象，儒家思想受到了重创。该时期的许多知识分子认为儒家学说是教化人和愚化人的思想，以儒家思想为核心的教育是一种奴化教育。实际上，该时期的知识分子对儒家思想产生了片面的看法，以"三纲"为核心儒家思想是儒家思想被统治阶级进行权力化的结果，并不是儒家思想的真正内核，忽视了儒家思想中提倡的"仁爱""孝义"以及注重个体道德修养等观点。五四运动时期儒家思想受到了激进民主主义者的极端批判，其价值几乎被他们全盘否定，导致儒家思想在教育领域的主体地位逐渐丧失。

4.儒家思想文化的复兴——现代时期

在儒家思想遭受重创的情况下，一批真正认同中华文化并且主张吸收西方文化来充实和改造中华文化的学者开始涌现，该群体被称为"现代新儒家"，例如近代时期就已经开始活跃的熊十力、梁漱溟以及马一浮，还有在当代儒学研究中发挥出中坚作用的冯友兰、贺麟以及唐君毅等。在20世纪80年代出现的"文化热"浪潮中，新儒家同西化论者、国粹论者进行了争论，促进了儒家思想的新发展，儒家思想的价值重新得到了彰显。改革开放以来，社会的进步、经济的发展以及文明的失落，使得儒家思想中的某些理性和品格重新得到了重视。儒家思想在中华民族传统文化中占据着主体地位，尤其是从儒家思想经历了的历代治国理念、政治制度构建、个人修养等层面最核心的价值观来看，儒家思想构成了中华传统文化的核心，奠定了中华文化价值观的主要基调以及道德教育的文化基础。要对中华优秀传统文化中的仁爱、正义、重民本、守诚信以及尚和合与求大同的时代价值进行深入挖掘与阐发。可见，优秀儒家思想的价值在当代得到了重视，促进了优秀儒家思想的复兴与发展。

二、儒家思想文化在当代高校思想政治中的价值与意义

（一）当前社会主义建设环境中对儒家思想文化的呼唤

在世界四大古文明中，仅有中国文明能够延续至今而未中断，其间虽然经历数次少数民族入主中原，但是都以少数民族心悦诚服接受汉化为结果，不仅如此，在数千年的中外交流史上，中华文明历来都是独领风骚，为世人所瞩目。在保持民族文化先进性、推动中国文明不断发展的过程中，儒家思想长期作为官方正统思想和教育思想，以其独有的思维方式和精神内核，发挥了重要的作用。到了近代和现代，在探索中华民族复兴的艰难历程中，人们对儒家思想等传统文化的价值有一个重新思考与认识的过程。虽然经历过多次例如"打倒孔家店"或是"破四旧"运动的冲击，儒家思想似乎并不曾离开这片土地，传统文化依然在人们的实践中起着潜移默化的作用，传统的伦理道德观和以家庭生活为中心的生活方式仍然或多或少的作为一种根基而存在。从明清时期开始的西学东渐，西方文化逐渐融入中国人的文化生活，但是几百年的融合并不能抹去或者淡化东西方迥异的文化差别，即使在高度现代化、西方化的香港，仍然能看到儒家文化的影子无处不在，这正好说明在现代生活中，传统文化仍然能够与时俱进，并且能够发挥重要的作用，现实不能也无法与传统割裂开来。

当前形势下，尤其是在繁荣社会主义文化事业，办好新时代中国特色社会主义教育和建设好社会主义精神文明等方面，儒家思想以其博大精深的内容和与时俱进的特质同样显现出引人注目的时代价值。2015 年 5 月 5 日，由国务院常务会议审议并通过《国家中长期教育改革和发展规划纲要（2010—2020 年）》，明确提出要"积极推进文化传播，弘扬优秀传统文化，发展先进文化"。在党的十七大报告中，又指出对于传统文化要"去其糟粕，取其精华，使之与当代现代文明相协调，保持民族性，体现现代性"[①]的方针，并且 1994 年中共中央、国务院发出在《爱国主义教育实施纲要》提出"要进行中华民族优秀传统文化教育"之后，再一次强调要"加强中华优秀传统文化教育"。基于此，党的十八大作出"文化强国"和全面提升公民道德素质的更高要求，指出"文化是民族的血脉，是人民的精神家园。全面建设小康社会，实现中华民族伟大复兴，必须推动社会主义社会大发展大繁荣，兴起社会主义文化建设新高潮，提高国家文化软实力，发挥文

---

① 胡锦涛.高举中国特色社会主义伟大旗帜为夺取全面建设小康社会新胜利而奋斗——在中国共产党第十七次全国代表大会上的报告 [J].求是.2007（21）：3-22.

化引领风尚、教育人民、服务社会、推动发展的作用"①，将文化建设特别是弘扬儒家传统文化作为"五位一体"中国特色社会主义建设总布局的重要一环。儒家注重和谐，不仅注重人与自然的和谐，更倡导在人际交往中践行一种宽厚、谦让的品德，儒家的最高理想表现为实现天下大同，这是最高层面的和谐，这对于我们构建中国特色的社会主义和谐社会有着不可估量的作用。最近，习近平总书记在山东省曲阜市进行调研考察时，还特意到孔子研究院，在翻阅了两本儒家书籍后表示，要将两本书带回去仔细读一下。所有的这些都表明了儒家思想的时代价值已经越来越被我们党和整个社会所重视，彰显出儒家文化的强大生命力和与时俱进的精神品格。

在构建社会主义和谐社会的实践中，应注意到儒家思想的"仁爱""民本"等理论具有重要的借鉴意义和不可忽视的现实价值。"仁爱"是孔子思想的核心，强调的是协调人与人之间的关系，以爱亲人之心爱众人，体现出深厚的人道主义情怀。"民本"思想经过孟子"民贵君轻"理论的发展而受到历代封建王朝统治者的青睐，成为一种重要的治国思想，带有最初的民生主义色彩，并发展为今天的"为人民服务"理念。此外，儒家思想具有浓厚的"家国天下"情怀，历代都有著名的爱国志士留下诸如"先天下之忧而忧，后天下之乐而乐""天下兴亡，匹夫有责""苟利国家生死以，岂因祸福驱避之"等脍炙人口的名言，正是因为儒家思想强调个人对国家存亡、天下兴衰应该负有责任感，每当在国家生死飘摇之际，历朝历代都有大量可歌可泣的英雄人物涌现出来为国抗争，这些传统都有助于我们现在加强社会成员对于自身社会责任的担当和爱国主义情怀的提高。儒家注重道德修养，从孟子提出的"仁、义、礼、智"德之四端到董仲舒在此基础上演变为"仁、义、礼、智、信"的五常，再到后来"八德"，这些都是儒家坚守并践行的道德信条。道德还有相当的额外作用，正如孔夫子所说的："道之以政，齐之以刑，民免而无耻；道之以德，齐之以礼，有耻且格"，这体现出的治国思想正是我们贯彻落实"以德治国"理念的理论依据。

（二）儒家思想文化在高校思想政治教育方法中的价值

1. 儒家的教学方法可以被高校思想政治教育所用

儒家教育者们在长期的教学实践中，总结出了一套广泛适用的、科学的教学方法，"因材施教"就是其中广为流传，并广为称颂的教学方法之一。而"因材

---

① 胡锦涛. 坚定不移沿着中国特色社会主义道路前进为全面建成小康社会而奋斗——在中国共产党第十八次全国代表大会上的报告 [J]. 求是，2012（22）：3-25.

施教"在现代教育中的各科教学中也是被普及和广泛使用的，并且已经成为现代教学的基本的教学原则。"因材施教"，从狭义上来讲，即为根据教育对象所具有的不同特点，有目的地对教育对象进行教育的活动，从而能够实现个性化"人才"的培养。具体来讲，"因材施教"的关键在于对教育对象的比较深入、全面地了解，了解教育对象的个性，"视其所以，观其所由，察其所安"，把握对教育对象所要进行教育的内容、方法、手段、时机，不仅做到要因人施教，也要做到因事施教甚至是因时施教，根据教育对象的性格、品质、智力以及兴趣等对教育对象分类教学，扬其长、补其短。从广义上来看，儒家教育方法中的"因材施教"还应该包括针对国情以及实时的差异和变化来采取相应的教育。不能在拿着一成不变的课本照本宣科了，政治教育最应当体现其时代性特征，与时俱进是思想政治教育面临的重要问题。

目前我们高校思想政治教育正面临着由于各种原因而造成的教育环境或者是教育条件等多方面的差异，针对目前我们高校教育的种种差异，我们应当发挥好"因材施教"在高校思想政治教育中的作用，根据不同地区、不同学校的差异采取因地制宜、区别对待的方法。近年来由于高校扩招带来了诸如教学资源和师资力量的相对不足等问题，许多高校被迫采取过多的大班授课的模式，在一定程度上使得因材施教不能很顺利地实施。针对这种情况应该积极创造条件，利用好现有资源开展好思想政治教育工作。诸如远程教育、多媒体教学、一对一专门辅导等现代教学手段对学生展开因材施教的思想政治教育。此外也可以充分发挥高校辅导员的职能，近几年来高校辅导员越来越专业化、专职化、专家化，可以从辅导员自身素质培养方面多下功夫，针对这一部分特殊教育者进行儒家教育思想的培训，让其成为介入大学生思想政治教育的新切入点，深入高校大学生的学习生活中，针对不同学生的实际情况，自如运用专业素养去引导每一个学生，将思想政治教育工作落到实处，具体问题具体分析，真正扭转和引导每一个学生的每一个思想问题，做到真正的因材施教，将高校思想政治教育化成点解决，连成线教育，带动面的提高，促使整个高校思想政治教育的长足发展。

2. 儒家的教育方法可以被高校思想政治教育借鉴

孔子在他的教育方法中讲到讲"不愤不启，不悱不发"，这里的"愤"即为学生行积极思考问题，意欲解决，但是并不能完全清楚的矛盾状态。"启"即为在这种状态下，教师应对学生所思考问题给予方法上的适时、适当的指导，从而帮助学生使得其思路畅通。"悱"是指思考问题到了一定的阶段，但并没有完全思考出来，想要说但很难通畅地表达出来的一种状态，"发"即为在这种状态下教师应该指导学生理清脉络，找到本质，最后彻底解决问题。尽管对于"启发式教育"孔子仅仅用八个字来概括，但是足以完整地把"启发式教育"描述出来了，并且也详细地描述了学生的矛盾心理和教师应当怎样做。启发式教育的方法不仅适用于各种自然学科的教学中，同样适用于高校思想政治教育中。

面对瞬息万变、复杂多样的社会现象以及各类矛盾，由于认知和实践的不足，高校学生极易迷惑和不解，在这时，就应该对其加以引导和解释，高校思想政治教育不仅是培养大学生的政治素养，更是让大学生明白我们该做什么不该做什么，什么才符合我国社会主义建设者和接班人的要求，因此高校思想政治教育更重要的是起到引导和预防作用。借鉴这一方法，高校思想政治教育工作者可以根据学生现阶段的特点创设各种问题，模拟各种情境，让学生根据自身的思想政治觉悟水平先行讨论解决，在遇到迷茫困惑和道德冲突时给予正确的启发使之顿悟，这种方法比一味地灌输式教育更加透彻形象深刻，使高校的思想政治教育变得不再刻板书面化，从而让学生更好地理解和看清变换复杂的事物本质，这才是当代高校思想政治教育所追求的最终目标。

例如，儒家重视在教学中多多采用启发式的教育方法。子曰："学而不思则罔，思而不学则殆。"孔子不赞成死读书的学习方法，他强调学习过程中思考的重要性，而思考的目的就是达到举一反三的效果，在这个过程中，老师作为一个启发者而不是单纯的传授者，让学生主动地去学习，而不是被动地接受。孔子讲"不愤不启，不悱不发，举一隅不以三隅反，则不复也""告诸往而知来者"，就是告诫学生应该在学习过程中要勤思考，善于发散思维，做到"闻一以知十"。在教学实践中不能总是一味地采用灌输的方法，始终牵着学生的思维而不注重启发他们进行自主学习，而学生应该自主掌握知识而不能总是依赖于教师。灌输式教育方法仍然是当今各个学校的主要教学手段，由于学生在升入高校前长期接受的是这样的教学方法传授的知识，以至于他们已经习惯于被动地获取知识，自身的求知欲和创新能力大打折扣。高校思想政治教育由于课程内容比较抽象，涉及纯理论性的知识点很多，在实际教学中如果不注重采纳启发诱导式教学方法，很容易让学生感到空洞乏味而丧失学习乐趣，因此，高校思想政治教育在教学中应该着重借鉴采纳儒家的有益教学方法。

此外，儒家提倡教学主客体之间要实现"教学相长"，认为在教学活动中，教师固然起着主导作用，但是如果师生之间能够形成良好的互动，对于实现教学目标，活跃课堂气氛乃至对整个教学活动都有着毋庸置疑的积极作用。孔子明确地肯定了这一点，他曾说过"启予者商也"，认为自己在教学实践中，自己与学生之间的讨论不仅推动了整个教学活动，而且对他自己来说也是裨益良多。思想政治教育课程在授课过程中大多偏重于采用说理式的教学方法，较为缺乏教学主客体之间的互动，这对于教学目标的实现是不利的。在教学实践中，可以多借鉴儒家提倡的"教学相长"思想，围绕更好地实现教学目标，将本门课程中存在的各个教学难点、重点先辨析再论述，多鼓励头脑风暴式的教学尝试，形成良性的课堂互动，增加课堂趣味性和学生参与意识。物质的交换并不能带来量的积累，思想的交流却能带来意识的飞跃，采用教学相长的教学互动可以达到双赢甚至多赢的预期，一方面课程的教学目标能够圆满的实现，另一方面学生的思想政治水平获得了提升，同时，授课教师也能获得新的认识，自身也得到了全新的发展。

3. 儒家的学习方法可以成为高校思想政治教育的学习方法

孔子在强调在学习的过程中既要学习，又要思考，否则"学而不思则罔，思而不学则殆"。在这里的"学"就是要学习并掌握道德知识、道德理论。如果只有"向善"的动机而不去学习如何"向善"，学习何者为"善"的话就很难真正的"向善"。孔子说，"好仁不好学，其蔽也愚；好知不好学，其蔽也荡；好信不好学，其蔽也贼；好直不好学，其蔽也绞；好勇不好学，其蔽也乱；好刚不好学，其蔽也狂"[1]，即道出了"学"的重要作用。当然了，只有"学"还是不够的，还必须做到"学"与"思"的结合，"思"即对自己行为的反思，用所学习理论剖析行为的过程。

在高校思想政治教育中，应当积极培养学生的自主思考能力，只有化被动的为主动，积极地学习和思考，道德认知才有可能内化为人的思想。当代高校思想政治教育不能仅停留在传统的说教形式，大学生的思想政治教育不单纯是理论的学习，课堂书本知识的灌输，任何一种理论性的学习如果不能内化成为人的认知性学习去指导实践，那么就不能称之为思想教育，因此高校思想政治教育应当多多给予大学生自己思考的空间，慢慢摒弃传统教学模式，加入以人为本的教学理念，培养学生学思并重的学习意识，让理论与实践相结合，真正将高校思想政治教育的作用发挥出来。

（三）儒家思想文化的爱国思想维护了高校思想政治教育

爱国主义精神是中华民族在历史发展中最宝贵的精神财富，它维护了中华文明数千年辉煌而不中断。中华人民共和国成立后，爱国主义传统被很好地传承下来，无论是爱国主义精神内涵还是爱国主义教育，都得到了极大的丰富和发展。

---

① 孔子. 论语 [M]. 北京：中国文联出版社，2016.

当今时代，虽然说和平与发展是时代主题，但是我们绝不能松懈爱国主义教育，正如前人留下的古训，"忧劳可以兴国，逸豫可以亡身"，其中蕴含着的深刻道理提醒我们，加强爱国主义教育就是稳固社会主义事业。在当前形势下，要办好有中国特色的社会主义爱国主义教育不仅要加强社会主义红色文化教育，还应当注意到以儒家思想为代表的传统文化中包含着一脉相传的爱国主义精神，在思想政治教育中应该充分发掘这些传统的、具有独特民族色彩的内容。儒家注重爱国主义的教育，从孔夫子创立儒家学说开始，"忠君爱国"就一直是儒家政治思想的重要内容，经过历代大儒的发展和倡导，入世进取、兼济天下的思想成为读书人毕生的追求。"在家尽孝，在朝尽忠"，所谓"疾风知劲草，板荡识诚臣"，为主尽忠是儒家认可的最主要的一种爱国主义精神。尽管儒家"忠君爱国"思想中有一味强调君主至上的封建主义因素，但是我们仍能辩证地得到许多有益的借鉴。在"大道之行也，天下为公""国而忘家，公而忘私"^① 中我们能看到大公无私的集体主义精神，在"修身而后家齐，家齐而后国治，国治而后天下平"中我们能看到儒家特有的家国天下情怀，从宋朝范仲淹的"先天下之忧而忧，后天下之乐而乐"到清朝顾炎武的"天下兴亡，匹夫有责"中，我们能看到那种深沉的忧国忧民意识和强烈的社会责任感，在"捐躯赴国难，视死忽如归""人生自古谁无死，留取丹心照汗青"中，我们看到扶大厦之将倾，舍我其谁的爱国主义情怀。正是因为儒家思想一贯以来将国家之兴衰存亡作为每个人与生俱来所要捍卫的最高天职，古往今来，每当国家面临危难的时候，总会涌现出许多仁人志士，他们毁家纾难，尽忠报国，"虽九死其犹未悔"，以自身的爱国壮举在历史的书卷中留下了可歌可泣的壮丽诗篇，尽管时隔久远，但是我们仍然能从这些爱国主义者的人生经历和著述中感受到他们饱含深情的爱国情怀。这些闪耀在历史中的爱国主义者，其人生经历和生平著述正好可以作为当今高校思想政治教育的绝好素材。

社会主义的爱国主义和儒家宣扬的爱国主义是有区别的，在爱国主义教育实践中，对于儒家爱国主义思想中所包含的精髓应该采用批判继承的态度来辩证对待，摒弃其中诸如被斥之为"愚忠"的封建思想因素，对于其中的诸如"夙夜在公""以公灭私，民其允怀"等有益成分则加以继承并发扬。思想政治教育是加强爱国主义教育的主阵地，高校思想政治教育始终将培养和提高学生的爱国主义情怀作为一项重要的教学目标，因为爱国主义有助于提高民族自尊心和自信心，有助于增强民族向心力与凝聚力，同时也是我们建设有中国特色的社会主义事业的精神动力和保障。对于个体的成长而言，高校学生是国家的栋梁，社会主义事

---

① 　班固. 汉书 [M]. 上海：中华书局，1962.

业的接班人和开拓者，爱国主义素养能够帮助他们树立起崇高的人生理想，在实现其远大抱负的过程中不断勉励并激发他们的进取心，这对于塑造高校学生正确的人生观、世界观和价值观都有着极为重要的作用。高校学生应该自觉提升爱国主义素养，以先辈们如日月经天般的爱国壮举陶冶自己，早日践行为中华崛起而读书的爱国理想。

（四）儒家思想文化丰富大学生思想政治教育的载体

思想政治教育文化载体是指："思想政治教育者充分利用各种文化产品并将思想政治教育内容寓于文化建设之中，以此影响人感染人，以达到提高受教育者思想道德素质的目的。"[①] 这一概念包含两层含义：一是主动将思想政治教育内容融入文化建设中，感染受教育者。二是寻找、运用已有文化产品中的教育因素。儒家优秀文化可以作为文化产品，发挥大学生思想政治教育的功能。除此以外，儒家优秀文化本身也可以作为文化载体。儒家优秀文化作为大学生思想政治教育的文化载体，一方面增强了大学生思想政治教育感染力、影响力，另一方面提高了大学生的历史文化素养和思想道德品质。

（五）儒家思想文化的道德追求提升高校思想政治教育的价值

高校思想政治教育最重要的教学目标是为社会主义事业培养人才，帮助学生实现全面而自由的发展。这里所说的全面发展，是指人的道德水平、智力水平以及身体素质等多方面的全面发展，其中，道德水平的高低是决定一个人在社会生活实践中如何立足的关键，因为一个人无论智力水平如何，能力如何，如果没有良好的道德修养，就不会自觉承担自身的社会责任，也不会把为人民服务作为自己的行为准则，甚至走上危害人民的道路。因此，在思想政治教育的实践中，应当加深对道德教育的认识，把培养学生高尚的道德修养作为重要的教学目标，通过各种有益手段来帮助他们最终成长为德才兼备的人。儒家道德修养教育在高校思政道德教育实践中有着独特的价值。

儒家重视个人的品德修养和人格操守，以"内圣外王"的"圣人气象"作为毕生的学习榜样，他们认为人独有的道德操守是造成"人禽有别"原因，孔子归纳出一个人的理想生活状态是"志于道，据于德，依于仁，游于艺"，并把良好的道德情操视为生活的基础，人的一切活动都应该以"德"为依据。事实上高尚的道德修养并不是一朝一夕就能够养成的，它必须通过后天的教育和自身不断的

① 张耀灿，陈万柏.思想政治教育学原理[M].北京：高等教育出版社，2015：253.

努力而提升，最终达到"止于至善"的最高境界。也正是因此，在儒家教育思想中，道德教育被作为最为重要的内容之一。孔子曾告诫弟子们，对待道德的态度应该是"君子不患人之不知也，患德之不修也，己之不学也"，又提出了"弟子入则孝，出则悌，谨而信，泛爱众，而亲仁，行有余力，则以学文"的道德教育主张，并且应用在自身的教学实践中，所培养的孔门三千弟子中有许多人不仅成为名动一时的大儒而且青史留名，儒家学说也因此成为当时的显学。孟子继承了孔子的德育思想，提出了"性善论"，指出人被后天环境遮蔽住的善的本性能够通过道德教育来唤醒，即"恻隐之心""羞恶之心""辞让之心"和"是非之心"的回归能使人具有"仁、义、礼、智"四种美德。孟子重视环境对人的影响，主张"设庠序学校以教之……"，学校不仅仅被视为学习文化知识的场所，更被作为"明人伦"，提升道德修养的地方，体现了儒家一贯地重视道德修养的主张。南宋的理学大师朱熹同样重视道德教育，他在《近思录》中谈到"先王之学，以明人伦为本"，他所说的"明人伦"，指的是"父子有亲，君臣有义，夫妇有别，长幼有序，朋友有信"的伦理道德，在处理好这五者关系的基础上，他又进一步提出所谓的"八条目"，即"格物、致知、诚意、正心、修身、齐家、治国、平天下"，明确指出个人需要通过不断的修养才能提升自身的道德品质。在生活实践中，朱熹践行儒家倡导的"知行合一"理念，说起自己书院讲学的主要原因是"修德是本，为要修德，故去讲学"，作为儒家的集大成者都需要在生活实践中不断地"修德"，这对于后世的我们有极大的启发。

一般来说，对于个人道德修养的提升比知识素养的增加更为重要，尤其是在当今社会道德滑坡、物欲横流的现状下，高校思想政治教育应该注重借鉴儒家思想对于道德品质及人格理想的不懈追求，深刻挖掘儒家思想中的德育思想和道德修养方法，但在同时也应该注意甄别儒家伦理道德观念中所包含的封建糟粕。在具体的教学实践中，要有机地将现代与传统融合起来，更好地陶冶学生的道德情操，提升他们的道德品味和人格力量，以期增强他们对于庸俗道德观念的免疫能力。

（六）儒家教育思想在高校思想政治教育内容上的价值

1. 儒家教育思想为高校思想政治教育提供了丰富的思想资源

（1）"仁爱"为本，有助于和谐校园、和谐社会的构建

儒家一向提倡以"仁爱"之心待人，强调"天时地利人和"，注重自然界、人类社会的和谐。"仁"可以说是儒家道德思想的核心，儒家思想中推崇的"仁爱"

不仅强调要多站在别人的角度为他人着想，同时更加注重人对自己的自我约束。儒家的这种"仁爱"的思想间接地为我们提供了处理人我关系的准则，以及践行这一准则的途径和方法。

（2）"天下为公"有助于集体意识和爱国主义的培养

"修身、齐家、治国、平天下"是儒家教育思想的要求，在儒家思想中非常重视国家和集体的利益，《礼记》中提出"大道之行也，天下为公"，可见在儒家教育思想中集体和国家的利益是远远高于个人利益的，正是在这种思想的影响下，一代代仁人志士表现出了在民族危难之际的大义凛然，出现了许多无私为国的先驱。在新的时代下，我们的高校思想政治教育更加应该将这一中华民族的优秀传统更好地继承和发挥，来克服各种思潮带来的如利己主义、腐化堕落等问题，发扬集体主义、爱国主义、为人民服务的精神。

（3）"长幼有序"有助于强化个人的责任和义务

儒家教育思想提倡"父子有亲、君臣有义、夫妇有别、长幼有序、朋友有信"，这样的规定就确定了在社会中人们所扮演的角色以及这种角色所应当承担的责任和义务。对于高校大学生尤其是正值"80后""90后"的大学生来说，从小沉溺于家庭溺爱，长幼观念非常薄弱，形成关键认知的中学时期又被繁重的课业所累，很多大学生在入学后出现了人际交往困难等障碍，形成了道德教育的断层。若是在高校思想政治教育补上大学生道德缺失的这一课，正确地给予大学生各种角色定位，强化每一种角色的责任和义务，对于今后顺利扮演各种社会角色将会有非常积极的影响。

（4）儒家教育思想追求高尚的道德境界有助于树立崇高的道德理想

在儒家教育思想中，对于精神层面、道德层面的追求和重视远远地超过了对于物质方面的追求和重视。而在精神和道德追求中，儒家教育思想特别重视树立崇高的道德理想和刚健的道德人格。将儒家高尚的道德境界融入高校大学生的意识形态教育将会对整个社会以及未来中国的发展产生深远的意义。

2. "德育首位"是"四有"新人培养的道德基础

高校思想政治教育的根本任务就是要培养有理想、有道德、有文化、有纪律的"四有"新人。"四有"新人的培养意义重大。首先，培养"四有"新人是人的全面发展的需要。马克思主义经典作家把人的全面发展作为社会进步的重要标志。而人的全面发展不仅指人的智力、体力的发展，更指人要发展成为高度文明的人，即德智体美全面发展的人；其次，培养"四有"新人是人类社会发展进步的需要。人类社会要得到发展和进步，就既要取得物质文明的进步，也要取得精神文明的进步，这在客观上要求人的思想道德素质和科学文化素质达到一个较高的水平，"四有"新人的培养既是社会文明的需要，也是人类社会进步的需要。

继承、弘扬儒家教育将德育放在首位有助于帮助高校学生树立正确的人生观、价值观、世界观，有助于培养学生有利于共产主义事业建设应有的道德品质，对于学生投身于社会主义建设的伟大事业意义重大，是培养"四有"新人的根本要求。

3. 儒家教育思想中重义轻利的思想，对大学生树立正确价值观意义深远

当代高校学生成长于社会的转型时期，受到来自国内外各种思想、意识、观念的影响和渗透，高校学生的价值观呈现出来多元的、复杂的局面。我们不能否认高校学生由于社会阅历不深对于许多问题还是缺乏深刻的认识，当面对有些复杂环境的时候，很容易引起有些学生出现实际行为表现与道德认知的背离、实际选择与价值目标的背离，这些都影响到高校学生正确的价值观的树立。现今，如果我们利用儒家思想的义利观来引导大学生的正确价值观的树立，势必会有一定的积极影响。

（七）儒家思想文化对于高校学生提升自身道德修养水平具有的价值

1. 儒家自我反省的修养方法对高校学生的借鉴意义

儒家注重个人道德的自觉自律，孔子提出了"见贤思齐""克己内省"等著名的道德自我修养方法，认为个人道德水平的提高根本动力在于个人的自觉性，在于个人的反省能力。《中庸》一书中记载有"反求诸其身"的反省方法，也即孟子所要求的在道德实践中要多从自己身上找问题，找原因，认为"行有不得者"都应该首先做到"反求诸己"，在《孟子·公孙丑上》中，他举了一个例子说"仁者如射：射者正己而后发；发而不中，不怨胜己者，反求诸己而已矣"，这和曾子"吾日三省吾身"是一个道理。

儒家的这些自我修养功夫对于当今高校学生有着重要的意义，马克思认为在事物的发展过程中，内因起着决定性的作用，个人在追求自我道德水平提升的过程中，同样应该首先注意到内因起到的决定性作用，不能一味地依赖外部环境的教育而被动接受。在思想政治教育中应该融入儒家自我反省、自我提升的道德实践方法，增强高校学生在道德教育中的主体意识，激励他们的道德实践积极性，从而实现由道德的他律转为自律。

儒家对于道德的自我修养并没有止步于简单的反省，反省的目的在于找出不足进行改过和升华。在这方面，孟子说自己"善养浩然之气"，他提出了"存养"

和"扩充"的理论，认为人的天性本来是善良的，但是后天的生活环境中存在邪恶的影响，"存养"和"扩充"的修养方法能够保持人的本性不受染污，通过不断的努力，最终达到"圣人"的完美境界。高校学生在自我修养中应该充分借鉴这些理论，道德的提升不是一蹴而就的，一方面应该注重加强自身的反省工夫，见贤思齐，见不贤而思改过，一方面也应该在自省的基础上不断改过迁善，将道德理念不断内化为自己的人格，实现道德的真正提升。

2. 儒家思想文化对高校学生树立正确价值观的意义

"为天地立心，为生民立道，为往圣继绝学，为后世开太平"是宋朝理学家张载的志向，但这句话同样表达出所有儒士的心声。"君子谋道不谋食"，儒家以君子为自我修养的目标和理想，尊崇仁、义、礼、智、信的道德标准，以国家、民族以及信守的"道"为重，轻视物质享受。孔子说"三军可夺帅也，匹夫不可夺志也"，一旦确立起追求理想人格的志向，同时便拥有了无穷的精神力量，在"臻于至善"的道路上以圣人为楷模，以贤人为师友，即使是在困境中，也依然是上下求索，九死不悔。颜回是千古留有贤名的孔门弟子，一生信守老师传授的"善道"，重道德重精神而轻物欲轻享受，获得孔子的称赞："贤哉回也，一箪食，一瓢饮，在陋巷，人不堪其忧，回不改其乐。"

对于中西文化激烈相撞的今天，再加上社会经济正处在转型时期，资本主义的拜金主义、享乐主义等精神糟粕也应势而起。高校学生身处在这个复杂而多元化的时代，他们一方面接触到一些西方进步的理念，自身也得到了相应的发展，但是另一方面由于自身的不成熟而容易受到一些不良思想观念的影响却又不自知，在日常生活中面对一些价值判断和选择的时候有时会出现与道德的偏离。针对这些问题，无论是儒家践行的重义轻利的君子风范，还是"饭疏时饮水，曲肱而枕之，乐亦在其中矣"的安贫乐道精神，都有着积极的作用。在高校学生树立、培养正确价值观的过程中，应该注意多借鉴儒家思想的有益内核，多用儒家积极向上的思想砥砺自己，"富贵不能淫，威武不能屈，贫贱不能移"，树立起远大的志向，并以一个人格典范为楷模，即使在生活中遇到价值观动摇的情况，也能从儒家思想中获取坚定信念的精神力量。

3. 儒家思想文化对高校学生建立良好人际关系的意义

儒家重视和谐的精神，认为"君子和而不同，小人同而不和"，"和"的精神本质是儒家提倡的中庸思想，所谓中庸就是不偏不倚，凡事不走极端。儒家"和"的理念运用在人际交往中就是"以和为贵"，即使是交战双方也能做到只是分出胜负为止。在高校学生之间的交往中，儒家重"和"的理念有益于良好的人际关系的建立，青年人血气方刚、激情四射，难免会遇到一些境界而冲动，"和"的本质有助于消解人的争斗之心，从而促成人与人之间的和睦相处。

儒家对高校学生在建立良好人际关系方面的帮助还在于"仁爱"思想，孔子说"己所不欲，勿施于人""己欲立而立人，己欲达而达人"，如果在人际交往中，高校学生都能互相体恤对方，用仁爱之心去真诚待人，那么一定能形成一个和谐的校园环境。孟子说过"老吾老以及人之老，幼吾幼以及人之幼"，在人际交往中，儒家提倡每个个体都要做到"推己及人"。如果每个人都能做到由己及人，由家及国，那么整个社会就和谐了，这种和谐的人际关系也正是儒家心目中大同世界的写照。

总的来说，儒家思想对于高校思想政治教育实践来说有着非常大的价值，无论是教学活动本身还是对学生的塑造都具有现实意义。以上所述的的儒家思想在当代高校思想政治教育实践中的价值仅仅只是管中窥豹，随着研究的深入和对儒家经典的深刻挖掘，一定能发掘出更多的益于思想政治教育的丰富内容。

三、大学生思想政治教育的儒家优秀思想文化融入的依据

（一）大学生思想政治教育的儒家优秀思想文化融入的理论依据

1.内容的共通性

作为一种具有意识形态性的文化，儒家优秀文化涉及包含道德教化等在内的多个方面，对人们的思想和行为产生了重要的影响。我们思想政治教育工作的开展就要学会因势利导，学会借助这些价值理念来进行扎实有效的工作。总的来看，思想政治教育与儒家优秀文化在内容上的共通性可归结为以下三个方面：

一是道德观教育方面。道德不同于法律，主要靠人的自我约束和内在反省来发挥作用。思想政治教育就是借助道德这种无形的约束力，在全社会营造一种共同的价值氛围，引导全体社会成员在这种氛围下学习和生活，进而养成良好的道德品行，更好地服务于社会和人民。同样儒家优秀文化也十分注重人的良好道德品质的养成，这点从儒家优秀文化包含的道德教育内容便可以看出。儒家优秀文化蕴含的道德教育内容都可以贯穿在我们日常教育工作中，潜移默化地影响着人的处事行为和认知态度。

二是理想信念教育方面。理想信念教育的目标是引导人们树立坚定信念，献身于社会主义现代化建设事业，努力实现共产主义，这是我国思想政治教育中的重要内容。这些内容与儒家思想文化中自强不息、奋发向上的进取精神及建立大

同世界的共同理想在本质上是一致的，根本目的在于为社会培养全面发展的人。

三是价值观教育方面。加强爱国主义、集体主义和社会主义教育，坚持国家利益、集体利益高于个人利益，这是思想政治教育对全体社会成员提出的共同要求。这与儒家优秀文化倡导的义利观不谋而合，对良好社会风气的形成具有正确的导向作用。

2. 方法的互鉴性

从具体的实施过程来看，思想政治教育通过对人进行思想层面的教育，凭借自我约束和自我反思规范人们的行为，使人们的思想观念、道德行为等符合整体社会价值的要求。在人的正确价值观念形成这一点上，儒家优秀文化与思想政治教育具有相似性。以陶冶教育法为例，要求在整个教育过程中通过创造良好的教育氛围，充分利用环境教育来达到教育目的，该方法已成为当前思想政治教育的一个重要方法。再比如我们熟悉的示范教育法、情感教育法、因材施教法、实践教育法等常用的思想政治教育方法，都是在对儒家教育方法批判与扬弃的基础上演化而来的，这些方法在思想政治教育工作中发挥了重要作用。

3. 目标的一致性

文化是由人类创造的，在一定意义上文化具有塑造人、培养人的作用。究其根源，我们所接受到的教育，很大程度上来源于文化，即文化育人。作为传统文化主流的儒家优秀文化也不例外。"孔子指点孔鲤学诗学礼"的故事就说明了中华民族历来具有重视文化教育的传统。儒家优秀文化历经两千五百多年的发展演变，时至今日依然枝繁叶茂，为思想政治教育的开展提供了深厚的文化背景。值得注意的是，儒家优秀文化十分注重健康人格的养成，倡导人的精神境界的提高。今天看来，儒家文化所倡导的这些观念与我们现在所追求的全面发展的人的终极目标是一致的。

（二）大学生思想政治教育的儒家优秀思想文化融入的现实依据

1. 新时期新形势新内容对思想政治教育提出的新要求

当前的小康社会不仅仅是停留在解决温饱问题、促进经济发展的层面上，"全面"既包括政治社会、经济社会的发展，也应当包括文化社会的全面发展。由于文化自身具有的相对独立性，文化的发展与政治经济的发展并不是亦步亦趋的，有时甚至会落后于政治经济社会的发展。在我国政治经济快速发展的新形势下，人们日益增长的精神文化需求同社会政治经济发展速度之间的矛盾日益加剧，这不得不引起人们的高度重视。大力发展社会主义先进文化、满足人们的精神文化需求成为当前社会建设的重中之重。在文化建设的过程中，西方文化思潮和价值观念的不断涌入使得人们的道德、价值取向呈现出多样化、多向化、多维化、多层化的发展趋势。当前 00 后大学生成为思想政治教育教学的主体，他们正处在世界观、人生观和价值观形成的关键时期，需要对他们的言行加以正确引导。可见，将儒家优秀文化融入思想政治教育全过程势在必行。

2. 对当前大学生思想政治教育存在问题的反思

经济全球化和网络一体化的快速发展一方面给我们带来了丰富的物质财富，极大地扩展了人们的交际范围，开拓了人们的眼界，另一方面也给我们带来很多矛盾和新问题。一元化观念体系在一定程度上被解构，社会成员的价值取向日趋多元化，这一系列的变化使得当前我们的教育工作困难重重。面对现实我们不难发现：新时期新形势下，作为思想政治教育主体的大学生在思想观念上出现了一些新的变化。他们对新事物充满了好奇，渴望接触新事物。与此同时他们爱憎分明，有着强烈的个人观念，但心理上的不成熟往往使他们思想偏激以致出现过激行为，急需加以引导。这就要求我们结合现实找出问题，挖掘可用的教育资源，创新教育方法和载体，增强当前教育工作的针对性、实效性。

四、儒家思想文化融入大学生思想政治教育的原则

（一）主体性原则

一般来讲，在思想政治教育过程中教育者是教育主体，教育对象是教育客体。在以往的课堂教学中主要以教师为主体，即教师讲解为主，多采取灌输的方式，学生参与度不高。儒家优秀文化融入大学生思想政治教育中应打破这种模式，采取"双主体"性原则，即教育者和教育对象都是教育主体。

（二）批判继承原则

马克思主义唯物辩证法强调，矛盾具有普遍性，所有事物都是矛盾对立统一性的产物。这就要求我们一分为二地看待事物，用辩证的方法解决问题。作为几千年封建社会的产物，儒家优秀文化创造了一个时代的灿烂与辉煌，同时由于其代表着封建统治阶级的利益和要求，其中难免存在着糟粕成分。关于如何对待传统文化，恩格斯态度鲜明地作出了解释：问题绝不是要简单地抛弃这两千多年的全部思想内容，而是要批判它，要把那些在错误的，但对于那个时代和发展过程本身来说是不可避免的唯心主义的形式内获得的成果，从这种暂时的形式中剥取

出来[①]。可见，对待儒家优秀文化我们必须坚持批判继承的原则，一分为二地看待儒家文化，学会鉴别其中包含的有用资源并将其应用到思想政治教育过程中。面对文化糟粕要加以甄别，不可一概而论，更不能不加以区分地运用到教育对象身上。

由于大学生辨别是非的能力尚待提高，对于文化的甄别力和洞察力还不是很敏锐，"三观"还未最终确立，在思想、行为上有很大的可塑性。因此，需要高校思想政治教育工作者辩证地看待儒家文化，取其精华去其糟粕，做好理论的传播者和践行者。高校思想政治教育工作者不仅要有深厚的儒家文化底蕴还应该以身作则起到榜样示范作用。儒家优秀文化在大学生思想政治教育中的应用效果受大学生的接受程度影响，因此，要结合大学生实际情况，吸收儒家优秀文化中有利于大学生发展需要的部分。

（三）方向性原则

一艘船在大海航行，正确的航向是顺利抵达目的地的保证。同样正确的方向也是社会主义现代化早日实现的前提条件。思想政治教育的根本目的是由当前社会任务决定的，即为现代化培养合格的建设人才。因此我们在开展工作时就要增强目的意识，始终坚持为人民服务、为社会主义服务的正确方向。将儒家优秀文化精髓融入大学生日常学习和生活中，引导他们树立正确的世界观、人生观和价值观，坚持正确的方向导向；牢固树立运用中国特色社会主义理论体系和科学发展观指导现代化建设的观念，严格规范自己的思想行为，为全面建成小康贡献自己应有的力量。

（四）针对性原则

要想实现儒家优秀文化的有效融入就必须坚持针对性原则，明确主体的需要，在积极主动的氛围中推动儒家优秀文化融入思想政治教育。在理念上，坚持以人为本，增强大学生群体的主体性意识，充分调动广大参与者的热情；在行动中，根据大学生的实际需要确定儒家优秀文化融入的内容和形式，有针对性地开展文化融入工作，提升大学生的品德境界和文化素养，把促进大学生的成才与成长作为工作的出发点和落脚点，引导大学生在日常的学习和生活中学会自我反省和思考，认识到自己的不足和缺点并及时加以改正，在自我批评和反思当中不断进步

---

① 杨芳.传统文化融入高校思想政治理论课的思考 [J].巢湖学院学报，2012，14（02）：140-143.

和成长。

（五）创新性原则

现代社会发展节奏的加快带来了人们生活方式、思维方式和思想观念的剧烈变化，人们也对创新提出了新的要求。将儒家优秀文化融入当前大学生教育工作中，有效地实现二者的有机结合就要体现创新性原则。一方面，要结合当前大学生自身实际开展文化融入工作，针对大学生思想上出现的新情况、新问题及时对工作进行调整，改进融入工作。另一方面，要将儒家优秀文化融入工作与现代科学技术相结合，实现儒家优秀文化融入内容、方法、载体和体制机制等的创新，避免文化融入浮于表面、流于形式、浅尝辄止，在整个工作过程中要贯彻持续性原则，以长远的思路深入推进儒家优秀文化在当前大学生思想政治教育工作中的融入。

五、儒家思想文化融入大学生思想政治教育的现状分析

（一）儒家思想文化融入大学生思想政治教育的问题

1.儒家思想文化融入大学生思想政治教育的方法不得当

高校大学生思想政治教育是一项复杂的实践活动，是多种要素相互作用与影响的过程。大学生作为优秀的青年群体，内心敏感而要强，正处在人格形成的关键时期。因此，高校在开展大学生思想政治教育工作时，要注意方式方法。目前，优秀儒家思想中因材施教的方法论，并没有深入融入大学生思想政治教育工作中，大课堂式的理论教育依然是高校思想政治教育的主要方法，辅以学校组织的各类社会实践活动，对学生的个性化特点关注不足。

大学生思想政治教育需要依托一定的载体来完成，常见的教育载体有四种，第一种是活动载体，第二种是管理载体，第三种的文化载体，第四种是大众传播载体，在上述载体中学生对于优秀儒家思想的参与程度不高。活动载体主要指学校举办的思想政治相关的各种活动，比如课堂学习活动、参观红色基地等；管理载体主要指有关大学生在校园期间学习生活的制度，优秀儒家思想的融入难度较大。文化载体主要高校的校园文化，高校是一个思想比较开放和多元化的场所，提倡"百家争鸣"的文化发展态势，无形中削弱了优秀儒家思想在校园文化中的融入程度。大众传播载体主要指高校进行校园文化建设以先进思想进行传播的平台，目前高校中能够宣扬和宣讲优秀儒家思想的大众传播平台较少，校园官方网

站与校园微信公众号、官方微博是主要的大众传播平台，但是其中承载的内容比较多样化，对优秀儒家思想的宣传并不充分。

综上可知，优秀儒家思想在大学生思想政治教育的方法上缺少深层次的融入。

2. 儒家思想文化融入大学生思想政治教育的渠道少

从优秀儒家思想融入大学生思想政治教育的渠道来看，相应的融入渠道还是偏少，高校的关注程度还不够。另外，既定的融入渠道融入程度比较肤浅、效果不够理想。高校教育中，对大学生实施思想政治教育主要有以下渠道：主题会议、师生交流、理论学习、党小组会议、社团群体活动、文化管理、规章制度拟定、高校媒介等。在以上思想政治教育的渠道中，完全实施儒家思想教育的机会少之又少。

引导大学生开展理论学习是高校实施思想政治教育的重要渠道。在高校中，两课的学习仍旧是高校开展思想政治教育的最重要渠道，两课是指以下两种课程，第一种课程是马克思主义理论课程，第二种课程是思想品德课，马克思主义理论课程自成体系，难以融入儒家思想，马克思主义理论是我党的指导性理论，代表着我国主流意识，因此，优秀儒家思想不能够渗透到纯正的马克思主义理论思想中。

群体性活动也是高校实施思想道德教育的重要渠道，同样发挥着重要的教化作用，分析优秀儒家思想在群体性活动的这一渠道的渗透，与理论学习渠道非常相近，高校组织群体性活动，相关主题经常涉及传统经典文化学习、优秀经典文化的传承等，部分主题还与优秀儒家思想的内容相互重合，然而活动组织的频次并不高，没有发挥应有的教育效果。

文化管理也是高校思想道德教育的重要渠道，主要针对理论性较强的教育内容，儒家思想在思想政治教育中的有机渗透在文化管理渠道上还有大量的工作需要完成。文化管理主要针对理论性较强的教育内容，相比较理论学习的渠道，这一渗透渠道灵活性更强，在思想政治教育中可以直接应用文化产品，同时也可以在思想政治教育中应用到文化产品的创作中。运用文化管理渠道，多种形式的文化内容都能够在高校思想政治教育中应用，充分发掘出思想政治教育的教化作用。此外，文化活动也是开展思想政治教育的重要载体，同时文化的内涵丰富多样，可以衍生出多种活动主题，优秀儒家思想也可以作为文化活动的主题，为优秀儒家思想的传承创造机会，虽然儒家思想只是多种思想形态的一类，但是在思想政治教育中发挥的作用却是不可或缺的，文化管理渠道在思想政治教育中发挥的作用还有很大的提升空间。

3. 高校思想政治教育理论体系忽视对儒家伦理道德观的继承

高校思想政治教育工作从最初开创一直发展到今天，不断地在实践中得到新的提升和跨越，取得了相当瞩目的理论成果和教学成果，一方面服务于党的马克思主义理论研究和党的建设工作，另一方面为提高高校学生群体的思想道德水平和政治素养，培养自由而全面发展的社会主义建设事业接班人作出巨大的贡献。但是高校思想政治教育的道德教育过于拘泥在马克思主义和党的革命与建设理论上，不仅显得过于刻板，缺乏生命力，而且对于道德修养的基本内容或是任何细节都未能详尽阐述。

道德是做人的灵魂，道德教育是整个教育体系中最重要的部分。尽管高校思想政治教育系统中包含着道德教育的内容，但是仅仅作为附生于社会主义精神文明建设理论而存在，主体地位不明显而且并没有能够深入地挖掘传统文化的有益成分，特别是对儒家伦理道德观缺乏辩证的吸收与继承。儒家思想曾经被错误对待，一些传统的道德伦理观也因此被忽视，那时的高校思想政治教育注重的是对人意识形态方面的改造或教育，道德教育偏重于爱国主义教育。改革开放以来，儒家思想又重新回到人们的视线中，许多学者和学科领头人也针对如何利用传统文化的德育思想来充实高校思想政治教育工作做了大量的分析研究工作，特别是对于儒家思想的优秀理念，在高校思想政治教育实践中意义重大。

尽管人们对于儒家思想在高校思想政治教育工作中的重视程度提高，但是其大部分的精髓内容还未能够很好地结合在高校思想政治教育实践中，如何更好地将儒家思想融合进去，关乎中国特色社会主义高校思想政治教育的建设。

4. 儒家思想文化融入大学生思想政治教育的效果不理想

当前，越来越多的高校开始重视儒家思想，并将其中的精髓融入思想政治教育中，但在实践中呈现出整体效果不佳的情况。新时代条件下，我国面临日益复杂多变的国内外环境，特别是在文化多元化发展这一国际形势下，优秀传统文化的继承与发扬成为一个重大时代课题，受到党和国家的高度重视，并通过制定实施一系列政策措施促进优秀传统文化的传播。在这一时代背景下，优秀儒家思想也被引入高校思政教育教学工作中，但整体而言表现出融入路径较窄、渗透度较浅的问题，这一问题与当代大学生人际关系淡漠密切相连。所谓人际关系指的是处于一定社会环境中的个体，通过生产生活等行为形成的与他人之间的一种社会关系。实践证明，和谐的人际关系不仅有利于形成与他人之间的稳定持久交往，不断扩展个人的交际范围，而且有利于更好地满足自身身心发展需求，体现自身能力和价值，甚至有助于促进社会的稳定发展，这就是儒家之所以将"仁"

与"和"作为其重要思想内容的主要原因之一。对于大学生而言，积极学习、理解优秀儒家思想，并在日常生活学习中加以践行，既有利于构建良好的人际关系，促进自身个性发展，还有利于形成健康乐观的人生态度。但是，当前很多大学生出现了对人际关系较为冷淡的境况，之所以出现这种情况主要是由于以下两方面原因导致的：一方面，在大学生群体间存在复杂而多样的人际关系，大学生在心理发展方面仍然呈现出较为单一的特点，同时个体间的差异较大，极易受到自身特质等多方面影响，在人际交往过程中通常以自身需求及感受为出发点，很少顾及他人的需求和体验，由此导致沟通障碍，难以构建和谐人际关系，更无法维持和发展。另一方面，对于大学新生而言，由于受到新的社交环境影响，如新的同学和老师、新的室友等，有些学生会感到难以适应，由此产生交往焦虑，难以有效把控人际交往的尺度和方法，导致他们不愿意甚至不敢与人交往，人际关系日益冷漠，不仅对他们的学习生活产生不利影响，而且不利于他们身心健康发展。

在中华民族发展的过程中，形成了基于自身特质的传统美德，而自强不息、勇于拼搏则是其中之一，并且是优秀儒家思想的重要内容，在时代发展过程中，要让这一传统美德得到不断传承发扬，成为助推中国发展的重要精神支柱。大学阶段正是人生中风华正茂、朝气蓬勃、开拓创新的关键期，更需要以自强拼搏作为自身内生动力，以坚强的意志奋斗不止。在我国经济快速发展过程中，民众生活水平得到极大提升，思想观念和价值导向也产生了极大变化，特别是及时享乐、极端利己等消极思想极易对大学生产生误导。尤其是新一代大学生成长环境优越，基本未曾经历艰难困苦的磨炼，同时高校并未对他们进行针对性的吃苦奋斗的教育，更无法为他们提供相应锤炼机会，传统美德教育较为缺失，有些大学生缺乏吃苦耐劳精神，没有形成科学的人生规划和目标引导，只是疲于应付各项学习任务，生活消极懒散，学习动机和艰苦意志薄弱，缺乏未来接班人需要具备的知识储备、专业能力和综合素质。

（二）儒家思想文化融入大学生思想政治教育的创新建议

1.将儒家传统文化纳入思想政治教育体系

高校思想政治教育体系主要依赖于思想政治理论课进行承载，换言之，思想政治理论课承担着大学生思想政治教育的基本职能。充分发挥思想政治理论课在思想政治教育中的带头作用，用先进的政治理论体系武装大学生的思想是我国建设具有中国特色社会主义事业的根本保证。在整个思想政治理论课的庞大体系中，儒家文化教育应当占据一席之地，而且要扮演重要角色，努力实现儒家传统文化与高校思想政治教育理论体系的融合。具体来说，完成上述目标我们应当从三个角度具体把握：第一，注重教材的编写与选择，当前我国思想政治理论课的教材往往注重突出理论教育，而忽视了与当前的社会发展实际相结合，我们应当在教材内容上加强儒家思想文化的有关内容，并将最新的研究成果予以展现，从而有效推动儒家优秀文化的广泛传播。通过儒家文化的宣传引导大学生约束和规范自身行为，树立正确的观念。第二，完善思想政治理论课程的合理设置。高校在课程设置上应当突出我国传统文化的地位，在课时配置和课程安排上适当向传统文化尤其是儒家文化倾斜。儒家文化在当今社会依然有其自身价值，如果能够在课程上充分体现儒家文化的地位，儒家文化自身的魅力和历史底蕴必然会吸引大学生的关注。第三，有关儒家文化的课程应当充分设计教学，认真组织相关的教学活动，并在讲授过程中运用案例教学法、比较分析法等多种方式达到教学目的。

2. 促进优秀儒家思想深度融入大学生思想政治理论课

实践证明，在优秀儒家思想传承发扬过程中，高校思政教育发挥了积极而重大的作用，其教学活动是实现这一作用的重要平台和路径。因此，高校要充分利用自身教育教学活动，充分挖掘、优化各类教育资源，不断提升教育的融入性和综合性；同时要认真落实教育部出台实施的专门文件，在思想政治教育教学过程中实现对优秀儒家思想的目的性、系统性融入，进一步强化优秀儒家思想教育内容，从而形成科学高效、丰富具体的思政课程体系。

为有效提升高校思政课堂教育教学质量，真正将优秀儒家思想融入其中，必须进一步发挥课堂教学主阵地作用，立足大学生思想现状，积极结合大学生学习生活实际以及社会热点问题，体现优秀儒家思想对生活及人生的指导价值，不断增强这些内容的时代感和实效感，促进大学生更为积极的理解、接受优秀儒家思想。在选取内容方面，既要符合大学生思想政治教育的基本要求，又要契合大学生的身心发展特点以及社会基本道德规范，如：选取优秀儒家思想中那些自立奋进、积极有为、自强不息的思想内容，使之成为大学生正确的道德指引，促进他们认可并形成这种精神，培育他们良好的思想品质，意识到自己担负的历史使命，从而激发他们的责任感和自豪感，同时深度结合学生生活学习实际，使他们更为深刻地理解这些内容，并将其转化为自身需求和行动指南，进而提高思想政治教育的质量和效率，实现对优秀儒家思想的深度融入。同时还要重视教学方式的创新，彻底改变灌输式教学模式，引入更为灵活、高效的教学方法，如微课教学、典故讲解、自主探究等，从而提高所教内容的兴趣性，形成对学生的有力吸引，促进他们积极参与其中，从而提高学生学习的主动性和能力，有力激发他们自主学习潜能，并在这个过程中掌握优秀儒家思想所包含的丰富内容，体验其独特魅力。

高校通过科学的设置教学科目，同时准确掌握大学生身心发展需求，在此基础上选择恰当的优秀儒学思想作为融入的教学内容，形成合理高效的教学方法，便可以实现将这些内容与思想政治教育教学的有机融合，不仅有利于优秀儒家思想的继承与传播，而且还可以实现高校思想政治教育的创新发展，实现两者的优势互补、相互提升、共赢发展。

3. 促进优秀儒家思想文化深度融入大学生思想政治教育实践活动

对于高校而言，可充分利用自身专业教育优势大力宣传优秀儒家思想，积极组织、科学开展丰富多样的主题活动，如可组织视频公开课、创建精品课程等方式，充分利用大学生的碎片时间引导他们自主学习优秀儒家思想。此外，高校还要积极倡导大学生组建互助学习小组，小组成员通过对先秦儒家经典的共读、互鉴与分享，发表各自的观点看法，深入探究其思想精髓。高校还可以通过定期邀请儒学大家、名家及著名教授等到校讲座，对优秀儒家思想进行深入浅出的讲解，讲解过程中还要与时代发展特点相结合，以形成对这些内容的全新阐释，实现优秀儒家思想的时代化发展，从而促进师生形成对优秀儒家思想的全新认知，及时屏除那些不合理的观点和看法。

高校还可充分利用各种机会组织专题活动，如有关优秀儒家思想的诵读、征文、演讲及书画展等，从而调动学生的参与积极性，促进他们自主学习这方面的知识，使他们更为深入地理解这些内容，进而形成牢固记忆，实现对这些内容的深刻认知并转化为自身素养，有力助推优秀儒家思想的个体化发展和大众化传播。

4. 创造良好的学习环境

（1）营造浓郁儒家文化气息的校园环境

校园环境对大学生的影响至关重要，校园环境本身代表着一种人文精神，校园环境能够引导和引导大学生向正确的奋斗方向前进，这是一种潜在的动力。校园环境往往以特有的方式在潜移默化中影响着当代大学生的世界观、人生观与价值观，影响着大学生的道德水平。因此，高校根据现实状况，积极营造良好的校园环境，将儒家文化寓于校园文化之中。首先，良好而校园文化必不可少。良好健康的校园文化可以使我国大学生在良好的环境下学习与生活，将儒家文化与校园文化相结合更能够彰显儒家文化的重要性。具体的措施方面可以采用灵活多样的方式将儒家优秀文化和大学校园相融合，例如可以通过条幅、标语等细节上的布置让大学生从细微之处受到来自儒家经典文化的熏陶。其次，儒家的教育活动也应当在大学校园有序开展。通过各种形式的表现方式将儒家文化及其核心内容展示给大学生，比如举办话剧演出、文艺表演、辩论赛等，还可定期邀请知名学者进行关于儒家文化的知识讲座。在这样的过程中能够使得大学生加深对儒家文化的了解，而不是仅仅局限于课堂中的讲座。并且通过大学生的亲身参与使他们在潜移默化中遵守良好的道德规范。

总而言之，校园环境氛围是潜在的培养大学生的第二课堂，我们应当重视第二课堂的教育作用，将儒家文化透过丰富多彩的校园生活渗透到每个学生的心中，从而有效影响大学生的行为。在大学校园中营造儒家文化的浓厚氛围可以激发大学生对儒家文化的求知欲，从而有效辅助大学生思想政治教育工作的开展。

（2）创造良好的家庭环境

家庭教育和家庭环境在大学生思想政治教育中同样具有重要的作用。很多人先陷入这样的认识误区，认为很多大学生往往在异地求学，家庭的教育作用弱化，以至家庭教育在大学阶段无法获得应有的重视。其实，这种观点轻视了家庭对于大学生健康成长的关键作用。在大学生的成长过程中，父母的价值观念与父母的一言一行都会对子女思想道德的形成与发展产生潜移默化的影响。因此，对于大学生的家长而言应当以身作则，从而为学生树立一个良好的榜样。正如孔子所言："其身正，不令而行；其身不正，虽令不从。"毫不夸张地说，大学生的日常行为表现在很大程度上和父母的行为表现是趋同的。父母平时用较高的道德水平要求自己，那么大学生也必然会受到积极的影响；反之，父母不能以身作则，大学生则会受到消极的影响。在家庭氛围中，父母应当注意向子女进行良好的教育引导，尤其注重儒家思想的教育，让子女从小就将儒家思想的优秀传统体现在日常行为之中，养成良好的习惯。例如，大学生在人际交往方面可以体现出儒家思想的仁爱观，父母应当有意识培养子女广阔的胸怀以及宽容的性格；在价值观的培养方面，家庭教育可以借助于儒家思想中的诚实守信、尊老爱幼等核心思想帮助子女树立正确的价值观。所以，在家庭教育中融入儒家思想，将儒家思想的精华营造良好的家庭氛围这对于大学生的健康成长尤为重要。

5.改善优秀儒家思想文化深度融入大学生思想政治教育方法

（1）教育情境中对话交流

孔子作为中国教育的鼻祖，在其教育实践中非常重视对话这一教育方法。通过对话进一步改善师生关系，提升相互间的认知度和认可度，由此形成一种独特的对话关系，透过这种关系可以体现出师生之间的情谊。孔子非常愿意解答弟子提出的问题，其弟子也对提问乐此不疲，我们甚至可以想象到当时热烈探讨的场景，正是这种开放式的探究才促进了《论语》一书的产生。在这种言语互动中，教师可以及时了解学生当前的学习状况、思想动态以及技能水平等，同时了解学生的个性特点，关注他们的道德养成，形成对他们学习生活的有益引导，培育他们优良的道德品质及情绪情感等，有力助推他们良性发展。由此可以看出，这种对话不仅仅是对某方面知识的传播，更是对个体精神及灵魂的塑造，体现了教育的本质与价值。而这种作用主要是基于对话中形成的良好氛围，学生在这一氛围中受到熏陶和启发，从而为他们的全面发展奠定良好基础。

（2）因材施教与启发诱导

由于受到各方面影响，个体间呈现出鲜明的差异性，这是一种客观存在的实际情况，孔子则充分利用这一客观现实，以个体智力间的差异为依据，将人划分为四类，即：上等类是与生俱来便具有相应知识和能力的，中等类是主动学习掌握相应知识技能的，下等类是出于解决困难和问题而学习相关知识技能的，差等类则是在问题困难面前仍然不学习的。就当前来看这种分类缺乏科学性和合理性，但在当时时代条件下却是难能可贵的，它不仅承认个体智力的差异，并在这一基础上对人的智力水平进行分类，而且还将此作为进行差异化教育的重要依据，由此形成了因材施教思想。这一分类具有重大意义和价值，既体现了个性化教育的特征，又实现了教育的全面性和公平性。孔子据此可以分析判断其弟子间的差异性，明确他们各自的能力、性格以及兴趣等，深入细致地分辨弟子的优缺点，从而为他们提供更具针对性的教育内容，形成更为合理的教育方法，促进不同性格特征弟子的全面发展。如：孔子根据冉有做事多虑、犹豫不决的性格特点，鼓励他要果断勇敢；针对子路性格鲁莽、行动力强的性格特点，引导他要冷静思考、全面分析。正是在这一科学高效教学方法的引导下，孔子各弟子的个性特点均得到有效发展，如：品德高雅的弟子有颜渊、仲弓和闵子骞等，沟通能力较强的有子贡、宰我，善于从政的有季路、冉有，在古籍文献方面有突出贡献的有子夏、子游等。

孔子在教育实践中始终秉承"不愤不启，不悱不发"的教育理念，也就是我们今天所倡导的启发式教学。为达到这样的效果，孔子首先深入了解其弟子特性。胡适对此指出，孔子通常从三个方面对其弟子进行观察，一是行为的目的性，二是行为方式，三是这种方式对行为者所产生的影响。由此可以深入、具体地了解不同弟子的性格特征、兴趣爱好以及能力水平等，从而对弟子的优缺点作出全面准确评价，以此为基础对他们提供针对性的教育内容和方法，促进不同性格品质弟子的优化发展。所以，针对大学生进行思政教育时，首先要了解大学生的性格、爱好等，需要教师深入大学生学习生活日常，形成对他们思想动态的全面掌握，然后给予针对性的教育内容及方法，促进他们获得更好的发展。

6. 提高教师队伍的传统文化修养

高校教师队伍的水平直接影响其教学质量，并对大学生的言行造成深刻的影响。当前我们在高校思想政治教育中倡导儒家传统文化的回归，而在这一过程中，教师自身的素质往往在一定程度上会影响到儒家优秀文化教育的效果。其原因在于教师不仅是专业知识的讲授者与传播者，同时在思想道德素质方面也应当起到表率作用。教师职业的特殊性决定了教师应当具备较高的道德情操和高尚的品格。我国高校要将儒家文化引入大学课堂，将大学生儒家文化教育落到实处就必须在各个学校建设和培养教师队伍。对教师在儒家文化修养方面的要求主要来自两个方面：一方面，从课程建设的角度看我国高校需要优秀和专业的教师团队，打造思想政治精品课，在思想政治教育中进一步传承儒家优秀文化。优秀的教师能够将儒家文化与思想政治教育有机结合，有效辨别儒家文化中适合大学生发展的部分并重点讲授，使得学生在潜移默化中对儒家文化加深了解，并能用传统文化中的道德理念规范自身行为。另一方面，高校应重点提高高校教师的整体素质。教师对学生的教育并不仅仅体现于课堂上的知识讲授，更体现在日常行为的言传身教和以身作则。高校教师理应为人师表，在思想道德方面为大学生作出表率。

7. 拓展优秀儒家思想文化融入大学生思想政治教育的载体

（1）营造传播优秀儒家思想的校园文化气息

校园文化能够有效发挥良好的教育引导作用，有利于形成浓厚的学习氛围。高校需要进一步发挥自身宣传教育引导作用，充分利用各种宣传手段促进优秀儒家思想的传播。如：积极利用校内宣传栏、文化橱窗等张贴有关儒家思想的宣传资料，使学生随时随地感受到传统文化的存在，并可以从中习得相关经典语句，了解历史典故及人物，促进他们在耳濡目染中不断提升自身儒家思想素养。高校要进一步提高校园文化建设质量，强化儒家思想对校园文化的主导和引领作用，同时结合社会道德规范、时代发展要求，实现儒家思想在校园内的全面渗透与传播，体现在学生学习生活的方方面面，形成对他们潜移默化的影响，促进大学生更为积极地学习儒家思想及传统文化，同时助力他们的专业学习。因此，高校必须将自身打造为继承发扬传统文化的主阵地，持续发挥自身应有的思想教育和价值引导作用。倡导大学生投身社会文化实践，实现理论与实践的有机融合。如：通过参观博物馆，将所展内容与所学的儒家思想相结合，真正使自身置于社会大环境中，形成对优秀儒家思想的全新认知和感受。高校还可通过组织文旅活动的方式实现实践体现，如：组织学生到曲阜参观孔府孔庙，使他们深切感受到优秀儒家思想的博大与深邃，以及为中华传统文化所作出的不朽贡献，有利于学生更好地做到知行合一。

（2）布置假期调研以实现知行合一

优秀儒家思想积极倡导理论与实践的融合统一。因此，需要高度重视优秀儒家思想对实践的指导作用，同时在实践中对该思想加以验证，从而达到改进应用和升华思想的目的，形成与大学生思想政治教育深度融合的科学方法。为此，需要充分利用大学生假期时间，鼓励他们进行针对优秀儒家思想的调研活动，并将其作为思想政治教育领域的重要学术课题，进一步促进理实一体化思想政治教育教学模式的发展，不断强化优秀儒家思想对思想政治教育的渗透，持续实现思想政治教育的内化作用。首先，需要明确调查的题目，既要以优秀儒家思想为主旨，还要包含思想政治教育的内容。大学生实施调研过程中必须将两者有机结合。其次，明确需要调研的对象，既要采取问卷调查的方式，面向更为广泛的目标群体，收集他们对优秀儒家思想的认知、情感和态度，同时还要实地走访具有代表性的个体，通过面谈深入具体掌握他们对这方面的认知，此外，还需对调研对象进行思想政治教育工作方面的调查，以明确这方面的优劣之处，从而形成对两者深入清晰的认知，促进两者实践的同步与统一，进而提升大学生实践能力。最后，对所得数据信息进行客观分析与总结，以此为基础，深入探究两者与日常生活的结合，对于有益之处进行借鉴推广，对于存在的问题进行深刻反思，不仅要引起重视和警醒，还要实施针对性改进。

8. 完善儒家优秀思想文化的传播方式

随着科技的进步，网络日益普及并深刻地影响着人们的日常生活，对于处在时代前沿的大学生来讲，网络更是必不可少的了解社会并提高个人知识水平的工具。网络在大学校园的普及同样也为思想政治教育提供了更便捷的平台和渠道。当今社会已经离不开网络，在大学校园中更需借助网络这种形式广泛传播儒家传统文化，实现儒家传统文化与现代网络文化的有机契合。思想政治教育工作者对于网络传播的重要性要予以充分重视，对网络这一教育载体更好地加以利用。

其一，思想政治教育工作者可以将网络作为课堂之外的另一个教育阵地，可以建立多种形式的关于儒家文化的网站，这些网站以儒家思想为教育主题，在网站中大学生可以学习儒家文化知识，吸收传统文化的精髓，进而感受儒家传统文化的魅力。另外，在网站中大学生可以互相交流学习心得，展开讨论。

其二，儒家文化的传播可以借助于微信、微博等新的传播平台，建立相关的公共账号，定期发布有关儒家文化的内容，使得大学生能够更方便地了解相关知识，这样的教育方式能够受到大学生的普遍欢迎，更容易被大学生所接受。这种学习和互动的方式不仅能够加强教育效果，还有助于思想政治教育工作者及时获得学生的反馈，准确把握大学生的思想动态以不断调整教学方式和教学内容。

9. 发挥大学生在优秀儒家思想文化融入高校思想政治教育中的主体作用

（1）提高大学生运用优秀儒家思想的意识

所谓自我教育法指的是依据一定教育理念和方法，在思想政治教育目标引导下，大学生有目的、有计划地实施学习行为，并在这个过程中进行对比反思，形成对科学理念和先进思想的认可，进而更为主动地接受、践行思想理念，在日常生活学习中不断应用并体现学习成果，逐步提升自身道德水准的一种内修方法。大学生要积极进行自我教育，不断认知、认可优秀儒家思想。一方面，需要对优秀儒家思想进行长期性、系统性、科学性的学习，掌握丰厚的理论基础，并在具体言行中时刻警醒自己，促进自身严格按照规范要求行事，自觉抵制各种违反道德标准的行为，在不断强化下促进自身形成相应价值标准，并不断修正原有的错误思想，持续提升自身道德修养，增强自主学习能力。另一方面，大学生要积极担负起应有的历史使命，主动了解祖国传统文化及优秀儒家思想，在学习生活中积极践行其中的规范要求，有力发挥自身榜样引领作用，提高大众对于这方面的认知和认可程度，促进优秀儒家思想的广泛传播，进而提升民族凝聚力和向心力，有效发挥优秀儒家思想的正向引导作用，体现其在当下社会中的重大价值。

（2）鼓励大学生积极践行继承和弘扬优秀儒家思想的行为

优秀儒家思想非常重视内修，甚至将其作为这一思想体系的精华所在。而高校思政教育也具有这样的特点，两者形成有机统一。因此，开展思政教育过程中可顺势引入优秀儒家思想，结合大学生日常生活、学习实际，鼓励大学生积极践行这些思想理念，不断提升自身修养，在日常言语行为中展现这一思想的魅力，真正实现身体力行、知行合一。特别是要注重日常细节，做到严格遵守各项规章制度，不断规范自身言行，恪守各项社会规范，主动参与公益活动，形成对周边人群的辐射和带动，以具体小事展示自身人格魅力，体现优秀儒家思想价值，清醒认知各种社会不良风气，并以实际行动加以抵制，不断增强是非分辨力，形成正确的价值观，真正担负起新时代条件下大学生的历史使命和社会责任。

第二节 中国传统节日文化融入高校思政教育的实践

一、中国传统节日文化概述

（一）中国传统节日文化的内涵

"节日是以历日、月份和季节等组成的历年为循环基础的，在社会生活中约定俗成的、具有特定习俗活动的特定时日。"[①] 而传统节日是中华民族文化的宝贵财富，更是传统文化的驿站，用以承载民族认同感、传承民族文化生命、增强民族凝聚力"。传统节日也是在特有的社会背景下，经由简单的积累而逐步形成的一种文化体系，并形成了与其文化内涵相匹配的庆祝方式。其形成是中国古代人民在劳动过程中无意识地发现，经过积累，才得以发展和完善，同时，其风俗和内容通过潜移默化的形式渗透在人们日常生活的方方面面，是民族情感的寄托，是中国人民对共同价值观念的追求。同样，传统节日文化的出现与成熟，也是一个承前启后的过程，一辈又一辈的中华儿女享受与继承先辈们创造和遗留下来的精神成果，既需要得到重视与保护，也需要在此基础上实现创新发展。高校思想政治教育要将传统节日文化应用于自身体系之中，其着手点就在于传统节日文化的概念，要对其形成清晰、客观的认识。因此，传统节日文化作为文化的一类分支，是中国历史的写照，蕴含了丰富的文化元素，是中国文明进程的瑰宝。

1. "天人合一"的自然观

儒家人与自然关系上倡导"天人合一"思想，主张人与天地共存，所以要遵循人与自然和谐共生的法则。孔子主张"仁者爱人"，"爱人"也引申为"爱物"，即爱世间万物，花鸟鱼虫、湖林草木。孔子的三畏原则，其第一项就是"畏天命"，也就是指要敬畏自然，对于人与自然的关系要达成正确的认识。法家先哲老子也主张人对待天地自然的敬畏之意，遵循自然内在规律，将天、地、人三者视为统一整体。中国传统节日正是继承了祭拜天地的礼仪传统，以传统节日为依托来表达对于天地的敬畏之情，在特定的日子里表达人与自然和谐共生的思想。在传统节日中，极个别节日"跨界"于节气与传统节日，同时拥有双重身份，既有人文特征又具备传统习俗。中国传统节日及其所产生的节日习俗，反映了自中国古代传承至今的自然观念。

---

① 张勃.唐代节日研究［M］.北京：中国社会科学出版社，2013：4.

2. 伦理道德的价值观

中国从古至今就是一个重伦理、重礼法和亲情的国家，中国传统节日吸收了中国古代的思想，吸纳了其注重伦理和道德的意识形态。在中国古代，对于"孝道"的推崇一直是中华美德的核心要义。以孝为本是修身之根本，是治国之基石，对于孝的定义主要有两个方面，一是尽孝，也就是说要遵奉祖先，针对的是已故先辈；二是繁衍后代，也就是说要扩充家族血脉，延续生命。在传统节日文化中对孝道的体现是通过不同传统节日的底蕴和庆典方式的不一，例如，在清明节进行祭祖，正是与传统孝道的第一个方面相符合，是尽孝的一种形式，在清明节，全家老少准备好"冥币"也就是常说的"烧纸"和亲手准备的饭菜等食物，在墓地对先辈进行祭拜与看望。或者是在春节之际，家中男女老少欢聚一堂，尽享天伦之乐，这也是对孝道的体现。时代虽然一直在前进，人们的思想也在更新，但是对于孝道的传承却是从未改变的，只是在不同年代，不同社会发展阶段，为其增添了新的形式。现如今感恩教育的大力弘扬，就是对传统孝道"换汤不换药"，在其本意的基础上，使其与现代教育相融合，其中，传统节日文化就是承载孝道最好的"器皿"之一。

3. 乐观向上的人生观

中华民族历来以乐观向上、艰苦奋斗闻名于世。随着时代的不断进步，中国传统节日愈发体现了其价值所在，在日常生活和人民心中占据了重要地位。清明节的传统一般是缅怀故者、扫墓祭拜和踏青游玩的习俗。中秋节有饮酒赏月、吃月饼的习俗，除此之外，还有观潮、玩花灯等庆祝方式。在古代，中秋节又称月夕或团圆节等，除了祭拜月亮以外，更重要的是在外游子归家团圆的日子，从而延传至今。这些都反映了广大人民对于中国传统节日的重视，并且积极参与其中，同时，更呈现出了一种悠闲、轻松、自在的生活方式。所以，《易经》有"乐则行之，忧则违之，确乎其不可拔"。不难发现，中国传统节日虽然有多种区分和表达形式，但其实都表现了人们对生活的心态，对人生的看法与感悟。因此，中国传统节日历来以一种悠然自在的方式存在于中国人民心中，在其生活工作中扮演了重要角色，不仅是忙碌生活中的"调节器"，也是培养乐观向上的人生观的重要方式。

（二）中国传统节日文化的精神内核

作为中华文明的缩影，传统节日文化是中国传统文化中自然观、价值观、社会观、伦理观的集中体现，同时在社会历史演进过程中展示出独特的思想价值，是当代中国文化自信的支点。

1. 尊重自然的朴素内涵

我国自古以来重视农耕，传统节日就诞生于农业文明的氛围中。同时，传统节日的日期也与气候的变化以及农作物的生长周期变化有着紧密的联系。从本质上看，中国传统节日大部分都与节气相对应，是人们为使日常生活与自然时节变化相适应而创造的人文时间，达到人与自然的和谐。这就充分说明了传统节日的设置遵循自然发展规律，也体现了"天人合一"的哲学思想。例如：重阳节，人们外出登山和插茱萸，感受大自然的魅力；春节，人们共贺新春，体现着万物复苏、万象更新的生命力量等。顺应自然是我国传统节日的重要主题，而传统节日也是依据中国的阴阳合历而设置，展现了人们对自然客观规律的尊重。

2. 孝道亲情的伦理道德

《孝经》有云："人之行，莫大于孝。"受我国农耕文明背景以及以"孝"为伦理情感的儒家思想影响，我国传统节日主题多以家庭亲情为中心，传统节日文化蕴含"仁""义""忠""孝"等观念，无不体现着中华民族"孝道亲情"的传统礼俗和道德理念。比如清明节（寒食节）有着祭祀祖先的习俗，人们在思念先人的过程中体会到了亲情的珍贵，孕育了感恩之心；重阳节的祈福求寿、端午节给孩童带艾虎等，体现了中华文明慎终追远的情怀。和谐的家庭人伦关系，不仅影响着一个家庭，甚至影响到整个社会。春节的家人团聚、给长辈拜年等活动，无不寄托了人们对孝道亲情的追求，对国泰民安的憧憬。

3. 爱国担当的价值观念

爱国主义精神是中国传统节日文化凸显的主题之一，其中以端午节和清明节为例证。设立端午节是为了纪念伟大的爱国诗人屈原，他忧国忧民，即使流放也心系国家，最终却含冤而死。为了凭吊屈原，民间就形成了端午节吃粽子、赛龙舟的习俗，也使屈原的爱国精神不断地发扬光大。人们还通过设定寒食节来追念忠君爱国、刚正不阿的介子推，以此弘扬介子推深厚的爱国情感和清明气节。此外，中秋节、春节也都体现了中华民族的家国情怀，传达了对故乡家园的眷恋。民族精神与传统节日文化相辅相成，这也是推动中华民族生生不息、不断发展壮大的重要原因之一。

4. 热爱生活的精神追求

"全部人类历史的第一个前提无疑是有生命的个人的存在。"[①] 在中华民族代代相传的传统节日中，人作为节日的主体，对生命意识非常重视，体现了民族思维方式和价值观念，更直接体现了我国文化体系中的生命关怀以及人文精神。中

---

① 马克思恩格斯选集：第 1 卷 [M]. 北京：人民出版社，1995：67.

国传统节日文化有不少是与热爱生活、尊重生命相关联的，人们在庆祝节日期间祈盼五谷丰熟、年年有余、风调雨顺，正传达了对未来幸福生活的希望。例如：清明节与节气息息相关，人们有着郊游踏青赏春、祭祀祖先等重要活动，蕴含着对自然生命的关爱与尊重；春节，人们走亲访友、欢聚一堂、舞龙舞狮，反映了老百姓积极向上的精神面貌；端午节，人们通过悬挂艾蒲来表达避邪驱瘟、追求身体康健的期望。节日宴席上的美味佳肴、内涵丰富的礼仪习俗、生动活泼的文体活动，传承了勤劳勇敢、热爱生活、关注人性的生命观。

5. 团结和谐的民族情感

中华民族一向推崇"以和为贵""讲信修睦"等思想，传统节日文化也无不体现着百姓们追求阖家团圆、向往和谐的心理。如新春佳节，家人团聚一起贴年画、对联，放鞭炮等，都承载着中华民族幸福美满、温情和谐的民族情怀；再如中秋节的汤圆、月饼则象征着阖家团圆。同时，传统节日文化是维系国家统一和民族团结的重要精神纽带，尤其体现在海内外华人共同举办节日庆祝活动中。无论中国人身在何处，都会不约而同地恭贺春节等，这也体现了中华民族的一脉相传的文化血缘和民族情结。推进青少年传统节日文化教育，要最大限度强化文化认同感和民族认同感，以此来凝聚民心，培养青少年贵和尚美的价值理念。

二、中国传统节日文化融入思想政治教育的必要性

（一）思想政治教育发展的内在要求

在中国，思想政治教育作为一门极具实践意义的学科，主要是为了人的发展与国家发展相契合而所需的一种方式。要实现人自由而全面发展，必将文化素质教育提到首要位置，可见，思想政治教育不能脱离文化而发展。然而，从其整体发展过程来看，现阶段的侧重点主要在于引导大学生摆明政治立场，但是，只单一依靠政治性教育是不够的，还要以文化性来丰富和强化政治性教育。将传统节日文化融入思想政治教育中，既弱化了原本的灌输性教育，又充盈了思想政治教育的内容，将一些深奥、高深、需要极强政治高度的问题变得容易理解和接受。对思想政治教育文化性的轻视，使"本可生动活泼的思想政治教育读物有时成为政策、文件、语录的简单汇编与转述，本可情趣盎然、文采飞扬的思想政治教育有时成为枯燥空洞的政治说教与道德说教"[①]。这一问题会诱发思想政治教育的"软骨病"，导致高校思想政治教育无法走得更加长远。而传统节日文化的引入，恰

---

① 沈壮海. 关注思想政治教育的文化性［J］. 思想理论教育，2008（02）：4-6.

如一剂良药，找到了思想政治教育的根本症结，对症下药，以"文化育人"，发挥传统节日文化天然具备的思想政治教育因素，利人利己，实现二者共赢。因此，思想政治教育与传统节日文化的相互融合是时代对两者发展提出的新要求、新方向。

（二）文化阶段性转化的必需条件

"一个民族的文化能否实现自觉和自信，很大程度上取决于对传统文化扬弃的客观与科学态度。"① 节日文化从发源到成熟，经历了多重理性批判、合理继承、推陈出新的过程之后，正好与"文化自觉"的本质要求不谋而合。传统节日文化将以往的原始崇拜、原始信仰逐渐淡化，以更加科学、理性的方式进行节日的庆祝，也更加符合当代人的生活方式。但是，将祭祀扫墓的习俗传承至今，一方面是为了寄托对于故去亲人的思念之情，另一方面也是中国"孝道"的具体体现。一个民族能否对自身文化进行客观的认识，并且能够对传统文化理性地进行去粗取精的甄别，关系着这个民族"文化自觉"的实现程度。传统节日文化历经数百年上千年，是中国人民经过不断努力所创造出的成果，不论是对中国而言还是对整个世界而言都是独一无二的存在。它不仅对人类文明作出显著的贡献，也是划分中华民族与世界上其他民族的鲜明特征和特色文化的象征。只有将中国传统节日文化真正做到内化于心，外化于行，中国民族才能真真切切地了解自己民族背后的历史，才能感知中华民族的起源，才能将祖国建设、民族复兴、国家富强的使命真正地熔铸在自己的血液当中。

（三）发挥文化软实力的必要保障

文化软实力是指一个民族、国家或地区的文化影响力、凝聚力和感召力，是国家软实力的核心因素。原因在于，文化作为一种抽象的精神支撑，是一个国家的灵魂，是这个国家和民族对现存世界的理解，是整个民族核心价值观的整体代表。文化软实力是一种精神文化凝聚力的表现，它对于民族精神的滋养和升华，对于民族凝聚力的加固和加深，对于民族性格的养成和培育都起到了积极的促进作用，既有利于国家的统一、民族之间的团结，又有利于对文化自信的践行。传统节日文化与思想政治教育内容相符合，我国思想政治教育本身自带的文化和民族属性要求它必须依赖传统文化存在和发展。反之，传统节日文化要想重现辉煌，就必须通过思想政治教育这一学科得以引导和实现，二者的结合是中国文化软实

---

① 孙燕青.文化自觉与文化自信视野下的传统文化定位［J］.哲学动态，2012（08）：19.

力得以发挥的必要保障。

（四）创新高校思想政治教育路径的必然选择

在全球化背景下，伴随着经济往来密切的便是文化的交流，文化并存现象愈发明显，中国青年一代的思想观念相较以前而言都产生了剧烈的变化，将传统节日文化与思想政治教育相融合，是应对以上问题的对策之一，也为思想政治教育谋求新出路，注入新内容作出一定探索。

一方面，思政课堂是思想政治教育输出的首要场所。但就现阶段所取得的成效来看，并没有达到预期的满意程度。原因在于，在进行方式创新的基础上，要注重方式方法与教学内容之间的关联性，而传统节日文化和传统文化正好能够起到"润滑剂"的作用，使思想政治教育呈现结果大幅度提升，隐性教育的效果愈发明显。另一方面，随着移动互联网的发展，APP开放平台大肆兴起，以课堂作为主要输出渠道的途径已日渐被一些新型线上上课软件所影响，线上软件具备方便、快捷、娱乐性强、方式多样化等特点，能够实现"课停学不停"的效果，知识点可重复观看，线上互动性更强，使学习更加高效化，但是，任何事物的发展都存在两面性，线上教育模式使学生与学生之间的交流逐渐割裂，学生参与状况不便于掌握，因此，要转变思政教育模式，既不能故步自封也不能一味地追赶潮流，而要实现线上线下模式的交互性，以思政课堂为主，线上交流、互动为辅，在夯实基础理论的前提下，加以拓展，以线上模式弥补线下课堂的缺陷，迎合学生的兴趣，多方面营造教育氛围，是实现思政教育创新的重要方式。

三、中国传统节日文化融入高校思想政治教育的现状分析

（一）中国传统节日文化融入高校思想政治教育存在的问题

1.融入的内容深度不够

近年来，高校对传统节日文化的重视程度有所提升，但对传统节日文化融入高校思想政治教育的内容挖掘力度还是不够，不利于发挥传统节日文化的育人价值。

从当前实际情况来看，融入的内容挖掘不够深入、缺乏时代性。大部分教育者在融入过程中更关注方法和形式，在某种程度上忽视了对传统节日文化资源的现代挖掘和创新，而且对传统节日文化内涵的现代阐释偏于表面化，很少追溯其渊源，学理性不足，未从更深层次把握传统节日文化背后的精神内核，难以引起

大学生的心理共鸣，导致内容的提炼不足。同时，传统节日文化自身的现代转化不足，存在内容古旧、缺乏时代内涵等问题，有待进一步深度挖掘和开发。

此外，融入的内容规划也不够完善，缺乏系统性。考察思想政治理论课教材过程中发现教材不断改进和更新，关于优秀传统文化的内容不断增多，但涉及传统节日文化的内容浅显且相对较少，总体结构上失衡。例如，很多与传统节日文化相契合的知识点没有完整系统地融入整本教材中，都是零星地散落在部分章节里，存在碎片化的问题。而传统节日文化中的"天人合一"思想、民本思想、家国情怀等内容与教材的内容有相通之处，却存在缺场现象，未能有效衔接。

2. 高校学生对传统节日文化的认知度不高

传统节日文化生命力之顽强是有目共睹的。但是，随着中国社会的，现代文明对传统节日文化的发展造成了一定压力，殊不知，现代文明是在传统文化上的继承和发展，且不断推陈出新，彰显传统文化魅力。目前来看，大学生群体对于传统节日文化存在认知不准确、理解过于表象的问题。而对于大学生的教育与引导，除了社交媒体、政府社会、家庭以外，最主要的渠道还是学校教育，而且在学校整个教育体系中，除相关专业课以外，对大学生意识形态和价值观等精神文明领域能够造成直接影响的还主要依靠思想政治教育。但是根据调查来看，大学生存在对传统节日文化认知度不高的问题。一方面是对传统节日文化的划分不熟知，没有系统地了解过哪些是传统节日，譬如寒食节和清明节，因为习俗的相似和时间的接近，就将寒食节与清明节混为一谈，诸如此类关于传统节日文化的知识是部分大学生不曾了解的。另一方面就是大学生对传统节日文化的始发以及节日习俗的淡漠，由于传统节日文化与传统文化之间千丝万缕的联系，所以就文化特性来说，传统节日文化相较于现代文化稍显乏味与晦涩，所以大学生对其兴趣也较低，主动性也不高，由此导致参与度较低。除此之外，还有外界因素的影响，譬如西方文化的冲击，对比而言，西方节日更符合当下年轻人的生活方式，刺激性娱乐性更强，正因如此，才会使得本土的传统文化步履维艰。

3. 融入的教育方式单调

教育部明确提出：要紧紧抓住教师队伍"主力军"、课程建设"主战场"、课堂教学"主渠道"，将显性教育与隐性教育相统一，形成协同效应。[①] 以传统节日的文化元素作为思想政治教育的资源，对造就民族精神，提升大学生社会关系的构建能力起到良好的促进作用，还能夯实大学生对于国家建设、发展、繁荣的信心与信念，为实现新时代中国飞跃式发展作出贡献，牢固意识、把握初心。目前，

---

① 教育部关于印发《高等学校课程思政建设指导纲要》的通知（教高 [2020]3 号）.

传统节日文化和思想政治教育的融合模式较为单调，大学生对传统节日文化的领会大多是通过思政课堂所涉及的一些浅显内容，中国传统节日文化本身内容又缺乏系统性，现在市面上有关中国传统节日文化的图书，大多是一些彩绘图书，多面向一些儿童，但是面向大学生群体的相关读物较少，或存在涉及内容深度不够的问题。虽然学术界有少部分学者对传统文化有所钻研，但是大多数有关传统文化的书籍和学术研究并未对传统节日文化有过多阐释。因此，教师在授课的过程中也只是对有关传统节日文化的内容一笔带过，并未对传统节日文化进行系统和详细、透彻的讲解与介绍，再结合以讲授为主的课堂方式，使大学生呈现出一种被动接受的状态，这种教育途径无疑是单一的、无吸引力的，也间接增加了中国传统节日文化的乏味性，从而导致大学生求知兴趣的降低。此外，高校思想政治教育在与传统节日文化融合的过程中，要尽量避免"高""大""空"的现象，照本宣科或"面子工程"，没有将传统节日文化真正应用于思想政治教育的过程中，不能仅仅依靠课堂这一方式，还应注重显性教育隐性教育二者的结合，破除传统节日文化融入高校思想政治教育方式单一这一困境。

4. 融入的教育机制保障不足

在传统节日文化融入高校思想政治教育中，除存在认知不足、教育缺失、思想政治教育和传统节日文化融合方式单一的问题以外，更重要的是没有建立切实可行的机制保障。

首先是心理认同机制的缺失。传统节日文化与思想政治教育的融合并非是一个一蹴而就的过程，而是一个逐步建立价值认同的过程。在高校思想政治教育中，需要建立价值认同的群体分别是教师群体和大学生群体。但是，部分高校中存在着教师对传统节日文化也同样认知不足的问题，大多数思政教师都有其主攻的专业方向，同样教师在学生时代也并未进行系统全面的有关传统节日文化深层次的教育，在其大学生、研究生、博士期间又因研读专业的不同，也并未对相关内容进行补充和学习，步入工作岗位后，思政教师又因为其自身专业方向教授不同课程，以此循环造成了自身知识体系不全面的现象。由此相应的也就造成教授在授课过程中又因为课程设置、专业方向等限制，对传统节日文化的教授过于表面化，使得学生与老师两者之间都没有形成一个稳定的价值认同机制。

其次是日常行为践行机制的不足。习近平总书记强调，高校"要坚持把立德树人作为中心环节，把思想政治工作贯穿教育教学全过程，实现全程育人、全方位育人，努力开创我国高等教育事业发展新局面"①。传统节日文化是中华五千年文明的代表，决定了我们要以长远的、发展的眼光看待传统节日文化，再结合各个时代的特征，探究传统节日文化的历史价值与现实意义。而当代大学生群体由于所受文化教育的间隔与断层，对传统节日文化没有形成长远认识，文化认识具有一定滞后性。由于从高中文理分科开始到本科学生学科专业的限制，理科学生相对于文科学生来说，更加缺乏对传统节日文化的认识，在研究生阶段，又由于跨专业考取研究生的现象，也导致对传统节日文化教育出现断层。就此，就引发传统节日文化融入高校思想政治教育缺乏合理有效践行机制，理论与实践之间没有形成较好的转换。

5. 融入的过程协同不紧密

中国传统节日文化融入高校思想政治教育是一项需要联合推进的系统工程，需要多方努力才能打造出全面的融入格局。当前，在融入过程中出现了各层面配合不紧密的问题，使融入的内容不连贯，影响了融入的效果。

第一，课上和课下衔接不足。当前，大部分传统节日文化的内容是以课堂教学的形式传递给高校学生的。课下作为学生自由的学习空间，若将传统节日文化知识延伸到课外，便能让传统节日文化教育变得更"活"。而部分教育者常常忽略了课下这一延伸空间，没有做好课上课下的衔接工作，充分地开展课外节日文化活动，这也不利于促进学生将传统节日文化精髓进行吸收和内化。

第二，校内和校外缺乏协同。在融入过程中，学校开展了思想政治理论课教学、设置传统节日文化相关课程、举办多样的节日活动，并取得一定效果。但光靠学校一己之力是远远不够的，更需要各部门协同推进。例如，政府相关部门应对传统节文化提供支持和保护，社会要营造节日氛围，媒体要发挥传播和舆论引导功能，家庭要做好基础教育，大学生要自觉承担起以传统节日文化来传递主流价值观的职责等。然而，目前来看，各方面合作并不紧密，还未形成良好的育人格局。尤其是身处校外的家庭、社会等并未意识到传统节日文化融入的价值和自身责任，在具体实践中发挥的力量较为薄弱，不利于融入工作的开展。

6. 融入的效果不佳

从目前来看，传统节日文化融入高校思想政治教育过程中出现形式化、走过场等问题，这不禁引人深思：让大学生学习传统节日文化，究竟要学什么？最直观的就是让大学生从传统节日文化中感悟民族精神，但不少关于传统节日文化的

① 吴晶，胡浩.习近平在全国高校思想政治工作会议上强调 把思想政治工作贯穿教育教学全过程 开创我国高等教育事业发展新局面[J].中国高等教育，2016（24）：5-7.

学习竟演变成了作秀。可能由于教育者自身没有掌握好传统节日文化的精髓和时代内涵，对节日的历史渊源、相关典故、育人功能、思想精神等了解不够，所以他们在讲授传统节日文化时出现内容浅显、话语转化不充分、主题模糊、模式单一的问题，也没有将其与大学生的生活实际相结合，更无法将学生的注意力转化为精神动力。由于教育者的教学效果不佳，没有满足大学生的精神需求，使学生在接受过程中缺少代入感，难以激起他们学习的热情，导致接受效果也不理想。还有部分高校组织的节日活动缺乏创新性，学生无法从中获得深刻体验，起不到实质性作用。

教育者在融入过程中未能因材施教、有针对性地开展传统节日文化的相关教学，使得学生缺乏兴趣，甚至产生抵触和敷衍了事的心理。教育者与学生之间缺乏良性互动，不少大学生对传统节日文化的精神内涵没有真正的认知和认同，甚至出现理解偏差的问题。例如，他们只单单了解行跪拜礼、剪窗花等形式化的东西，并没有意识到节日文化对涵养精神气质的重要性。在融入过程中，若少了对传统节日文化"悟"的环节，学生就只能是机械记忆，而非"融会贯通"。所以，学生在融入过程中没有获得情感交流，也就无法满足自身的精神需求，仅仅空泛地接受了传统节日文化，这也影响着传统节日文化的融入效果。

（二）中国传统节日文化融入高校思想政治教育的创新建议

1.加强大学生中国传统节日文化教育

（1）引导大学生正确对待中西方文化

高校作为文化传承与传播的重要载体，要积极发挥思想政治教育意识形态功能，让大学生对国内外文化形成符合实际的看法，以客观、理性的态度对待中西方文化差异。从我国传统节日文化内涵中不难发现，中国历来注重人与自然和谐、贵和尚中的思想理念，属于内敛型文化。而西方文化则更加推崇人类中心主义、喜欢探索自然，具有外向型文化特点。因此，面对大学生对西方文化过度推崇的现状，高校要进行适当合理的引导，但也不是全盘否定。高校应着重开展有关正确引导大学生对待中西文化的座谈交流会，在加深大学生对中国传统节日文化认识的同时，讲解西方文化与中国文明的不同之处，意在说明中西方价值观等意识形态的区别，以此触发学生就此展开讨论，教师再进行适当的引导与补充，这样，既消除了大学生可能存在的叛逆心理，又能认识到中西方文化的不同，进而理性面对文化多元化的社会环境，形成正确的价值判断和价值选择。

（2）引导大学生积极参加中西方文化交流

世界上不同国家都有其特色的文化，不同民族的文化也有其特殊的魅力。目前，不可否定的是，西方文化对我国大学生群体的文化认知产生了一定影响，动摇了大学生的初心，涣散了大学生的思维，弱化了大学生的信念。大学生群体作为中华文化的接班人，对本国文化要高度认同，在把本国文化做大做强的同时，要尊重世界文化之间各自的独特性。因此，引导大学生积极参加中西方文化交流，既是坚定传统节日文化的重要手段，也是拓展大学生知识面和眼界的方式之一。一方面，高校不但承担着教授本国文化的任务，也是文化交汇、聚集的重要场所，是接触西方文化的官方渠道。对于外来文化，我们既不能一概否认，也不能全盘照收，应该以主动积极的方式去选择性地学习与吸取，在这个过程中，高校对学生的引导极为重要。对于中西方文化的交流，既能在两种文化接触的过程中，凸显传统节日文化的底蕴深厚，又能为发扬传统节日文化添砖加瓦，为我国文化能够实现更优质的发展而蓄力。高校可以组织和促进校内中国学生与留学生的交流与学习，以各个学院为单位，组织与留学生之间的互动活动，例如联合举办新年晚会、文化交流座谈会等，同时，还可聘请校外专家、学者对中西方文化进行介绍，以此加深大学生对中西方文化的了解，而不是盲目跟风、过度推崇的庆祝西方节日，而淡漠了中国传统节日。另一方面，高校也可联系当地的外语培训机构、外国语高校，开展校与校之间的教育资源互换，组织活动，以此来激发大学生进取向上的活力。另外，还可邀请每年学校派出的留学生回校后进行交流分享，以自身经历和体验告诉更多大学生中西方文化的差异，以此更加具有说服力。通过多种活动形式，推动大学生了解中西方文化的内涵，对大学生内心建设、形成正确对待文化的态度、认识本国文化的优越性都起到了极其正面的引导作用。

（3）开展符合大学生身心特点的宣传教育

提升中国传统节日文化素养随着科技进步，数字技术的愈加成熟，新生事物、先进观念如雨后春笋冒土而出，大学生对外接触的渠道愈加多样化。大学生群体的思想、身心正处于开花结果的重要时期，对于外界的那些不曾接触过的东西充满了探索欲。因此，打造符合大学生身心特点的宣传教育，能够进一步提升学生思想道德素养，强化思想政治教育的成效。高校可以将传统节日文化作为系列主题，以四月、五月、六月这种每月都有传统节日的月份，集中开展相关活动，使之与校园文化活动有一个系统、整体的模式与体系，打造成特色文化活动。此举措既能打造品牌校园文化活动，又能对校园氛围的营造、节日文化的弘扬和思想政治教育三者起到有益的影响；在为我国传统节日文化增添现代因素的同时，使大学生更好领会传统节日文化的思想核心和文化内涵。高校可以通过组织辩论赛、书法展、摄影展、美术展等，为传统节日文化的传播搭建更多渠道和窗口。高校还可举办以传统节日文化为主题的"读书日"活动、校级庆典活动等，例如，在中秋节进行牛郎织女的话剧表演，也可融合现代元素，对民俗传说进行再创作，这样既丰富了学生的想象力与创造力，也达到了传统节日文化教育的目的。此外，高校还可组织举办模特大赛等活动，让大学生自己穿着传统服饰进行走秀和解说，既突出了中国传统服饰之美，又使传统节日文化教育过程增添了可观赏性。因此，高校对传统节日文化宣传方式的再创新，是符合现代教育理念的发展要求，也是因材施教的重要举措，同时也为中国传统节日文化的继承与创新作出一定贡献。

2. 发挥高校对中国传统节日文化教育的主阵地作用

（1）发挥思想政治理论课的主渠道作用

第一，把握大学生思想政治理论课课堂主渠道。思想政治理论课要对大学生进行价值引领，就必须借助一定的外部资源。我们要根据大学生的身心发展特点和实际需求，不失时机将传统节日文化融入高校思想政治课的课堂中去，作为必修内容，打造思想政治教育的新路径和新生态。要适时适当地加入传统节日相关知识，开展主题校会班会，要重点讲授传统节日文化中的家国情怀、传统美德、自然观念等育人元素。还要从思想政治理论课教学目标出发，组织编撰以成语典故、民间传说、民俗故事为主要内容的传统节日文化教学经典案例，引导学生感受传统节日文化的魅力。教师要充分利用地方历史文化资源，不断整合教学内容，创新教学理念，制作文化精美课件，播放精品视频，以较高的授课艺术去引导学生了解传统节日文化的历史脉络、风俗习惯、传说故事、精神内涵。让传统节日文化进课堂，侧重挖掘并整合其背后蕴藏的爱国精神、社会公德、家庭美德、价值观、生命观等德育思想，提升大学生的文化获得感和家国认同感。

第二，构建全学科覆盖体系。要把传统节日文化教育向全学科延伸，除思想政治理论课之外，还应尝试其他学科或者新的课程形式来推动大学生传统节日文化教育，使各种形式的教学与思想政治理论课同向同行，相得益彰，成为传统节日文化融入高校思想政治理论课的有效补充。高校还要充分挖掘各学科中所蕴藏的传统节日文化育人点，全覆盖协同思政教学开展传统节日文化教育，或在课程设置增加节日内容，将其中的爱国精神、亲情价值观等融入教育教学，形成学校精品课程、德育示范课程；同时高校可以结合思想政治教育，结合家乡文化特色，将传统节日文化知识列入校本教材开发内容之一，精心编写传统节日文化系列读本等。学校要营造传统节日文化传播与学习的课堂良好氛围，从而实现青少年思想政治教育的创新与发展。

第三，创新教学方法和优化教学评价体系。教师要根据学生实际、教材实际、教学内容来创新教学方法和教学模式，在保持现有课程体系的基础之上，整合传统节日文化的教学资源，以体验教学法、美育教学法、影视素材展现法等创新之举引入传统节日文化的相关内容，形成传统节日文化教育的课堂教学磨合案例。在教学过程中教师可以通过翻转课堂、慕课、微课等形式与学生进行课堂互动，在互动交流中提升学生的情感体验。学校还可以打造民俗学论坛等新形式，并运用大学生所喜爱的网络用语来讲故事和道理；也可以以纪录片、微电影等形式传播节日经典文化，让节日文化能够入课堂，入脑、入心；也可以邀请相关专家学者、名人等走进校园，以讲座的形式对中国传统节日文化进行专题教学；同时应改革传统教学考核形式，利用节日文化主题赛事活动加大大学生对传统节日文化知识的掌握和运用。学校应将传统节日文化融入大学生思想政治教育的情况以及成效作为教师评优奖励的参考标准，在评选中加大育人评价权重，落实育人价值导向。通过发挥教学评价的激励功能，督促教师在文化育人中不断提升教学水平，提高课堂教学的育人实效，最终实现学生从内化到外化的文化素养转变。

（2）组织教师进修，提升教育水平

高校教师在高校与学生之间搭建起桥梁，为国家人才的培育作出不可磨灭的贡献。将传统节日文化融入思想政治教育，这就要求教师要相应地作出新的改变、新的调整。

①高校要提高教师传统节日文化素养

高校要以传统节日文化为教学侧重点，加强教师队伍建设，提升传统节日文化在教育教学中的比重，提升传统节日文化的认知度，首先要从思政教师抓起，发挥思政教师专业优势，研究传统节日文化内在价值和教学方法。高校可以组织召开以传统节日文化为主的相关培训或进修班等。或者，高校还可利用线上资源，邀请相关学术界专家进行线上讲座研讨，既简化了外出学习的流程，又达到了培训学习的目的。这些措施意在加大教师对传统节日文化的知识储备，交流学习新的上课模式，对教学内容、课堂实效性皆能起到促进作用。在大学生的思想政治教育过程中，可以借助中国传统节日文化内容达到更好的思想政治教育效果。所以，教师不仅要具备丰富的知识储备，同时还肩负着对大学生进行督促和引导的职责。例如，教师要求学生每学期要阅读与传统节日文化相关的书籍的固定书目，总结读书笔记。还可以开设读书交流会，通过这种互动的方式，加强大学生对传统节日文化的认识，达到自我学习、自我完善的效果。

②教师要系统挖掘传统节日文化内容

传统节日文化正是支撑传统节日能够延续至今的力量，但是节日文化的抽象性又导致了文化呈现的状态不够系统性。所以，要想继承这种文化，首要任务就是要将节日文化看作一个整体，不要割裂其内容的连续性。第一步要做好对传统节日发展历史的梳理，第二步要将节日所内含的文化进行充分的挖掘，最后要进行分类与整理，使其脉络更加清晰，条理性更强。在物质文化方面，可包含传统节日的饮食文化、装饰风俗等，这些传统习俗都是对当时生活的映射。在精神文化方面，主要是对其内进行深度剖析。如春节期间互相拜访、走亲访友体现阖家团圆、尊重长辈的传统美德等一系列相关的精神内涵。最后，在实践方面，主要体现在人们的日常行为之中，传统节日文化有着丰富的民俗活动。正因如此，以分类梳理的方式，可以涵盖传统节日文化的更多内容，授课者在教授的过程中，既思路完整、板块分明，也能让学生有一个清晰完整的认识。

（3）开辟网络教育阵地，增强节日文化影响力

互联网的出现和发展改变了人们的生活方式，使生活变得更加方便和丰富多彩。就大学生而言，他们思维敏捷，追求时尚潮流，容易接受新鲜事物，熟练网络操作。网络已深深融入大学生学习生活的方方面面，互联网成为大学生获取信息的主渠道，是当前大学生学习生活不可缺少的内容。高校可以利用互联网技术，加强对大学生的中国传统节日文化教育，为大学生提供一个接受中国传统节日文化教育的平台。实施中国传统节日文化数字建设工程，推动中国传统节日文化教育基地与网络传播相结合。创新网络传播载体手段，积极运用校园官方微博、微信、以及抖音短视频等传播平台，主动开展网上中国传统节日文化教育，充分发挥网络平台在中国传统节日文化宣传教育中的作用。强化中国传统节日文化在网络上的舆论引导，引导大学生自觉抵制否定中国传统节日文化的错误导向，汇集网上正能量，更好地传承与弘扬传统节日文化。

3. 发挥政府对中国传统节日文化融入高校思想政治教育的主导作用

（1）增强对中国传统节日文化的保护工作

根据党的十七届六中全会要求，深化文化体制改革，通过继承和弘扬传统节日文化，重视对传统节日的保护，加以规章、制度将保护传统节日的工作落到实处。对传统节日的庆祝，不仅是大学生表达民族情感和民族向心力的出口，也是意识形态和精神文明建设的食粮。

首先，要落实好传统节日文化的宣传教育工作。在文化多元化的今天，对传统节日文化的保护和宣传工作就显得尤为重要。历经数个朝代的更迭，经历了

千百年时间的洗礼，中国传统节日不断地吸收着中华文明的精华发展至今，自然蕴藏着厚重的文化底蕴。每个传统节日背后都有其特有的神话传说、历史典故、审美情趣和扎实的群众基础，都承载了每个中国人对未来生活的憧憬。所以，加强传统节日文化的宣传教育工作正是维护传统节日地位的必要手段，例如，政府可以在传统节日期间通过在官方网站或官网微博、微信公众号等平台，对中国传统节日的历史起源、文化内涵、价值意义、节日趣味故事以及各省市、各民族传统习俗的不同进行科普。各级地方政府还可与当地电视台联合打造一个以传统节日文化教育为主题的节目，比如《经典咏流传》《2014清明中国》等一些电视节目，通过电视节目效果和主持人的讲解，也能达到对传统节日文化介绍与宣传的目的，达到寓教于乐的效果。此外，政府还可在传统节日来临之际，以相关的征文、影视微电影、摄影展等形式进行传统节日文化的宣传。通过多种方式，为政府对传统节日文化的宣传带来锦上添花的效果，以更加现代化的方式让人们知晓传统节日文化，呼吁每个人都承担起文化传承的责任。

其次，以法律为抓手，保护传统节日文化。早在2007年，国务院正式将部分重要传统节日设立为公众假日。在重大传统节日期间放假休息，增添了亲朋好友之间团聚的时间，使人们在繁忙的工作中得以放松，这些举措既赢得了民众的心又无形中凸显了传统节日不同于其他节日的独特性。国家也可双管齐下，既立法保障又道德宣扬，以此来以提升传统节日在人民大众心目中的地位，如调整节日放假制度、对不利于传统节日的网络舆论进行管控等，以严格的管控来保护我国文化遗产。通过以上这些手段，可以让人们有更多的时间去认识自己的民族、认识本国文化，以此化为思想利刃，抵御不良思潮的入侵。

最后，注重相关的申遗工作。"文化遗产蕴含着一个民族特有的思维方式和文化特征，是民族精神文化的重要标识。"[①]现如今，世界呈现多极化发展的格局，在国家之间综合国力的较量中，文化软实力也是代表国家实力的一项重要指标。因此，政府在落实此项工作的同时，还要防止其他国家对本国文化遗产的窃取，如一些即将失传的手工技艺、文物古物等。这样不仅有利于对我国传统节日文化的保护，又有利于保证中华文明永续流传。

（2）加大对中国传统节日文化的创造性转化

我国社会主要矛盾已经转化为人民日益增长的美好生活需要和不平衡不充分的发展之间的矛盾。这意味着社会前进的同时，人们生活品质也向前跨了一大步，

① 刘爱河.文化遗产保护：和谐文化与和谐社会［J］.山西高等学校社会科学学报,2005(02):50-52.

人们在注重物质条件的同时，也开始追求更加丰富的精神生活。传统节日文化作为自古传承至今的传统文化，其自身天然携带着丰厚的文化底蕴，历经时代的变迁，也依然在中华文明的宝库中熠熠生辉，绽放光芒。而文化能够不断发展，不在于因循守旧，而在于鼎新革故。正如闻一多所说，"如果要让这些传统节日存在，就得给它装进个我们时代所需要的意义"①。总的来说，传统与现代并不是水与火的关系，而是相互协调、相互交融的状态，在协调、交融的过程中使传统节日文化得以拓展和延伸。其一，政府在对传统节日文化打造"保护壳"的同时，也要发掘传统节日文化更多还有待开发与研究的文化价值，使之利用价值最大化。古往今来，传统节日文化将多个历史时期的优秀文化化为己有，使其文化内涵得以丰富和拓展。现如今，我国正处于转型发展的重要阶段，我们应紧跟时代的步伐，让传统节日文化与现代文化更完美地无缝衔接，将传统节日与现代生活方式达成更好的配合，赋予传统节日文化新时代的意义。其二，政府可以利用好网络媒体技术，为传统节日文化的教育与传播开辟新的传播途径，增添传统节日的趣味性，迎合大众口味。从传统节日起源之初，每个传统节日都有与之相对应的节日习俗，各个民族的庆祝方式也有所不同。因此，在传统节日来临之际，政府可以组织相关的舞台剧、话剧表演、传统节日艺术展等文艺活动，还可以通过官方微博发布有关传统节日的热门话题，也可联合当地高校、媒体联合举办大型会演等，在原有的庆祝方式上进行补充与添加，丰富传统节日文化的呈现形式，为传统节日文化的传播提供多样的承载模式，以此缓解传统节日文化缺乏现代元素的问题。这样，不仅可以提高过节热情、渲染气氛，也可以吸引更多大学生群体参与其中，缓解大学生对传统节日认知不到位、参与度不高的现状。

（3）政府加强宣传引导

第一，加强社会媒体舆论引导。对于青少年传统节日文化教育，媒体的作用不言而喻。政府要利用行政手段，让大众传媒发挥其文化传承和育人的功能，承担起宣传节日文化的应有责任。电视台、报纸杂志、网络等大众媒体要加强对传统节日文化的专题报道，通过建立或分享各种节日视频、文章或社交平台贴图等，传播节日文化的信息，例如，电视台在端午节那天直播各地赛龙舟活动，可以推出有关节日知识的科教类节目和爱国诗词朗诵节目等，报刊可以登载节日相关文艺作品，网站建立端午节网页来整合全国的风俗仪式，通过宣传有效折射了节日背后所蕴含的文化精髓与人文精神，鼓励更多青少年走进节日文化中来。

第二，开展相关社会公益活动。政府要鼓励引导地方传统文化研究会、文化

---

① 吕绍刚.但祈蒲酒话升平［N］.人民日报海外版，2009-05-08（07）.

传播企业等，在传统节日来临之际，牵头组织开展公益性阅读经典古籍、名人诗词活动，如举办传统节日与古代典籍、名人诗词的主题朗诵大赛、作文大赛、诗词大赛、漫画大赛、短视频制作大赛；此外，政府还可以通过举办全民性的传统节日主题论文、微电影、书画作品舞蹈音乐等文艺作品征集活动，引导传统节日文化与地方文化旅游产业相结合，挖掘传统节日的地域内涵；政府要引导商家多发扬社会公益意识，不应以促进消费为由，对西方节日大肆炒作。还可以举办舞龙舞狮等地方大型公益娱乐活动，开发公益性传统节日纪念物，打造公益性特色节日文化品牌。例如：中秋节的玉兔、桂树等纪念品；七夕节的特价情侣套餐，红绳等礼物。让青少年享受节日公益文化，在文化中价值成长。

第三，创设社区传统节日文化教育环境。社区是政府治理的"神经末梢"，更是开展青少年传统节日文化教育的一个重要基地，要让社区"每一面墙壁都会说话"，通过社区文化宣传栏、社区广播、电子屏等，给家长和青少年全天候普及节日文化知识，创设符合青少年发展需求的社区节日文化氛围和文明风尚；要经常性组织邀请"五老"或专家走进社区举办系列讲座，向青少年讲解传统节日背后的丰富文化，如清明节承载的孝道文化、端午节承载的家国情怀等；要利用节假日面向青少年开展社区特色传统节日文化教育活动，通过猜灯谜、广场舞、制作美食等引导青少年参与到活动中来，使他们潜移默化地受到思想的洗礼，唤起他们对保护和传播传统节日文化的自觉意识。

（4）加强对商家和媒体的监督管理力度

①政府要强化对商家和媒体的监管力度

随着市场经济的发展，商家为了在市场抢占更多资源，谋取更多营业额，对传统节日采取极度营销，利用传统节日假期和传统节日热闹的气氛，再结合现代人喜欢聚会的生活习惯，榨取传统节日的商业价值，扭曲传统节日的本来意图。因此，政府在传统节日前后，要对商家行为进行严格管理，在平时也要多进行宣传教育，让每一位商家认识到自身的职责，只有维护好社会大环境，才能使商家自身获取更多利益，适度利用传统节日，正确宣传、适当引导、合理消费。另外，商家对于传统节日文化的商业营销，会割裂传统节日文化与人民之间的情感纽带，忽视了传统节日的文化属性。尤其在西方节日期间，如一些年轻人热衷的节日，部分商家更是利用年轻人的爱好兴趣，推出相对应的促销优惠活动，吸引大学生群体进行消费，为西方节日"造势"，大学生受此大环境的影响，在耳濡目染下会使崇尚西方节日的心理更甚从前，淡漠传统节日文化的趋势愈加明显。在这种情况下，政府对于市场环境的调控、对于商家的管理、对于节日主题商业活动的审核等就显得尤为重要。比如，政府可以发起以政府为主导，各个商家相互联合举办的符合节日正面宣传的公益活动，其既实现了品牌推广，又实现了节日文化的宣传，不失为一个两全其美的策略。

②政府要加强对媒体的引导和监督

现阶段，随着科技的进步，人们的生活变得更加便捷，尤其是网络媒体相较于传统的传播方式，具有极其突出的性能优点，在民众的生活、工作、学习、社交等方面都占据了很大比例。因此，对中国传统节日文化的传承与弘扬离不开网络媒体这一重要渠道。由此就凸显出政府对网络媒体进行引导与监管的重要性。可以说，网络是一把"双刃剑"，利弊共存，政府要合理管控、进行必要的引导，使其发挥好在生活中的积极作用，营造健康的网络环境，以及不违背国家利益与道德的舆论导向，发挥好宣扬和普及传统节日文化的职责。政府通过报纸、新闻、电台、电视等多种媒介，为传统节日文化的教育宣传积蓄力量、拓宽渠道。例如，每逢中秋节时，媒体除了报道家人团聚、赏月吃月饼等，还要对传统节日的历史背景、起源、传统习俗等文化内涵进行介绍宣传，在体验中予以教育，更能提升教育的效果，激发人们对传统节日文化的情感共鸣。总的来说，政府强有力的措施，是肃清商家不良作风，矫正舆论导向的必要手段。其为传统节日文化提供一个健康、安全的现代环境，为大学生的价值培养营造一个干净的氛围，扩大了传统节日文化的吸引力和影响力。

第三节　中华优秀传统家风融入高校思政教育的实践

一、中华优秀传统家风概述

（一）中华优秀传统家风的概念

1. 家风的概念

（1）家风之"风"的词源分析

家风一词乃是由家与风两个字构成的词语，家的字义无需赘言，关键在于风的理解。许慎在《说文解字》中把"风"释为"风动虫生"，风，首先是指自然界的产物，即自然存在之风，属于自然的流动气体，没有形体但有声音，所以风也是最开始的音乐形态，影响着音乐的产生。《吕氏春秋·古乐篇》记载："帝颛项好其音，乃令飞龙作乐效八风之音。"作为我国第一部诗歌总集的《诗经》，其主要构成部分之一的十五国风即一般我们所言的"风、雅、颂"之风，正是来源于地方的土乐，风在此处用的就是音乐曲调之意。为政者可以通过地方音乐所反映的内容来体察民情，反之利用歌谣土乐也可以实现向统治者谏言的目的，也就是所谓的"风刺"。这种方式不是直接的而是带有间接性，所以"风刺"就有含蓄而婉转的特点，没有刻意的痕迹，"指事而不滞于事"。正如同风之形，可触不可见；风之化物，无端无可测，衍生了"风评""风言"这类用以指不明源头和方向的言评，同时也把无法实体化的行为习惯和规范称为"风尚""风俗"，把政治教化称为"风教"。家风之"风"采用的正是这一层在家庭内部可以体会到但无法用肉眼观测，在无形中潜移默化地影响着家庭的和谐发展的含义。伦理学家罗国杰先生就把家风视为"是一种由父母（或祖辈）所提倡的并能身体力行和言传身教，用以约束和规范家庭成员的一种风尚和作用"[①]。发起的主体是父母长辈，其形式是身体力行和言传身教，实质是一种起到约束和规范作用的风尚。

（2）家风的基本依托

既然说到家风是看不见摸不着但身处其中又可感可察的家庭风尚，那必须明确它的依托是什么。显然，家风是依赖于家庭而存在的，可以说家庭就是家风的物质基础。家庭先有生产人的功能，而后再有人与人的社会关系形成，生产人的过程也是制造家庭血缘联系的过程，血缘家庭是家庭最初始的形态。而在婚姻结合的条件下才能进行人类自身的生产，新生产出的个体与父母亲构成亲子关系，与兄弟姊妹构成同胞关系，连接他们的正是这种血缘联系。而未来与兄弟姊妹结婚后发生联系的其他个体所构成的亲戚关系不过是该基础上的派生。可见，家庭是受到婚姻范围和血缘范围共同制约的概念，婚姻血缘性是家庭的根本属性，家庭是一个由婚姻而产生，由血缘关系联系的共同体。当然，此处的家庭概念说的是从家庭起源的一般性来界定的，在普遍的婚姻血缘性下还有一种特殊关系形成的家庭，即收养关系，从广义上来说，它也是一种家庭形态，但从人类历史发展的主流来看，家庭仍旧是以婚姻血缘性为本质属性的共同体存在，在此基础上才有了家风的形成。

（3）家风的具体载体

家风是一种看不见摸不着能对家庭成员的教化起到作用的非物质形态，对它的研究，我们必须找到一个具体可证的观察点和切入点。这个具体观察点也就是

---

① 勒义亭.培育好家风践行社会主义核心价值观研究[M].北京：中国社会科学出版社，2015：20.

家风的载体，它通过两种形式来体现，其一是家庭的具体行为，另一就是家庭的言语文字，合起来实际上就是家庭内的具体言行，家风的传承正是通过家庭内部的言行来表现的。在耳熟能详的"孟母三迁"的故事里，孟子的母亲用直接的搬家行动来为孟子营造良好的学习环境，促使孟子养成读书的好习惯，培养出了杰出的思想家孟子，这就展现了重视教育的家风。而家风的言语文字形态，是以家训家规家书来具体表现的，家训家规按作品的篇幅区分大致有两种：一种是有系统性文字的著作集，如《颜氏家训》《柳氏家训》《曾文正公家书》；一种是诫子书和遗训，相对精炼简洁，遗训即父母去世前留给后代的嘱托，如尹赏《临死诫诸子》和陆游的《示儿》，包括司马迁在《史记·太史公自序》记述的父亲司马谈对自己的教诲；诫子书顾名思义，就是对儿女的告诫，甚至成为一种古代行文的题材，如刘向《诫子歆书》、诸葛亮《诫子书》、羊祜《诫子书》。家书则主要指长辈留给后辈的信件一类，指导后辈学习教育其为人处世，如孔臧的《与子琳书》、欧阳修的《与十二侄》、毛泽东《给毛岸英和毛岸青的信》等等，不一而足，很多信件最初没有名称是后来为了方便区分识别按照收信人来定名的，家书比之家训家规来说相对更有针对性，往往落实到具体的某一个或者两个人，这种形式是最广泛的也是最常见的书面形式。家庭中以父母为主的长辈通过家训家书来向后辈传达伦理道德的思想要求，介绍为人处世的经验智慧，也因之巩固树立了家风。

2. 中华优秀传统家风

众所周知，家风作为特定家庭的传统，是经过长时间积淀而形成的。它作为每个家庭特有的烙印，本身是一个中性词汇。在历史进程中，有的家庭重道德、讲修养，培养出一个又一个出类拔萃的人才；反观有的家庭家风败坏，投机取巧，这严重影响了家庭成员的成长。由此可见，家风虽是个中性词，却有着优劣之分，那么我们就必须要知道到底什么才是中华优秀传统家风。

中华优秀传统家风长期受到中国传统文化的影响，并将其作为根基。首先看治家之道的层面，治家之道强调的是家庭关系对家庭事务有根本影响。调整家庭关系的基本准则是"孝悌"，孝是所有道德的源头，"和合"是治家的另一准则，亲睦才能家齐，家庭幸福的前提就是以和为贵。我国自古以来重视家庭和睦的"齐家之道"，被我们中华民族所广泛认同。治家之道还有一个要求便是勤俭持家，这也是我们中华民族的传统美德。清朝名臣曾国藩，他将自己丰厚的收入用于军队开销、公益事业等，却不留给自己的子孙。他认为家风是给子女最大的宝藏，并将勤俭持家的精神融在每个家庭成员的血液中，成为该家族的象征。家风不是靠钱财来经营的，而是需要父母的身体力行、思想观念来营造的。

其次在个人修身层面，中华优秀传统家风体现在重品崇德、砥砺志向、读书亲贤等几个方面。中国自古以来就注意家庭成员的品德修养，比如淡泊名利、清白做人、自立自重等。同时很多流传下来的家训也在告诫子孙要志存高远，树立远大抱负，成长为一个有作为的人。还有极其重要的一点是要教育子孙后代养成爱读书的好习惯，引导他们亲贤敬贤。一个人要想有高成就，就必须要养成勤奋刻苦爱读书的好习惯，做到活到老学到老。

最后在处世之道方面，待人接物的处世方法也是中华优秀传统家风的主要构成部分。中华优秀传统家风强调亲仁济众，这就要求家庭成员要做到睦友亲邻。以邻为伴、与邻为善作为一种风范融入中华民族的血液里，沉淀在社会风俗里。古往今来，不论是个人与个人，还是个人与群体之间的和谐，都是满足人类发展的必然要求。同时诚实守信也是中华优秀传统家风中的精髓部分，古人把讲究诚信作为衡量一个人为人处世的最起码标准，有这样一句话"人而无信，不知其可也"，这是在教育子女要诚实做人，诚实处世，曾子杀猪的故事就是教育子女要做到诚信的典型范例，曾子言传身教地践行家风的这个行为也流芳百世。

因此，我们可以这样理解中华优秀传统家风，它是指符合社会发展规律，并能与时俱进，对一个家庭或家族能产生深远持久影响，并且还会对社会发展具有一定程度的积极作用的良好风尚。同时中华优秀传统家风还存在几个重要特征：家风通过润物细无声的方式影响着每一位家庭成员，并以此来塑造家庭道德品质和精神追求，这就是中华优秀传统家风的教化性；家风的时代性体现在不同时期的家风由不同的政治、经济、文化条件所决定。不同时代、不同地区、不同阶级的家庭构成了形形色色的家风文化，这就彰显了中华优秀传统家风的多样性特征。中华优秀传统家风还有一个特征就是传承性，许多历史典故之所以可以流传至今并且还具有其重要价值，正是由于中华优秀传统家风的传承性特点。优秀的文化资源需要传承与发展，只有经历一代代人的积淀，文化的价值才能被更好地体现。

（二）中华优秀传统家风与思想政治教育的关系

1. 中华优秀传统家风和思想政治教育都属于精神文化范畴。

家风文化本就是中国传统文化的组成部分，而家风作为一个家庭中思想观念、行为准则、价值取向、气质秉性、精神面貌的合集则展现了家庭精神文化的内涵。思想政治教育是一种广泛存在于阶级国家和社会，是有组织、有计划、有目的地被统治阶级用来向社会成员施加意识形态影响的社会实践活动，其内容具有鲜明的意识形态性。"意识形态作为较高层次的社会意识，它是一种精神文化"①，意识形态是阶级社会的产物，带着阶级的烙印，它是统治阶级精神文化体系的反映，体现着统治阶级的政治纲领和理想，以及思维方式和价值取向。虽然都属于精神文化范畴，但家风与思想政治教育最大的分歧就在于是否具有鲜明的意识形态性。思想政治教育需要反映和传播意识形态，是统治阶级意志和精神的传达，而家风可能会有各种不同阶级的反映，会有不同家庭在风俗习惯甚至宗教信仰上的差异，它反映的也可能是社会各阶级中的一些共性内容，比如尊老爱幼这一从人类的普遍发展而言需要的一般性道德要求。但是，占统治地位的精神力量必然会影响到整个社会，带有普遍辐射性，家风也自然受其影响，传统家风中数见不鲜、奉为圭臬的忠君爱国思想和情操就是受到儒家意识形态影响才形成的思维逻辑与价值取向。因此，同出于精神文化领域的家风和思想政治教育有着一定的文化亲缘性，意识形态是文化的核心部分，带着宣传与灌输意识形态任务的思想政治教育较之家风显然更为强势，能够影响着家风的发展。新时代优良家风的建设方向是贯彻落实习近平新时代家风建设重要论述。习近平总书记将新时代家风建设提升到治国理政的高度，实际上这时的家风建设不再自由自发，它成为国家意识形态建设的内容和手段之一。自上而下的倡导，使得思想政治教育与新时代优良家风得以结合，对家风赋以了合法合理的阐释，把原本一家一户具有独立性的家风文化整合起来，借助思想政治教育的手段，起到凝聚社会意识，增强社会认同的效果，把家风文化规范在社会主义道德和价值所要求的秩序内。

2. 中华优秀传统家风和思想政治教育都具有教化功能

统治阶级向人们宣传灌输思想观念，运用教化的手段使得人们的目标和行为向统治阶级所要求的目标行为靠拢，就需要运用思想政治教育来发挥作用。优良家风则通过长时间的熏陶和教育，规范家庭人员的行为和习惯，最终使其自觉地认同家庭规范和社会伦理道德要求并自觉行动。二者都有教化和引导的功能，帮助人们形成正确的思想，导向良好的行为。但是，二者能够影响辐射的范围是不同的，对社会成员进行政治思想和理论的灌输和教育，是思想政治教育的一项基本内容，它立足于全社会的整体视野，强调社会性而不是个别性，通过统一的教育，使受教育者适应于统治阶级的要求和规范，符合于统治阶级的利益诉求。优良家风则局限在某一家庭内部，主要是在家庭内来发挥作用，引导家庭成员符合家庭和社会的规范。新时代的历史站位，决定了新时代优良家风必须扩大影响，把个人、家庭与国家联系起来，融入国家建设的目标中，这就需要把优良家风与

---

① 武晟. 意识形态与文化的关系 [J]. 山东社会科学，2009（07）：116-120

思想政治教育结合在一起，以思想政治教育为引导，把社会主义核心价值观落实在家庭精神文明建设中，凝聚力量，统一精神，为实现中华民族的伟大复兴提供精神保障。

二、中华优秀传统家风对思想政治教育的重要性

（一）中华优秀传统家风为思想政治教育提供基础

中华优秀传统家风为思想政治教育提供基础。一方面，作为社会基本细胞的家庭形成的家风，直接参与到社会主义精神文明建设，家风建设对家庭成员的成长产生重要的影响。1982 年党中央倡导深入开展"五讲四美"活动，提出以家庭成员总体表现为评选要求和规则，如我们熟知的诚实守信、孝老敬亲、家庭和睦等；2001 年 9 月中共中央发布的《公民道德建设实施纲要》①提出公民道德建设工程，提出职业道德、家庭美德、社会公德；2018 年全国教育大会、2019 年 10 月中共中央、国务院印发的《新时代公民道德建设实施纲要》等都提到家风在思想政治教育中发挥的重要作用，都体现家庭及优良家风在思想政治教育中任重道远。另一方面，个人对家庭具有强烈的依附性，家庭对思想政治教育具有独特优势，这种优势通过家庭个体对家庭的情感和价值发挥。一方面，家庭中父母与子女双方具有血缘关系，这种关系相对于其他教育更具有引导性和接受性。如《颜氏家训》说"同言而信，信其所亲"，可以看出，亲近人的言语更容易得到接受。家长日常对子女进行潜移默化的教育，不仅可以让子女学习自己的行为，同时还让子女进行自我反思，家风在家庭教育中具有独特优势。另一方面，家庭长期生活在一起，具有共同的实践优势。家长把在生活中的经历择机而教，把积极向上的道德教育给子女。所以，优良家风对大学生思想教育具有基础性作用。

（二）中华优秀传统家风影响思想政治教育目的

教育的目的在于培养人，但是，"不同的母体文化蕴含的人文理想和教育目的是不同的"②。不同的国家和民族都会以本民族的文化来教育自己的成员。家风作为一种伦理文化主要以德育为主，在教育目的上是培育具有仁、义、礼、智、信等崇高品质的人，个人从属集体，在集体中彰显个人的价值。如，《大学》开宗明义："大学之道，在明明德，在亲民，在止于至善。"培养明德、亲民之人，

---

① 2001 年 9 月 20 日由中共中央印发实施.
② 鲁力.文化视阈中的思想政治教育：属性、功能与自觉[J].理论导刊，2016（06）：82.

实现整个社会稳定的教育目的。"人家不必论贫富,惟有读书声最佳""天下兴亡,匹夫有责"等都体现着对家庭成员道德教育的目的。大学生思想政治教育以培养"四有公民"为目的,通过各项思想政治教育任务开展道德教育、爱国主义教育等。可见,优良家风对大学生思想政治教育具有重要的影响。

(三)中华优秀传统家风丰富思想政治教育内容

文化是教育的基础,教育内容来源于文化。文化不是静态的,不是固守不变的,随着时代的变化其内容也在不断地增加。文化的产量影响教育内容的质量,文化的水平越高,对教育的要求也就更高。优良家风主要围绕个人修养、家庭建设、国家治理、天下太平展开,蕴含着道德观、人生观、价值观以及修身立德、为人处世等思想,是思想政治教育德育的重要资源。中国自古都是礼仪之邦,在家风中良好礼仪道德教育必不可少,"厚者不毁人以自益也,仁者不威人以要名"的待人有礼、文明礼貌的公德要求,"积财千万,不如薄技在身①"的职业要求,父慈子孝、夫义妻顺的家庭道德,家风中道德观与思想政治道德观教育同气连枝;"生不可不惜,不可苟惜"的生命观;"一裘暖过冬,一饭饱终日"知足常乐的幸福观,"非其义,不受其利"的义利观,这与思想政治教育中的人生观具有同质同根的内在同构性。优良家风中陆游的"王师北定中原日,家祭不忘告乃翁",林则徐的"苟利国家生死以,岂因祸福避趋之",等等,这些民族气节与思想政治教育中弘扬爱国主义精神和民族精神如出一辙。所以,优良家风为思想政治教育内容提供源头活水。

三、中华优秀传统家风融入高校思想政治教育的现状分析

(一)中华优秀传统家风融入高校思想政治教育的问题

1. 高校家风课程设置明显不够

要想优良家风更好地成为大学生思想政治教育的重要载体,高校就必须设置相应的家风教育课程,使大学生对优良家风有一个更深刻的了解。而现在高校关于家风的课程设置明显不够,这极大地阻碍了融入的进程和进度。思想政治理论课,是大学生在校园内集中系统接受思想政治教育的主要方式,是必修的公共课,其课程有:介绍马克思主义中国化的理论成果的"毛泽东思想和中国特色社会主义概论"、讲解历史知识的"中国近现代史纲要"、阐述马克思主义哲学原理的"马

---

① 颜之推.颜氏家训[M].武汉:湖北辞书出版社,2007.

克思主义基本原理概论"、宣讲道德和法律的"思想道德与法治"和概述国家目前的国内和国际政策与形势的《形势与政策》。近年来，高校十分重视加强思想政治理论课建设，不断完善课程设置，但是关于优良家风及其相关内容的课程设置明显不足。在思想政治理论课中，仅仅在《思想道德与法治》这门课中涉及小部分内容，极不系统，不利于大学生更好地了解家风文化的概念和价值。除了课程设置，有关家风的活动设置也较为缺乏。大学生思想政治教育有很多手段和方式，其中，活动是除课堂教学之外最为主要的方式。高校的社会实践活动和学生组织开展的活动中，与家风相关的活动较少，其影响效果和教育作用不大。总体来说，高校家风的课程及活动设置不够，模式较为单一，未形成专门的、规范的体系。

与课程设置不足相对应的问题是高校在家风教育方面的师资力量较为薄弱。教师是教育的主体，也是各种主题教学、主题活动开展的主要实施主体，因此，将优良家风更好地融入大学生思想政治教育，必须借助高校教师的力量，师资力量薄弱会降低教育的质量。首先，高校没有专门从事优良家风教育的教师。对家风感兴趣的大学生，如果没有专业的教师进行教育和指导，那么他们对于家风的认知也是不全面、不深刻的。与于传统文化相关的课程大多是选修课程，就目前高校的课程设置来看，专门讲家风的选修课程还没有。其次，在高校教师中，同时具备家风素养和大学生思想政治教育经验的很少。高校思想政治理论课是高校全体学生的必修公共课，所以，思政教师的负担较为繁重，他们并没有太多的时间和精力深入研究家风文化。将优良家风融入大学生思想政治教育中，必须培养一批高素质的教师队伍，专门从事这方面的理论研究和开发工作，进而对大学生进行系统的家风教育。高校家风课程设置不够和家风教育师资力量不足都是妨碍优良家风融入大学生思想政治教育的不良因素。

2. 传统优秀家风的相关元素在校园文化建设中运用不充分

校园文化是高校经过长时间积累和后期的塑造逐渐沉淀下来的、独特的精神风貌，是高校人文特征的彰显，也是高校立德树人的重要途径。在高校的校园文化建设中融入优良家风的相关内容，建立以优良家风为主题的校园文化，不仅能够使优良家风文化在新时代得以彰显，还能够使大学生在校园文化的熏陶下，学会正向积极的价值观，提升教育的实效性。但是目前来看，在校园文化中，优良家风在其中的运用并不充分，还未建立以优良家风为主题的校园文化。

第一，高校缺少优良家风文化景观建设。笔者走访了部分高校后发现，部分高校没有专门的优良家风宣传栏，文化走廊、雕塑、画像也较为稀少。少数高校虽然有相应的宣传栏，但是不能够及时更新内容，并且内容设计缺乏吸引力，难以引起大学生的关注。校园文化建设中缺少优良家风的元素，内容吸引力不够，这导致大学生家风教育的效度极低，融入的进程也将大大推后。第二，家风相关的校园文化活动较少，且形式较为单一。在部分高校中，与优良家风相关的社团较少，且社团活动缺乏多样性和趣味性，难以充分调动大学生的参与热情。少数高校甚至没有对优良家风融入大学生思想政治教育给予足够的重视，所以相关的校园文化活动少之又少。这种现状不利于优良家风载体作用的发挥，进而不利于大学生思想政治教育的效果的增强。第三，与优良家风相关的网站建设不健全。随着互联网技术的广泛运用，高校思想政治教育也迎来了新机遇，"互联网＋思政"的网上教育平台建立了起来，并且不断加入新内容。很多高校都意识到了优良家风对大学生思想政治教育的重要性，但是，部分高校以优良家风为主题的网络平台建设却不容乐观，少数高校根本没有相关网络平台。以优良家风为主题的网站建设中存在着推送内容系统性不强、挖掘不够、形式呆板、更新缓慢、知晓率低等诸多问题。

3. 中华优秀传统家风的教育资源没有得到有效的开发

除去校本课程及教材，目前高校对中华优秀传统家风相关的社会教育资源、网络教育资源等也都没有进行有效的开发。学习不仅是在学校，在课堂，在书本，更多地可以在我们的日常生活的方方面面。文物古迹、风俗民情以及生活在我们身边的优秀模范等都可以是中华优秀传统家风的传承载体，也都是中华优秀传统家风的重要教育资源。然而，现在学校社会实践活动的普及率和参加率较低，在此次调查中，也仅有少部分学生参加过学校举办的相关社会实践活动。这其中除了有学生自身的因素，主要还是由于学校相关社会教育资源没有开发到位。在对大学生进行中华优秀传统家风教育的过程中如果能带领学生走出课堂，走出校园，利用好当地的社会教育资源，相信一定可以取得事半功倍的效果。此外，虽然网络教育已经成为一种越来越普及的教育模式，但是经调查发现却还有 21.9% 的高校从未利用微信、微博、网络直播平台等宣传中华优秀传统家风。可见，当前中华优秀传统家风相关的网络教育平台还是开发利用的远远不到位。

4. 中华优秀传统家风在大学生群体中的认同感不强

大学生对中华优秀传统家风的认知度偏低。大学生对中华优秀传统家风的认知程度直接影响优良家风的建设和推广的实际成效。此外，高校开展家风融入的经验和可供参考的案例太少也不利于学生对优良家风的正确认知。总的来说，大学生对传统家风的知晓率越来越高，但大学生对家风概念的理解较为模糊，仅仅是通过一些节目和推文了解到的家风，认知结构"碎片化"，没有形成一个较为系统的认知体系。一些大学生对优良家风的理解较为狭隘，认为家风的影响仅仅停留于个人和家庭层面，没有将其立足于更宽广的视野中，没有与社会、国家联系起来。从央视在 2014 年春节期间的访谈内容来看，部分被访者认为家风是"讲诚信""守规矩""养成良好的生活习惯"。诚然，这些都是优良家风所包含的内容，但是从被访者的回答中我们也可以发现一些问题，即人们对于优良家风缺乏一个较为系统的认知。认知的"碎片化"影响了人们对于家风建设的整体性思考。受社会转型和家庭结构变化的影响，大学生对优良家风的认知呈现出"碎片化"的认知形式。这一认知方式与高校思想政治教育存在冲突和矛盾，不利于优良家风融入大学生思想政治教育后期的推进和系统性的建设。融入要想获得长足且稳固的推进，就必须使大学生形成对家风的系统认知。人们对优良家风建设具有整体性、系统性的思考，将能够助推优良家风的推广和传承，使优良家风在大学生思想政治教育中更好地发挥作用，充分实现优良家风的价值。

（二）中华优秀传统家风融入高校思想政治教育的创新建议

1. 大学生丰富自我对家风的认识

（1）加强对家风内涵的了解

通过调查，大学生对家风的内涵认识模糊，甚至出现边缘化现象。大学生对家风内涵认识不足，很难让大学生形成正确的家风观念，优良家风发挥大学生思想政治教育的功能就会受到影响。大学生应该正确认识优良家风的内涵，要广泛利用图书馆的馆藏资源、网络媒体去搜集家风，也可以探寻自己家族光荣史，挖掘家族名人事迹等，还可以学习古圣先贤的家风，革命前辈的红色家风，新时代广大群众的家风，这样既可以增强大学生对家风文化内涵的了解，还可以激发大学生的家风传承意识。大学生要做到学得清楚，弄得明白，从而增强理论知识。这样才能在面对困难及诱惑时，能够坚持正确的价值体系、道德行为，作出正确的判断，找准正确定位，为创造出更具价值的学习和生活提供持续动力和行为指南。

（2）增强对家风内容的认识

时代不断变化要求人们的思想也应与时俱进，尤其是作为国家未来发展主力军的大学生，思想也需要随着时代的变化而变化，符合时代发展的需要。新时代下大学生思想要符合社会主义核心价值观的培育要求。家风具有时代性和传承性的特征，一定时期的家风观念受到当时的政治、经济、文化等因素影响，反映着封建时代背景下人们的思维和价值观念。从封建社会传承下来的家风从当前社会来看，部分存在时代的局限性，很多人开始用不屑的心理、偏颇的心态去否定家风。因此，大学生必须加强对家风的理论学习，深入认识家风的内容。如前所述，家风主要包括修身养性之术、齐家兴业之道、经世应务之法三大维度，每个维度下又有丰富内容，如修身养性中的立志、行善、积德等内容，齐家兴业之法中勤劳、节俭等内容、经世应务之法中诚实、守信、公益理念等内容都需要大学生认真地去理解学习。同时，大学生要学会辨别分析家风内容的好坏，如果对家风缺乏有效辨别，就可能陷入落后家风观念之中。如"爱国"，在封建社会体现着对君主的愚忠的思想，新时代历史方位下，"爱国"思想与封建时代相比内涵更加丰富，方式方法亦有差异。如"孝"，在封建社会大多倡导父母绝对权威下的"愚孝"，当前倡导着人格平等下的及时行孝。再如，节俭追求的是不浪费不是吝啬，公益反映量力而行不是倾囊相助。新时代大学生应该弄清楚优良家风的内容，这样才能更好地发挥思想政治教育作用。

（3）树立家庭价值与社会价值不可分的观念

家风与社风紧密相连，中华儿女自古以来都把家庭价值追求与国家、社会价值追求相连。家风的真正价值就是把社会的正能量润物无声地潜入人们的内心，让人们真正地感受生命的跳动，感受到自我价值的升华，从而让人们自觉地坚持理想、坚持对自我价值的不懈追求、坚持对生命价值的执着。但是，当前受到一些不良因素的影响，一些人只重视优良家风的家庭价值，忽视家风的社会价值。在这种错误价值影响下，人们的思想开始出现偏差，认为只要不影响自己和家庭，再大的事与自己无关。大学生是国家未来发展的接棒人，必须树立家庭价值与社会价值不可分的观念，不能仅停留在狭隘的个体价值追求上，要重视家风对个人和社会价值的双重作用。大学生应该行动起来，把优良家风作为长期的、经常性活动进行学习，从而达到对优良家风家庭价值的精神认同和社会主流价值观念的认同。这样才能更好地让优良家风基因融入学生的血脉，让学生心灵觉醒和人格升华，才能更好地实现优良家风融入大学生思想政治教育。

2. 高校建设好中华优秀传统家风教育主阵地

（1）将传承中华优秀传统家风融入大学生人才培养目标

大学生人才培养目标是学校依据国家的教育目的和各级各类学校的性质、任务提出的人才培养的具体规格和质量要求，它是由学校人才培养目标、专业人才培养目标以及课程教学目标三部分构成的一个人才培养系统。作为顶层设计，大学生的人才培养目标决定着学校课程的方向和总体结构，要想将中华优秀传统家风融入大学生思想政治教育，首先还是要从人才培养目标入手，结合本学科以及专业实际，将中华优秀传统家风相关教育内容渗透进学生的人才培养方案，不断优化人才培养体系，创新人才培养模式，完善人才培养目标，才能实现全程育人、全方位育人，才能切实提升学生成长成才能力。

（2）逐步建立并完善中华优秀传统家风相关课程体系

课程体系是一个多因素、多层次、多方面构成的有机结构体系，它能将课程内部的诸要素，如各类专业基础课、专业理论课、专业技能课、专业应用课等连接成一个统一的整体，因此，可以说课程体系既是育人活动的指导思想，也是培养目标的具体化和依托。所以，中华优秀传统家风想要与大学生思想政治教育相融合就必须将其作为一种教育资源融入高校课程资源系统，然后逐步建立并完善中华优秀传统家风相关的课程体系。

高校课程体系主要由目标要素、结构要素和过程要素三大部分组成，从这个基础上来说，要想逐步建立并完善中华优秀传统家风相关课程体系，要从以下三个方面着手：首先，就要建立具有科学性、整体性和可操作性的中华优秀传统家风相关的课程目标。这里的"课程目标"包括宏观目标（高校总的人才培养目标）、中观目标（不同学科专业的培养方案）、微观目标（具体的中华优秀传统家风课程目标）三个层面。其次，还要建立课程配比合理、课程时序恰当的中华优秀传统家风相关的课程结构，包括中华优秀传统家风相关的理论课程、实践课程、必修课程及选修课程等。最后，还要逐步完善中华优秀传统家风课程体系的实施过程，包括中华优秀传统家风相关课程实施需要的技术、方法、手段、途径以及课程的评价反馈机制等。

（3）构建切实有效的课程考核评估体系

对中华优秀传统家风课程的考核评估，就是通过科学的反馈对中华优秀传统家风的教育过程和教育效果进行实事求是的分析，作出定性定量的评价。没有科学的中华优秀传统家风课程考核评估体系，就不可能有全面系统的中华优秀传统家风教育信息反馈，也就不可能实现教育者对中华优秀传统家风教育过程的合理有效控制。因此，建立切实可行的中华优秀传统家风课程考核评估体系是对高校中华优秀传统家风教育教学工作进行科学评价，加强改进大学生教育教学工作的重要保证。

构建切实有效的中华优秀传统家风课程考核评估体系，建立健全中华优秀传统家风课程质量保障机制，可以切实掌握中华优秀传统家风课程目标的实施情况，了解课堂教学的教学效果。首先，高校根据自身具体实情制定中华优秀传统家风课程准入制度以及课程考核评审制度，做到定性评价与定量评价相结合，动态评价与静态评价相结合，全面评价与重点评价相结合，以行之有效的课程考核评估手段强化对已开设的中华优秀传统家风课程的动态评审。在教师考核方面，由教务处督导教师的授课情况，通过问卷调查、个人访谈等形式对教师的授课情况以及学生满意度展开调查，并反馈问题，提供改进建议，促进中华优秀传统家风课程内容的优化。在学生考核方面，调节期末分数百分比，对学生学业成绩考核逐步过程化。摒除传统的以学生期末测试成绩为标准的单一评价方式，综合参考课堂中期考察，结合学生个人的课堂作业完成度、课堂到课率、课堂讨论发言次数以及要求的实践活动参与次数等方面，提升学习过程的考核权重，引导学生重视中华优秀传统家风课程并加强中华优秀知识的学习积累。总之，在构建中华优秀传统家风课程考核评估体系的过程中应当坚持实事求是的原则，以事实为依据，采用科学方法和技术手段对教学活动的各个环节进行整体构建和综合评价，这样才能为中华优秀传统家风融入大学生思想政治教育提供良好的制度保障。

（4）提升高校教师家风教育的能力

高校教师是优良家风融入大学生思想政治教育的重要力量，是连接二者的桥梁和纽带。所以，为了优良家风融入大学生思想政治教育能够顺利进行，高校应该注重提升教师在家风教育方面的能力，培养一批具有良好文化素养的师资力量。

一方面，高校要积极推进教师家风培育。高校要树立典型，积极宣传和弘扬优秀教师家风。在教师大会上，请家风建设典型分享自家的家风内容和一些家风故事。高校还应把家风建设的情况纳入师德师风的考核中去，制定相应的考核评价机制，并将这一指标与教师的职称晋升、领导干部的选拔相挂钩。增进教师群体对培养优良家风的认同感，增强教师群体对家风建设和优良家风融入大学生思想政治教育工作的重视和配合，提升教师的责任认同和使命担当。

另一方面，教师应自觉发挥自身的率先垂范作用。"教师对学生的影响是不能用任何教科书、教学大纲和任何规章制度来代替的。"[1] 广大高校教师要以身作则、言传身教，对自身肩负的职责和使命具有深刻的认知，能够从自身做起，自觉传承和弘扬优良家风，注重提升自身的思想道德修养。同时充分发挥自身知识和专业的力量，为优良家风发声，为优良家风代言，积极开展优良家风融入大学生思想政治教育的专题研究和探讨。在与其他文明交流过程中，辩证吸收其他国家家风的内容和培育的经验做法。积极组织和开展有关优良家风的实践教学，注

———

[1] 乌申斯基.人是教育的对象：教育人类学初探（上）[M].北京：人民教育出版社，2004：15.

重培养大学生的家风实践能力，并逐渐使融入理论得以深化，以更好地为大学生提供更多内涵丰富的学习著作。

（5）营造优良家风教育的校园文化氛围

首先，高校要努力打造优良家风文化景观。高校要做好有关优良家风文化景观的设计和建造工作。高校应邀请校园文化设计师和家风领域的专家共同设计打造，同时也要充分征求广大师生的建议，反映广大师生的诉求。在设计中，应始终坚持优良家风理念与高校的校风校训、高校所在地的地域特色、新时代的新要求进行有机的融合。在文化景观的建造上，注重优良家风文化意蕴和教育理念、功能的凸显。通过无处不在的校园景观建设，发挥优良家风的教育功能，并以此作用大学生的意识。

其次，高校应大力开展优良家风主题的文化活动，努力将优良家风渗透到校园文化活动中去，以对大学生产生春风化雨、深远持久的教育影响。第一，高校可以定期组织学术活动，以学术活动为载体，增强大学生对优良家风的认知。第二，高校可以打造以优良家风为主题的校园文化品牌活动，如优良家风艺术节、宿舍文化节、名人家风展演、家风故事会等活动。

最后，在暑假期间，高校还应组织大学生开展以探寻家风为主题的实践活动，组织学生到家风教育的优良地区开展调研，收集整理家风的内涵，为开展优良家风相关校园活动提供支撑。

（6）建好优良家风网络平台

第一，完善高校思政教育主题网站和微博建设。当前高校大多建立了专门用于思政教育和宣传的主题网站、微博，我们要充分借助这些途径和渠道，将优良家风以图片、文字、视频等多样化的形式生动地呈现，强化优良家风教育。

第二，充分利用微信公众号和直播的优势，宣扬优良家风。微信公众号和直播都能和大学生进行互动和平等对话，破除沟通障碍，从而更好地了解大学生的思想动态，进而使大学生更进一步地了解优良家风。

第三，积极探索新型的网络教学模式。"互联网＋"为大学生思想政治教育带来了一场新的技术革命，高校也要借此机会，积极探索新型的网络教学模式，为高校思想政治教育的发展创造新的契机。

3. 家庭发挥好中华优秀传统家风育人主体作用

（1）父母树立正确的家风教育观念

家庭是家风形成的原始场域，是家庭长期教育的结果。家庭承担着子女家风培养的责任。要使优良家风更好地发挥育人价值，父母应该树立正确的家风教育观念。应该重视德行培养，树立平等意识，对孩子应该做到爱而不溺。在家风教育中，家是孩子人生的第一所学校，家长是第一任良师，家长要给孩子上好人生第一课，为孩子系好第一粒扣子。孩子良好的家风形成非一日之功，考验着父母的毅力与耐心。首先，父母应该给孩子长情的陪伴。其次，父母重视家庭仪式感教育。家庭仪式是家风教育的内容表达，家庭成员感情的交流渠道，它可以释放情绪、反思生活，增加家庭成员的信任与归属，实现家庭成员的满足感。父母应该积极组织家庭会议、亲子活动等仪式去教育子女。

父母作为孩子的启蒙老师，要做到率先垂范，重视自身的行为，要以己正人、以行正言。父母应该事事提家风，时时模范、处处表率，引导子女，做好榜样。比如，礼貌地待人接物、不说脏话、勤俭节约等等，长此以往子女就会在耳濡目染中不经意之间养成良好的品质，久而久之，好家风就会入脑入心，外化为自觉行动。

（2）家庭成员开展好家风建设和学习

①家庭成员开展好家风建设

家训、家规、族谱文化源远流长，既有家训书籍也有族谱序言。其内容或孝顺父母、尊敬长辈，或崇仁尚德、诚实谦逊，或睦族和邻、勤劳节俭，或自强不息、舍己为国，涉及立身、勉学、治家、涉世、报国等方方面面。正是依靠这些家训、家规、族谱，很多家庭绵延数十代而不衰。如山东曲阜孔氏家族已经有两千年历史，延续八十余代，名人辈出；扬州西山俞氏家族、范氏家族等，这些家族能传承至今，主要依靠家训、家规、族谱等家风载体的教育与约束。所以，加强优良家风融入大学生思想政治教育，家庭成员要积极地制定家规、家训等家风载体，增强大学生家风理论知识。首先，家庭长辈应该把从宗族长辈继承下来的家风内涵内容、方式方法、形式和途径等进行梳理汇编，批判地继承。"我们不是直接复制沿用和无批判的吸收，而是站在历史唯物主义的立场，结合当今实际，批判性地继承合理成分。"[①] 倡导孝敬长辈、宽以待人、乐善好施等内容，蒙以养正的途径，宽严相济、言传身教的方法；以言简意赅、喜闻乐见的形式陶冶家风。对于积极的成分应该纳入家训、家规建设，为筑牢家风文化大厦打下坚实地基。其次，面对日新月异的时代变化，家规、家训制定应该与时俱进，应该符合时代的话语权，积极用新时代话语体系阐发家训家规，让学生找到时代归属和情感归属。最后，以社会主义核心价值观为主导，做好顶层设计，以个人、家庭发展实际为

① 田旭明.修德齐家：中国传统家训文化的伦理价值及现代建构 [J]. 江海学刊，2016（01）：221-226.

标准，建设更有活力、更高层次、更具时代气息的家规、家训，为家风融入大学生思想政治教育提供强有力的保障。

②家庭成员认真学习优良家风内容

家训、家规等家风制定后，家庭成员应该积极地利用好家风载体进行持久的教育，这样才能发挥好优良家风思想政治教育功能，正如李存山教授所提出的："家风的形成是对家训、家规等教育载体长期教化的结果。"[1]

当前，一些人把先辈留下来的家训、家规当成宝贝珍藏，不轻易示人，没有发挥好传家宝的价值。真正发挥家风载体传家宝价值，还是要用好家风载体对学生进行教育。曾国藩在家风教育中非常重视家风载体对子女的熏陶，每日要求子女早起研读家训、家规，并且还把家风融入日常，形成曾家"八宝饭"。积极加强家风载体对学生的熏陶是非常有必要的。首先，在日常空闲时期，家庭成员认真研读家训、家规的内容，同时积极展开讨论，交流心得，同时，还要用家训去指导日常生活实践，在实践中凝练自己家庭的家风核心内容、教育方法，为后代传承提供借鉴。其次，在节日中用家风载体去熏陶家庭成员。一些传统节日中蕴含丰富家风内容。如，春节可以通过家训教育人们遵守礼仪、和睦邻里，浸染和睦之家风。再如，重阳节利用家风载体教育人们尊老、爱老、敬老的意识，培育年轻一代尊老的价值观念。总之，利用好家风载体对子女的熏陶，是家风融入大学生思想政治教育的重要途径之一。

4. 政府发挥好中华优秀传统家风传承的引领作用

优良家风融入大学生思想政治教育，不能仅仅依靠高校发力，还需要国家和政府的支持和助力，努力在全社会营造一个具有浓厚优良家风气息的社会氛围。当前，我国十分重视中华传统文化的传承和发展，传统家风文化是中华优秀传统文化的重要组成部分，同时又是传统文化传承的重要载体，因此，优良家风的弘扬理应成为国家和政府支持和助力的重点。且家风与社风息息相关，家风的好坏会影响社风的优劣，进而关乎整个国家、社会整体的价值导向，是一个国家价值理念的风向标。所以，国家和政府要充分发挥政策、制度优势，增强治理效能，引导和团结各方力量，致力于构建一个弘扬优良家风的共同体，为优良家风更好地在大学生思想政治教育中发挥作用营造优良的社会氛围。

第一，国家和政府提供资金、政策支持。大学生思想政治其内容和价值体系是以国家意志为核心的意识形态的现实体现。因此，借助优良家风来提升和优化大学生思想政治教育的实效性，为保证融入的质量和力度，国家和政府必须对其

---

① 李存山. 家风十章 [M]. 南宁：广西人民出版社，2015：44.

进行强有力的资金、政策保障。一方面，要增加国家对高校的资金投入。成立高校关于优良家风理论研究、教育教学、校园文化建设、网络平台运营的专项资金，着力精准地保障优良家风融入大学生思想政治教育。另一方面，要加强政策支持力度。政府必须出台相关的政策支持家风文化的发展，优化好家风评选活动，不断探索和开展更多相关的家风弘扬活动，并逐渐形成可推广的制度化活动体系。还应注重对家风文化遗产的保护，让名人故居、家风家训原稿、革命遗址中凝聚的家风文化世代流传，散发永恒的魅力。在政策上，政府还应该鼓励各地充分发挥本地的历史文化优势，将家风的弘扬和经济的发展相结合，大力发展文化旅游产业，建设家风文化园，规划设计出一批专题研学旅游线路，引导游客在文化旅游中感知中华文化。在全球化浪潮下，政府应该具有世界视野，依托"孔子学院"、中外文化节等跨文化传播渠道，积极将优良家风文化推行到世界各地，实现跨区域传播，从而实现对优良家风的由内及外的认同。

第二，筑造宣传合力，优化社会氛围，让正能量随"风"潜入大学生的内心深处。当前社会环境中的确具有一些污浊之气，这种不正之风的蔓延和扩散，混淆着大学生的价值取向和干扰着大学生的价值选择。要想逐渐驱散社会中的负能量，政府必须借助舆论的引导作用，将各种宣传媒介联合起来，形成更为强大的作用力。首先，主流媒体要坚持正确的舆论导向，承担起宣传和动员的社会责任。在进行家风宣传时，人物要具有典型性，还要对相应的家风进行归类，进行一个规范、有序的宣传。主流媒体要联合中央电视台、各地方电视台和其他纸媒形成一个上下联动，齐抓共建的全方位的宣传机制。其次，地方媒体要充分挖掘属于本地的特色家风，加强推广和传播，形成品牌的示范效应。每个地方都有自己独特的经历，自然就形成了各具特色的家风文化积淀。地方媒体要担负好自身的使命，努力探寻本地的家风文化渊源，逐步构建出当地的优良家风资源系统，并采取各种宣传方式进行传播和弘扬，使其有益的文化价值深度嵌入百姓生活。

第五章 中国优秀传统文化融入高校思政教育的思考

中国优秀传统文化融入高校思政教育带来了一些成效的同时也不可避免地出现一些问题，本章从中国优秀传统文化融入高校思政教育的现状出发，阐述了中国优秀传统文化融入高校思政教育问题及原因，并给出了中国优秀传统文化融入高校思政教育的思考与建议，最后也提出了新时期中国优秀传统文化融入高校思政教育的一些展望。

第一节 中国优秀传统文化融入高校思政教育的现状

一、优秀传统文化融入高校思想政治教育的积极意义得到认同

中国传统文化能顺利融入高校思想政治教育并得到认同最主要的原因是我国传统文化博大精深、源远流长。其核心的中华传统道德文化历经千年的积淀，成为中华民族共同的精神内核和独特的文化基因，是民族文化的思想根基，是我们中华民族向前发展的不竭动力。高校思想政治教育的目标是培养符合当今社会发展所需要的人才，引导大学生树立正确的人生观、价值观和世界观。思想政治教育的发展是逐步由政治教育过渡到思想政治教育，因而其深层次的文化基础较之于传统文化中所提倡的思想道德教育较为薄弱。中国传统文化中蕴含着极为丰富的思想政治教育资源，可以增加高校思想政治教育的文化底蕴，为思想政治教育提供强有力的文化支撑。同时面对西方资本主义文化的侵袭，我国大学生过于推崇的态度也阻碍高校思想政治教育的顺利进行，因此在思想政治教育中融入中国优秀传统文化有利于丰富大学生的文化素养，提高其对于本国传统文化的兴趣，培养大学生树立正确的思想观念。由此来讲，中国优秀传统文化融入高校思想政治教育得到了大多数人的认同。

二、高校纷纷开展优秀传统文化的宣传工作

2017 年 1 月中共中央办公厅、国务院办公厅印发了《关于实施中华优秀传统文化传承发展工程的意见》，中指出要将传统文化教育贯穿于国民教育的始终。在此之前中共中央及教育部均已发布关于中国传统文化传承的相关意见或者通知，例如 1993 年 2 月中共中央、国务院发出的《中国教育改革和发展纲要》和 2006 年 9 月中共中央办公厅、国务院办公厅印发的《国家"十一五"时期文化发展规划纲要》中也对中国传统文化教育发展作出具体部署。在党和政府的大力倡导下全国各高校也都纷纷开展了传统文化进校园的宣传教育工作。作为"孔孟之乡"的山东省高校在宣传教育方面开展较早，例如其利用学校宣传栏、校级报刊、校园电台等传统媒体和新兴的微博、微信、qq 等新兴媒体平台的相互结合，从多方位、深层次宣传中国优秀传统文化，在校园中营造的良好的传统文化学习氛围。在此基础上山东各高校也根据自身学校特色，以弘扬传统文化为主题打造具有传统文化魅力的校园景观文化，例如山东建筑大学就以"三泉映雪"为创作理念，打造了诸如雪山书院、凤凰公馆等体现中国传统历史文化的校园景观。另外一些高校也成立了一系列的孔子文化学院、儒学研究院等相关传统文化研究的组织，将这些具有鲜明中国特色文化融入教学体系中，形成独具特色的校园文化。

第二节　中国优秀传统文化融入高校思政教育问题及原因

一、中国优秀传统文化融入高校思政教育问题

（一）教材与优秀传统文化教育的融合度不高

教材融入工作是一项准备性工作，但就目前的教材融合度来看，收效甚微。很多高校的思想政治教育教材中没能体现优秀传统文化教育的内容，只是在形式上采用一些传统文化事例导入或衔接教学内容。这样一来，优秀传统文化的工作就难以落地。其次，对融入的内容理解与把控不到位，不能找到二者融入的合理契合点。这同样是造成教材融入不明确、不合乎标准的诱因。再次，资源挖掘得不够准确，融入过程缺乏系统规划的现象。在对思想政治教育理论课教材的考察中，优秀传统文化的出现频率升高，但各个章节的知识点中很难找到学理阐释完整又符合优秀传统文化教育的内涵层次的内容。例如，在"马克思主义原理"的

课程中几乎没有涉猎到优秀传统文化。而在资源的取舍与整合中，优秀传统文化中的"大同理想"就是可与其紧密联系的教育内容。在"思想道德与法治"中可以通过"刚健有为、自强不息"的精神来诠释民族性格与个人的进取精神等。最后，是融入中系统性不佳的现象，各高校所持教材不统一、内容编排与知识深度上的质量存在着差异。在融入中缺乏统一的纲目以及系统的指导。由此可看出，高校没有真正给予传统文化高度的关注。

（二）优秀传统文化的教育教学缺乏实效性

当前高校在优秀传统文化融入大学生思想政治教育方面尚未形成系统与立体化的完善体系。一部分高校虽然已站在注重优秀传统文化教育的队伍中，但依旧没有完全理解其深层次的内涵。首先，优秀传统文化教育实施工作缺乏完整且明确的组织结构与分工，总体上顶层设计与规划不足，在融入中欠缺与之配套的条件保障，导致教育内容的呈现不完整、不连贯，教材修订与课程设计随之产生滞后性。其次，高校没有将优秀传统文化当作一项规范的系统教育教学来完成，以至于融入工作机制的不完善，教育教学环节的设计非常松散。优秀传统文化教育难以取得实效性的影响因素还有很多方面，譬如：在缺乏专业指导与专项评价考核制度的前提下，就将优秀传统文化教育纳入了选修课程。此外，融入工作的目标在于能否提升大学生的思想道德修养与人文素养，而融入的效果显示了目前我们在这两个方面依旧存在很多的问题。比如，学生诚信意识、社会责任感的缺失以及价值取向的扭曲，对优秀传统文化认知不充分等等，这些都造成了融入实效性偏低的困境。

（三）大学生对中华优秀传统文化知识储备欠缺

中华优秀传统文化是整个中华民族智慧的结晶，而当代大学生对中华优秀传统文化的了解只是停留在表层内容，并不能深刻领会中华优秀传统文化的深层含义。大部分学生对优秀传统文化的价值表示肯定的态度，但是很多学生对具体的传统文化却不很了解。很多学生认为自己了解中华优秀传统文化，但是只有一小部分学生能举例说明关于中华优秀传统文化的相关内容，更多的学生虽然表达对优秀传统文化的认可，但是对表述传统文化相关内容则无所适从。此外，可能有的学生对传统文化完全不了解。对于大学生掌握中华优秀传统文化的知识储备的情况，例如对于思想家的著作的阅读情况也很不理想，只有一小部分学生阅读过关于四书五经的内容，状况堪忧。当代大学生对有关中华优秀传统文化的书籍阅读率较低，大学生更多的是了解经典著作的名字和宣传的价值，而对经典著作里面的具体内容掌握不足，对知识的积累也比较狭窄，对中华优秀传统文化知识的掌握更是相对薄弱，对优秀传统文化的了解只停留在表层阶段。由此可见，当代大学生对中华优秀传统文化的知识储备量有待提高，提升大学生优秀传统文化素养刻不容缓。

（四）中华优秀传统文化融入大学校园文化的感染力不大

校园文化是以社会主义先进文化为主导，以学校校训精神为内涵，以师生校园文化活动为内容，涵盖高校范围内所有教职工和学生在发展过程中共同奋斗而凝练而成的精神文明和物质文明的价值体系。中华优秀传统文化资源是大学校园文化建设中不可缺少的一部分，但通过前期的实证调研结果发现，各高校并没有营造出百花齐放的传统文化氛围，在融入校园文化建设过程中缺少感染力和亲和力，难以和大学生群体产生情感上的共鸣。而高校在举办校园文化活动时恰恰没能精准把握住中华优秀传统文化时代价值与大学生心理需求的平衡点，甚至会为营造良好活动效果强制大学生参加，这不仅不利于对大学生意识形态工作的开展，更容易使大学生对中华优秀传统文化产生抵触心理。在校园文化物质载体方面如学校校史馆、纪念意义的雕塑、广场宣传栏等，普遍存在更新速度偏慢以及内容枯燥乏味的现象，这种理论式的宣传方式逐渐沦为"面子工程"，中华优秀传统文化在大学生心中的地位日趋边缘化。

（五）中华优秀传统文化融入大学生"互联网+"的创新性不强

当代大学生生长于信息化时代，互联网不仅是中华优秀传统文化发展的主要载体，更在新冠疫情防控期间成为高校开展大学生思想政治教育的主阵地，它对大学生群体思想认知上的影响是持续深远的，值得我们反思商榷的关键点在于，较互联网上盛行的流行文化而言，优秀传统文化并没有牢牢把握住"互联网+教育"发展契机。一方面，互联网平台重宣传、轻反馈。从网络商城中形形色色的红色资源软件、各大平台的教育类博主到各高校申请的官方网站和公众号，浅层看似发布了很多与传统文化相关作品，但并没有形成相应的反馈机制来反映大学生心理对优秀传统文化认同度的转变或递进。倘若一些拜金主义、享乐主义、极端个人主义等媚俗文化没有得到回馈和制止，将会影响大学生正确价值观念的形成甚至对社会和谐发展造成威胁。另一方面，自媒体职业者利用优秀传统文化作为获取利益的捷径。越来越多的文艺工作者试图通过增添传统文化元素的方式来用"中国风"标榜自己的作品，博大众眼球的同时还能赚一波热度，于是产生了互联网热门推送中传统文化频频出现而后又不了了之的局面。少数人能够坚守发扬中华优秀传统文化的初心，例如网红李子柒，最初通过做家乡美食的方式走红，成名后虚心请教蜀绣国家级非遗大师孟德芝学艺，半年后她用自己不懈的努力将四川非物质文化遗产——蜀绣推向了世界。综上而言，互联网的确让中华优秀传统文化传播范围更广泛，但融入的深度决定能否迈向另一个的高度。

二、中国优秀传统文化融入大学生思想政治教育存在问题的原因

（一）未能形成中华优秀传统文化的宣传教育氛围

近年来，随着高等教育的普及化、大众化发展，高校开始逐年扩大招生比例，大学生的身份已经失去了昔日的神圣光环，"毕业就分配"也已成为过去式，加之市场经济的迅猛发展，各个领域的竞争日趋激烈化和白热化。这种形势下，高学历不等于好职业，不等于高收入，而只有具备了专门的技术和出类拔萃的专业技能才能够在社会中拥有一席之地，才能在激烈的竞争中获得长足发展。因而，大学生从进入校园起就要制定好未来职业发展规划，并将专业技能学习放在重中之重的地位，然而这个规划里并不包含了解传统文化。在传统文化的培养上虽然很多高校都设有与优秀传统文化相关的社团和实践活动，但多浮于表面，对浩瀚的优秀传统文化的了解不够深入、不够细致，注重形式大于内容，注重娱乐大于学习，优秀传统文化被束之高阁，成为摆设，并未发挥出应有的作用。中华优秀传统文化历经千年延绵不断，其内容之广，形式之丰，令它很难在短时间之内被吸收，取得的效果也很难量化。学习传统文化是长期累积的过程，反观专业技能，大学生往往在考试前集中"突击"，能够在短时间之内起到可观的成绩，效果较为明显，掌握以后就可以在实践当中应用。因而，出于学习的功利性，大部分大学生认为传统文化地位可有可无，价值有限，这种观念在高校比比皆是，也正是因为这个原因，造成了大学生这个群体对于优秀传统文化认知不足、理解不深、践行不良，不利于构建中华优秀传统文化的宣传教育氛围。

（二）优秀传统文化的现代价值挖掘不够

近代以来，在国门被迫打开的同时，西方文化价值观念的涌入也对我国文化传播带来了很大程度上的影响，在鱼龙混杂、良莠不齐的西方文化冲击下，人民对于中华优秀传统文化积极影响认识不足。尤其是当代大学生更是缺乏对传统文

化深入的理解和认同，仅仅依赖课本是很难认识到中华优秀传统文化的价值本质与文化精髓，缺乏认同就难以形成一种发自内心、自然而然的文化自豪感，将来步入社会群体中就会缺乏对其价值的深刻理解。除此之外，在当代社会中，教育者在进行文化融通时，往往会受到国家政策方向以及大众关注焦点等影响，教育内容更多地向社会发展热点方向倾斜。在解决众多社会现实问题时缺乏系统性和全局性，仅仅只是结合教育内容将优秀传统文化的教育引向片面的社会现状分析等，教育内容与目的被动地被当下社会问题牵制，未能主动地占领人们视野，未能在本质上实现优秀传统文化的融通与教育。另外，一部分教育者在学习优秀传统文化的过程中，认为理解了部分历史史实以及儒家文化中的一些精髓思想就了解了中国传统文化，便沾沾自喜，自认为对传统文化已经有了足够的认识，就可以在其他受教育者面前把所知所学授予他人，其实不然。这种片面的理解只是触及了传统文化的冰山一角，对深刻理解还有很长的距离要走，这种教育者都一知半解的情况下，教育预期目标将会很难达成，甚至会对文化的传承造成偏差，引起受教育者对传统文化的误解，阻碍传统文化的传承与深入挖掘。

（三）部分教师对优秀传统文化的重视程度不深

有文化才能讲文化，有理论才能讲好理论。思想政治理论课教师能够理直气壮讲好思政课的底气不仅源于中国特色社会主义事业的伟大实践，更取决于自身扎实深厚的知识储备；讲好中华优秀传统文化的底气不仅来自习近平新时代中国特色社会主义思想，更需要具备深厚渊博的传统文化素养。当今高校存在部分思政课教师和专业课教师对优秀传统文化的重视程度不深的现象，造成这一局面的原因有以下几方面。

第一，教师教学科研压力大。思政课教师和专业课教师在完成业内教学任务的同时，还要兼顾课题实验的进度完成职称评定，对传统文化的掌握程度并不作为业内考核标准，难以引起足够的重视。尤其思想政治理论课作为所有专业的必修课程通常以"合班授课"的方式展开教学，教学内容又与高中政治学科存在重叠部分，间接导致学生学习兴趣不高、主动性不强。此外专业课教师也更愿意在教学效果明显的学科花费时间精力。

第二，教师受评价机制与考核办法的影响。恢复高考制度以来我国教育事业得到空前关注，大学生数量逐年递增的同时就业问题逐渐显现，为提升高校就业率，诸多高校对教师的评奖评优都取决于教学质量。为使学生在有限的课堂内学到更多的专业知识、通过学期末的考评，教师在授课过程中需要持续输出专业知识，与传统文化相关的德育教育在无形之中被搁置，这与落实"立德树人"这一根本任务的初衷有相违背。

第三，教师的传统文化知识结构有待优化。如今高校中肩负授业解惑的中坚力量是青年教师，青年教师群体相较于老一辈教育从业者的优点在于能够摒弃传统文化中不利于社会发展的陈旧思想，而不足之处在于没能跳脱出时代局限，创新性地应用好优秀传统文化。在授课环节通过机械式的引用习近平关于中华优秀传统文化的经典语句展开标准化、书本化的讲解，这种授课方式看似素材新颖紧跟时代潮流，但并没有在大学生群体心中建立起中华优秀传统文化与学习生活和社会实践的必然联系，也就无法实现优秀传统文化内化于心、外化于行的效果。

（四）社会实践活动缺乏对优秀传统文化的运用

随着教育事业的空前发展，国学课程以更高级的形式回归到大众视野并且市场前景甚好，看似社会各界对中华优秀传统文化的认同度日渐递增，但只停留在知识层面，并没有对文化育人这一深层价值引起足够的重视。

第一，家庭成员望子成龙、盼女成凤的紧迫心理。孟子曾言"养心莫善于寡欲"，如今，带领孩子穿梭于各种补习班已是中国父母的生动写照，书法的初衷原是修身养性、陶冶情操，国画的魅力在于笔精墨妙、提升审美，国学的回归是因为中华优秀传统文化中潜存着丰富的育人价值。而中国父母更看重作品是否得奖、背诵的诗词古文能否在亲戚朋友面前展示搏一搏面子。"行止不端，读书无益；心高气傲，博学无益"，这种做法无疑与传统文化育人的落脚点相背离。父母作为子女人生中的第一导师，应该将目光放在良好家风建设和"孝"文化传承中。

第二，对公共平台的利用和把控不到位。公交站牌、社区宣传栏、公园美化、广场建筑、电视节目等都是宣传教育工作开展的良好契机。一方面，没有利用好这些公共载体，比如公交站牌旁的公益性广告更能深入人心，社区宣传栏上举办活动的照片和公告比张贴二维码加群更能调动年轻人积极性，电视节目中配合舞美和音乐的古诗词更能引起年轻人的情感共鸣；另一方面，对公共平台的把控有待加强。公共平台起到的育人效果往往是广泛而持久的，但不利因素亦是如此，当下奢靡之风、历史虚无主义等仍然潜存在公共平台内，需要严加管控。

第三，社会各部门缺乏有机联动。在让传统文化进校园的同时，各高校也要逐渐尝试"走出去"，社会范围内的传统文化活动普遍具有主题鲜明、目标不明确的通病，究其根本在于各个部门之间缺乏沟通和配合以及协同育人的意识淡薄，活动中各自完成相应的工作，并没有认识到育人的使命。此外，国内优秀企业的社会价值未能得到充分发挥，忽视了企业为社会发展储备人才、培养人才这一客观事实。

（五）全球化时代外来文化传播的冲击

如今的大学生群体思想活跃、个性强，虚荣心也相对较强，追求高品质的精神与物质生活，但在逆境中缺少承受力，普遍缺少"肯吃苦"的精神。西方资产阶级的不良思想也开始利用大学生群体思想防范意识不强和价值选择与甄别能力相对较差的"契机"，对当代大学生思想意识进行侵袭。这些都与其个体自身优秀传统文化底蕴不足有关。有很多大学生手里拿着"外国薯片"、眼中看着"某国大片"，过着洋节但对我国的优秀传统文化知之甚少，更有甚者认为西方的思想文化才是最具智慧的"顶层之梁"。在全球化的时代里，谁都逃不掉信息的围堵。西方的各种主义夹杂着错误的思想席卷而来，给我国大学生群体的教育带来了冲击。学生在现有的教育中不能体会优秀传统文化教育的精神滋养，在教育工作者身上难以寻求中华优秀传统文化的文化痕迹。这使大学生优秀传统文化的教育缺失日益加重，增加了建立师生优秀传统文化自我修养的自觉意识的难度。

第三节　中国优秀传统文化融入高校思政教育的思考与建议

一、推进思想政治教育改革，激发大学生学习积极性

（一）改进思想政治教育方式

大学生的思想政治教育为优秀传统文化的传播提供渠道，高校也为优秀传统文化的弘扬提供了理想的场所。以优秀传统文化为资源，挖掘思想政治教育内容，实现二者的完美融合，在思想政治教育中体现优秀传统文化的潜在价值，其主要的探索路径如下。

首先，需要进一步完善思想政治课程体系，教学目标要服务优秀传统文化融入思想政治教育的首要目的，使优秀传统文化可以融入大学生的选修课甚至是必修课。在学生接受方面分为主观教育和潜在影响，传统文化的教育应该设置选修和必修相结合的方式，将传统文化教育大力推进，肯定传统文化在思想教育中的作用。大学的思想政治教育目前与传统文化联系最为密切的课程是"中国近代史纲要""思想道德与法治"，可以在课程的开展中引入"卧薪尝胆""凿壁偷光"

等典故，更是可以弘扬刘胡兰、杨靖宇等爱国人士的丰功伟绩，进而激发大学生的民族自豪感，从而点燃大学生的爱国主义热情。

其次，优秀传统文化不仅需要靠教师的传承，在教育资料中也要融入优秀传统文化的思想，在教材中需要编写相关的内容，在新媒体框架下也要传递优秀传统文化的思想，在教材中引入优秀传统文化内容，改变以往教材单一的形式，从而激发学生的兴趣点。借助新媒体平台，丰富大学生思想政治教育内容，在课堂以外也可以进行优秀传统文化传播，在潜移默化中影响学生的行为习惯。在结合优秀传统文化的思想教育过程中要时刻尊重学生的主观意愿和领悟能力，要正视学生的差异和学科背景的不同，设立不同层次、不同阶段的教育内容。

最后，在教育教学过程中也需要转变教学观念，结合优秀传统文化的优势和思想政治教育的平台，探索互动式的教学模式，加大学生的参与程度。我国传统的思想政治教育过程相对呆板，传递方式单一，教育过程正面但过于传统，学生在教育过程中处于被动接受的角色，教学效果自然不够理想。结合优秀传统文化的思想政治教育，在内容上具有一定的优势，相对于传统的思想政治教育更加具有吸引力。教师需要认识到在教育教学过程中，学生是教育的主体，教师扮演辅助的角色，积极地与学生进行互动，打破传统教育模式。教学形式多增设专题讨论、学术辩论、优秀文化导读等形式，将优秀传统文化真正地融入大学生的思想政治教育实践中，为大学生的教育创造良好的环境和氛围。

（二）强化大学生的心理认同

在思想政治教育中融入优秀传统文化，可以对大学生的价值观养成形成一定的引导作用，优秀传统文化传递的人文素养可以加强大学生的传统文化价值观心理认同。在高等教育中，教师扮演着极其重要的角色，在优秀传统文化价值观认同方面，教师首先需要发挥带动作用，将优秀传统文化的认知推动到自觉弘扬的层面，心理认同需要源发的内心驱动力，优秀传统文化不应该停留在大学生的表面认知，而需要由浅入深地植入大学生心中，在基础认知的基础上，领会优秀传统文化的精神，能够将其有效地融入生活中，使优秀传统文化焕发鲜活的生命力。

教育工作者和高校需要结合多渠道的力量加强大学生的心理认同，提升大学生对优秀传统文化的认知。高校作为优秀传统文化的主要载体，教师作为优秀传统文化的传播者，需要在循序渐进的过程中潜移默化地影响学生对优秀传统文化的认同，在保存优秀传统文化灵魂的基础上，争取思想文化创新。在思想政治教育工作中融入优秀传统文化可以对高校教师和学生产生积极的推动作用，会无形地推进大学生对传统文化价值的认同，最终落实到大学生的思想政治教育实践中。在优秀传统文化与思想政治教育结合的过程中，要由思想认知、情感交流、意志培养最终落实到生活实践，制定切实可行的融入优秀传统文化的思想政治教育方案，改变其形式、内容、传承方式可以进一步地加强大学生的认同，文化的传播需要尊重主体的兴趣，以需求为前提的教育方式会得到更加理想的效果。

（三）激发大学生的学习兴趣

在大学生思想政治教育过程中，需要做到"寓教于乐"，在传统文化融入大学生的学习和生活过程中，能够使大学生体会到传统文化价值的魅力，在思想政治教育过程中，大学生也能感知到思想政治教育对于学习和生活的帮助。将教育不局限于课堂本身，在传播方式上更不仅仅是"纸上谈兵"，这将是弘扬优秀传统文化最强有力的保证。

新媒体平台改变了大学生的学习和生活方式，对大学生的道德观念也产生了一定的冲击，同时也为大学生的思想政治教育带来了挑战，搭建基于优秀传统文化的思想政治教育平台，丰富大学生的知识结构，可以推动思想政治教育的开展，更可以吸引大学生的关注点。大学生借助手机上的微博、微信、QQ等媒介，可以迅速地接触信息的传播，基于优秀传统文化的思想政治教育可以结合这一特点开设官方微博、微信公众号，推送符合大学生品味的相关资料，记录身边故事，同时建立多样化的网络教育平台。此外，基于新媒体平台可以专设网络教育课程，在内容和形式上结合新媒体发展的特点和优势，将优秀传统文化的最新成果合理的应用到思想政治教育过程，搭建有趣、有吸引力的思想政治教育课堂。借助新媒体平台优势，加大网络平台公开课的投入，激发学生的兴趣，让大学生自发地进行优秀传统文化的传承，最终实现思想政治教育的目的。

二、推动思政课程与课程思政的教学改革与创新

（一）提升教师运用传统文化的能力

扎实深厚的文化素养是推动思政课程和课程思政的原生动力，打造一支学科知识基础完备、传统文化底蕴深厚的教师队伍不仅有利于激发大学生主体的求知欲，更能通过情感和精神上的共鸣耦合个人意识形态自觉和社会价值共识。积极鼓励高校思政课教师和专业课教师主动学习中华优秀传统文化。一方面，引导教师在不偏离学科教学的半径内，有切入性地剖析中华优秀传统文化的价值底蕴和

人文精神。学习内容和手段灵活自由，比如，研习传统文化经典原著和学术论文，解读党中央出台的与传统文化相关的政策文件，观看"中国诗词大会""朗读者"等具有传统文化元素的视频等，让教师在充分结合自身的学习兴趣和专业领域的前提下增强对中华优秀传统文化的认同感。另一方面，高校可以搭建传统文化教育的系统培训平台，保证每一名思政课教师、专业课教师以及学生辅导员都能切身参与其中，共同领略优秀传统文化的时代魅力，提高施教水平和文化素养，以传统文化精神反哺教学，从而形成思政课程与课程思政的高度自觉。

高度重视中华优秀传统文化对高校思政课教师和专业课教师的亲和力、感染力。这种亲和力、感染力的发展犹如"实践—认识—实践"的规律般，教师在自主学习的过程中去芜存菁、情感共鸣，刷新了对中华优秀传统文化的认知高度，而又通过具有亲和力感染力的教学实践以情载理，落实立德树人这一根本任务。各高校应结合地缘优势和本土文化资源大力开展传统文化实践活动，让思政课教师和专业课教师感受到优秀传统文化的亲切感，完善课堂教学素材，并通过情感交融的课堂形式引导广大大学生知行合一，用毕生所学为中国特色社会主义事业贡献力量。

（二）打通学科专业壁垒协同构建课程思政体系

思政课程是开展育人工作的主渠道，起到显性教育的作用，而课程思政是一种润物于无声的教学理念，对大学生理想信念的建设起到隐性教育的作用。打通各学科与专业之间的壁垒、打破单方面一枝独秀的局面，从而推进思政课程与课程思政同向同行、协同发展。

打通自然科学与人文社会科学壁垒，提炼具有德育功能的人文价值。马克思和恩格斯曾指出，自然史和人类史是相互连接并且相互制衡的。全面建成小康社会的完美收官离不开自然科学和人文科学的有机联动，打通二者之间的壁垒有利于帮助大学生建立更健全的人格。在思想政治教育工作开展的过程中立足于整个社会历史的现实情况，增强科学意识和学科意识。无论是自然科学还是人文社会科学，都应围绕马克思主义思想这一主线，在教学过程中多从中华优秀传统文化里汲取营养，由浅至深、由点及面，也可以通过选取学科代表人物、典型案例等方式增强与学生群体的互动，引发大学生主动思考将优秀传统文化中的人文价值内化为自身的品德修为。当然，在这一阶段还应避免"课程思政形式化"的现象，思想政治教育成果的获得需要全员、全过程、全方位的共同配合，课程思政的成效无法一蹴而就，这也启示我们在构建课程思政体系的进程中要放长眼光、稳扎稳打，杜绝形式主义。

（三）挖掘优秀传统文化资源创新课堂教学方式

创造性转化和创新性发展要求传统文化与现代文化相协调、与社会潮流相适应，思政课程和课程思政的教学改革和创新应以学生为本，适当融入符合当代大学生身心发展和思想升华的优秀传统文化价值理念，灵活运用各类教学手段和教学方式。梳理中华优秀传统文化的优秀基因，适度融入大学生课堂。首先，各门学科都应将爱国主义为核心的民族精神融入课堂。"为谁培养人"这一话题作为我国教育系统的根本问题之一在近几年尤为凸显，甚至出现许多公派出国深造的大学生在学成之后不愿归国的现象。这启示我们在传授科学文化知识的同时重视思想层面的引导，培养社会主义高层次人才。其次，要注重培养大学生的改革创新精神。中华文化唯一没有中断过的文化，正是由于伴着历史的长河不断创新发展。创新型人才作为社会主义文化强国建设的中坚力量，需要高校教师在实验、课堂中点拨和启发，引领当代大学生跟上经济、政治、社会发展的趋势，牢牢把握住创新型社会发展的先机。再次，开设仁义礼智信方面的公共课程。当下社会大学生多为独生子女，生长环境优渥、被照顾全面周到等特点让当代大学生普遍存在团体意识淡薄、个人色彩强烈的情况。通过适当开展仁义礼智信专题课堂有利于升华大学生个人思想道德修养，树立团结互助的集体观和大局观。最后，通过专题类课程帮助大学生树立崇高的理想信念。开展专题类课程应重视中国特色社会主义理论的大众化发展，宣传大学生群体喜闻乐见的优秀传统文化，比如开展"社会主义核心价值观"专题讨论沙龙、"振翅"读书会等，在专题活动中将深奥晦涩的理论转化为灵动、通俗的案例和故事，潜移默化地引领大学生树立崇高的理想信念。与此同时，中华优秀传统文化与大学生政治教育的融入需要高校教师作为介质起到话语转化的深层作用，更好传承和弘扬优秀传统文化，打造以文化人的局面。

三、营造传承优秀传统文化的良好社会氛围

当前市场经济环境产生的负面影响给优秀传统文化融入思想政治教育带来了一些现实性问题，应结合当下的实际情况作出积极应对，统筹社会多方面力量协同发力，为中华优秀传统文化发展做好环境建设。

（一）社会媒体担负起传承优秀传统文化的宣传责任

要使优秀传统文化进耳畔、入心田，学生在"人伦日用"中接触到的社会环境和媒介信息不容小觑。夯实中华优秀传统文化的宣传力与舆论引领力，社会媒体在新闻报道的方向上要严守传播先进文化的高地，发扬蹈厉之志，传扬时代先声。首先，要坚持正向宣传推出优秀传统文化作品，追求"日日新"的创作模式，以喜闻乐见的方式吸引年轻受众，与高校联袂展现中华民族凝神聚气的崇高气节。在全社会掀起优秀传统文化的新浪潮，让学生在校园外的广阔天地中自觉领会中华优秀传统文化的精髓。其次，社会与媒体环境中隐藏着优裕的隐性思想政治教育资源，因而要遵循传播规律，宣传极具代表性的中华优秀文化故事达成"成风化人"的育人功用；在不同场域的润物无声中磨砺学生的"思想筋骨"，坚固其"精神脊梁"。在展现中华民族凝神聚气的崇高气节中筑牢学生文化自信的丰碑。协同完善优秀传统文化创新激励机制让中华优秀传统文化得以延续，使优秀传统文化"活"起来。最后，要及时发现和处理负面信息，将有效的建议与意见汇总并考证，如发现恶意传播不良、不实传统文化信息要启动应急措施，根据舆情管理条例等细则进行严肃处理或上报公安部门备案，协同捍卫传统文化的良性传播，助推中华优秀传统文化的创新驱动力，守护好华夏土壤中的优秀传统文化之根。

（二）加强理论研究工作促进传统文化的现代转换

优秀传统文化意蕴丰富，思想政治教育工作要想在教育教学中完善育人功用，在融入中获得实效，还要将视野拓宽，依托社会各界各领域的相关理论研究成果，将学理性作为开展工作的支撑点，针对当下传统文化教育转换不充分或者过度解读等现实问题，立足现代历史的文化基点来进行合理的学理性阐释与资源整合，选取与现代发展相适宜的内容进行融通。在融入过程中决不能简单复制已有的传统文化，要贯彻与时俱进的时代要求，进行文化的创新性发展工作。必须紧紧环绕加强学理研究这一亟待解决的问题，筑牢融入工作的"指挥部"。要全面把握优秀传统文化的内在逻辑与结构，以学术视角对优秀传统文化进行审视，将抽象的价值理论转变为具体可行的教学内容；还要做好优秀传统文化的现代化转换，扶正优秀传统文化的真正价值，并最终通过了解大学生的喜好，采用适宜的内容与形式将抽象的价值理论转化为行为准则。将理论的理念阐释清楚从而外化为实际行动。只有这样，才会实现优秀传统文化的现代化发展，助力优秀文化教育的大环境建设。

（三）鼓励创作弘扬优秀传统文化的影视文艺作品

时代发展为优秀传统文化的传承与弘扬提供了多元载体。影视文艺作品作为文化传播的重要载体之一，为人们聆听时代先声，以先进文化引领社会风尚提供了喜闻乐见的艺术形式。习近平总书记曾多次在文艺工作座谈会上阐明其对于推动我国社会主义文化建设的重要意义。因此，通过影视文艺作品这一纽带来提升优秀传统文化的传承意识，并将其辐射到社会的各个阶层，是对人们潜移默化地进行优秀传统文化教育的极佳方式。如今生活节奏的加快使得人们期待富含精神内涵的作品，鼓励创作优秀传统文化体裁的影视文艺作品，既能赋予作品本身以传播与弘扬优秀文化的神圣使命，又有助于使其艺术创作不偏离历史方位在"正途"中行进，更有益于丰富人们的精神世界。譬如，央视举办的《中国诗词大会》就是影视文艺作品成功的范本，节目借助影视手段将诗词的意境、思想、语言之美精彩呈现，在传统与现实的交融中获得了观众对优秀传统文化的深层次认同。影视作品具有的传播范围广、艺术审美性强等特性，是很多教育载体不能比拟的，国家鼓励相关作品的创作必将有利于创设优秀传统文化教育的优良环境，会为优秀传统文化提供新的发展方向。

第四节　新时期中国优秀传统文化融入高校思政教育展望

"文化是一个国家、一个民族的灵魂。文化兴国运兴，文化强民族强。没有高度的文化自信，没有文化的繁荣兴盛，就没有中华民族伟大复兴。"[①]

中华优秀传统文化赓续千年的历史已经表明，这是具有蓬勃生机、深邃智慧、崇高理想、伟大追求的文明结晶，也是具有时代价值的思想源泉。面向第二个百年奋斗目标，我们应继续"努力创造光耀时代、光耀世界的中华文化"[②]。而这离不开对中华优秀传统文化的传承与发展。中华优秀传统文化承载着丰厚的思想精华与精神滋养，历经千年历史的洗礼，已经成为中华民族生生不息、薪火相传的精神血脉，成为中国特色社会主义赖以根深叶茂的文化沃土，是国家制度和国家治理体系的显著优势之一，也是推进文化发展繁荣的思想宝藏。当代青年肩负着实现中华民族伟大复兴的重任，传承与弘扬中华优秀传统文化不仅是提升青年文

---

① 习近平.决胜全面建成小康社会 夺取新时代中国特色社会主义伟大胜利——在中国共产党第十九次全国代表大会上的报告 [M].北京：人民出版社，2017：41.

② 习近平.在庆祝改革开放 40 周年大会上的讲话 [N].人民日报，2018-12-19（02）.

化素养，引领青年成长成才，培育社会主义核心价值观的需要，更是坚定文化自信，实现中华民族伟大复兴中国梦的需要。这就向新时代的高校思想政治教育提出了新问题、新挑战、新要求，同时也带来了发展的新机遇、新途径、新思路。"历史和现实都证明，中华民族有着强大的文化创造力。每到重大历史关头，文化都能感国运之变化、立时代之潮头、发时代之先声，为亿万人民、为伟大祖国鼓与呼。"① 新时代背景下，优秀传统文化已经彰显出鲜明的时代价值，应当成为当代高校落实立德树人根本任务的重要文化滋养与思想支撑，成为增强育人实效性的创新点和重要途径。我们一定要把握好时代的机遇，让中华优秀传统文化推动思想政治教育完善发展的同时，让传统文化本身熠熠生辉，重新焕发新的活力。

---

① 习近平 . 在文艺工作座谈会上的讲话 [N]. 人民日报，2015-10-15（02）.

参考文献

[1] 卢有志. 儒家思想政治教育理论研究 [D]. 长春：东北师范大学，2016.

[2] 史超. 儒家教育思想在高校思想政治教育中的价值研究 [D]. 临汾：山西师范大学，2013.

[3] 陈开宇. 儒家思想在思想政治教育中的作用研究 [D]. 郑州：河南工业大学，2013.

[4] 胡新峰. 大学生思想政治教育机制研究 [D]. 长春：东北师范大学，2014.

[5] 杨洪泽. 当代大学生思想政治教育实效性研究 [D]. 长春：东北师范大学，2013.

[6] 陈婷. 论中华优秀传统文化与大学生思想政治教育的融合 [D]. 太原：中北大学，2016.

[7] 霍军. 微时代下大学生思想政治教育实效性研究 [D]. 武汉：湖北工业大学，2016.

[8] 丁玉峰. 运用传统节日培育青年社会主义核心价值观研究 [D]. 重庆：西南大学，2016.

[9] 刘丽娜. 中华优秀传统文化融入大学生思想政治教育的路径探析 [D]. 长春：东北师范大学，2018.

[10] 黄岩，朱杨莉. 中华优秀传统文化融入高校思政课的思考 [J]. 思想政治教育研究，2019，35（01）：81-86.

[11] 张永奇. 中华优秀传统文化传承发展机制的构建：价值、内容与策略 [J]. 马克思主义研究，2017（12）：80-87+158.

[12] 吴增礼，马振伟. 中华优秀传统文化提升文化自信的理与路 [J]. 马克思主义研究，2018（09）：77-85+164.

[13] 杜芳. 中华优秀传统文化与文化自信 [J]. 探索，2017（02）：163-168.

[14] 孙彩云. 新时代继承创新中华优秀传统文化研究 [D]. 沈阳：沈阳工业大学，2019.

[15] 秦荣.新时代家风建设现状及对策研究 [D].桂林：广西师范大学，2019.

[16] 王燕茹.中华优秀传统文化融入大学生思想政治教育的路径研究 [D].长春：东北师范大学，2019.

[17] 陈美红.中国传统节日文化在高校思想政治教育中的应用研究 [D].太原：太原理工大学，2019.

[18] 张植文.优良家风融入大学生思想政治教育研究 [D].哈尔滨：东北农业大学，2019.

[19] 牟冬梅.家风：思想政治教育的微观场域研究 [D].长春：东北师范大学，2017.

[20] 张盟.传统家风对现代社会德育的价值 [D].郑州：河南农业大学，2017.

[21] 张俊丽.中国传统节日文化在高中思想政治课的应用研究 [D].重庆：西南大学，2020.

[22] 刘兴元.新媒体环境下大学生思想政治教育实效性研究 [D].聊城：聊城大学，2014.

[23] 鲍明晖.中华优秀传统文化传播路径的创新 [J].文教资料，2018（19）：53-54.

[24] 陈莹.中华优秀传统文化在高校思想政治教育中的应用研究 [D].南昌：江西师范大学，2018.

[25] 刘娟.新媒体环境下中华优秀传统文化传播研究 [J].文化学刊，2021（05）：103-105.

[26] 刘琳琳.高校思想政治教育中中华优秀传统文化的价值与实现路径 [J].智库时代，2019（47）：58-59.

[27] 杨玢.中华优秀传统文化认同的理论视域 [J].理论导刊，2018（03）：93-98.

[28] 杨万红.中华优秀传统文化融入大学生思想政治教育的对策研究 [D].太原：山西财经大学，2017.

[29] 刘奎杰，邢明非，张宝生.中华优秀传统文化融入大学生思想政治教育浅析 [J].鲁东大学学报（哲学社会科学版），2020，37（04）：91-96.